DECISÃO JUDICIAL NOS CRIMES SEXUAIS

— o julgador e o *réu interior* —

D618d   Divan, Gabriel Antinolfi

Decisão judicial nos crimes sexuais: o julgador e o réu interior / Gabriel Antinolfi Divan. – Porto Alegre: Livraria do Advogado Editora, 2010.

197 p.; 23 cm.

ISBN 978-85-7348-671-1

1. Decisão judicial: Processo penal. 2. Crime sexual: Julgamento. 3. Processo penal. I. Título.

CDU – 343.541

Índices para catálogo sistemático:

Processo penal	343.1
Decisão judicial: Processo penal	343.153
Crime sexual	343.541

(Bibliotecária responsável: Marta Roberto, CRB-10/652)

Gabriel Antinolfi Divan

DECISÃO JUDICIAL NOS CRIMES SEXUAIS
— o julgador e o *réu interior* —

Porto Alegre, 2010

© Gabriel Antinolfi Divan, 2010

Capa, projeto gráfico e diagramação
Livraria do Advogado Editora

Pintura da capa
Examination of a Witch, de T.H. Matteson, 1853.

Revisão
Rosane Marques Borba

Direitos desta edição reservados por
Livraria do Advogado Editora Ltda.
Rua Riachuelo, 1338
90010-273 Porto Alegre RS
Fone/fax: 0800-51-7522
editora@livrariadoadvogado.com.br
www.doadvogado.com.br

Impresso no Brasil / Printed in Brazil

Agradecimentos

Para o *maestro* "brasiliano" *del liberalismo processuale,* Aury Lopes Jr., com a inverbalizável gratidão por todo o aprendizado (ainda em curso!) e pela fraterna amizade que muito me honra.

Igualmente, para Alexandre Morais da Rosa, Nereu Giacomolli, Salo de Carvalho, Alexandre Wunderlich e Rodrigo Azevedo, amigos e inspiradores..

Aos colegas do Instituto Criminologia e Alteridade (ICA), pelo companheirismo e a coragem de pensar o *novo* – a caminhada está apenas começando.

Para Joyce Werres e os integrantes do grupo de estudos do IJRS e Eliane Berenice "Nice" Luconi, pelo inigualável *background.*

Aos meus pais, José Armando e Ivânia Maria, sempre na esperança de mostrar que todo apoio a mim concedido não foi em vão.

E, por fim, para Natália, na esperança de que a trivialidade dessas duas palavras não ofusque o peso do seu significado maior: *te amo.*

Prefácio

Lá pelos idos de 2003, Gabriel era um guri bom, recém-formado pela PUCRS e que estudava num Curso Preparatório para Concursos, inserindo-se no mundo dos "concursantes". Conheci-o por acaso, por amizades comuns, superficialmente. Habitava o mundo onírico do direito.

Certa vez, neste contexto e por acasos da vida, almoçamos juntos, e ele estava acompanhado de um bando de "coleguinhas" de curso. Faziam, como se pode imaginar sem maior esforço, o insuportável perfil "em formatação", típicas vítimas dos cursinhos preparatórios tão disseminados por esse país, adoradores do senso comum teórico e jurisprudencial. Sem perceber, viviam num mundo autista, alienado (logo, diante da complexidade, o alienado ali-é-nada), onde o reducionismo é a regra para se obter a tão almejada (e ilusória) "segurança". Foi um almoço recheado de pérolas jurídicas, de defesas da verdade real, do homem médio e até da mulher honesta... Para mim foi um exercício de paciência e tolerância, que hoje não teria fôlego nem estômago para suportar. Estou ficando velho demais para isso.

Mas, ao contrário de muitos e por incrível que pareça, Gabriel conseguiu descolar dessa matriz e sair desse lugar, reescrevendo sua história. E foi uma caminhada interessante, com muito esforço, sacrifício e uma grande dose de estudo. Hoje, sem qualquer exagero, é outro "ser".

Ingressou no Curso de Especialização em Ciências Penais da PUCRS e lá soube aproveitar ao máximo o que lhe foi oportunizado, mergulhando fundo nas leituras de Antropologia, Sociologia, Filosofia, Psiquiatria, Psicologia e, claro, em Direito Penal e Processual Penal.

Mas o mais importante: foi capaz de requestionar as certezas, desconfiar das verdades e não ter medo do não saber. Fez desse novo universo do (des)conhecimento um espaço de diversão. E se divertiu estudando. Matou a mulher honesta e o homem médio, riu da verdade real. Conheceu e abandonou Descartes para chocar com a complexidade do ato de julgar.

O ingresso no Mestrado em Ciências Criminais foi o caminho natural de quem, como ele, estava em ebulição mental. É fantástico vê-lo(s) sair do ostracismo e do espaço da mediocridade, inseguros e desconfiados do saber. Mas nem todos chegam neste nível... Gabriel chegou, e passou...

A interdisciplinaridade permitiu-lhe compreender a superação do monólogo científico (jurídico ou não) diante da complexidade. Criou condições de possibilidade para a construção de uma nova linguagem, um novo discurso, muito mais rico.

Circunscreveu muito bem seu objeto de estudo: Decisão Judicial. Ainda que todo ato de julgar represente um "sentire" – superação do racionalismo cartesiano – é nos crimes sexuais que encontramos o terreno fértil para análise. Daí o foco neste espaço decisório.

Para tanto, Gabriel Divan (melhor seria Divã?) mergulhou na psicanálise e na leitura de Jung, Freud, Nietzsche e Foucault. Mas é claro que o aventurar-se pelo oceano do saber científico é uma empreitada árdua, angustiante e muito perigosa. Mas navegar é preciso. E Gabriel navegou nas piores águas, no choque teorético entre o Direito (racionalista e moderno) e a epistemologia do inconsciente. E mostrou ser um excelente velejador, daqueles capazes de *ver o vento* e o buscar, para mesmo orçado, encontrar o través possível.

De nada serve um sistema constitucional de garantias para o processo penal, se descuidarmos do "juiz", não como figura jurídico-processual (*actum trium personarum* – Bulgaro), mas como "sujeito". Não se navega no contravento sem saber usar o vento. Isso é primário.

Como bem aponta o autor, existe farta possibilidade de que o julgador termine por incutir (ou sorrateiramente incluir, é óbvio), em meio à maquiagem argumentativa jurídica, aspectos única e exclusivamente de cunho pessoal, de descarrego psíquico. Por elementar, não há como evitar isso, mas é fundamental desvelar e assumir a subjetividade. Só através da assunção desse risco é que poderemos construir mecanismos mais eficazes de redução de danos, até porque, a eliminação da subjetividade não é possível e tampouco desejada. Um conceito de "garantias" processuais somente pode ser concebido a partir da assunção dos riscos, ou seja, a falta sempre será constitutiva.

Basta uma rápida mirada no sumário para constatar que não se trata de "mais um livro jurídico". É uma obra complexa, séria e densa. Um deleite para quem gosta de ler uma boa obra. Mas, para isso, é fundamental estar de "espírito livre", disposto a requestionar o pouco que se sabe, a navegar por águas desconhecidas, pagando o preço da intranquilidade de abandonar o porto seguro, o mundo autista do direito.

Da introdução, extraio um trecho muito representativo do que espera o leitor:

O presente trabalho vai embalado pelo espírito de uma embarcação que em uma manhã de sol ganhou as águas além dos molhes. Não para inventar as Índias e suas especiarias, nem para correr a linha da grande cascata onde findam o mar e o mundo – como tinham em crença os antigos – em proeza inédita e bravateira. Apenas, e sim, pelo prazer de ancorar na baía e mirar o porto sob nova perspectiva. Ter a cidade à frente e o vermelho do entardecer à nuca, para variar da monotonia.

Portanto, caro leitor, aproveite essa oportunidade e boa leitura.

Tenho certeza de que valerá a pena.

Aury Lopes Jr.

Advogado Criminalista. Doutor em Direito Processual Penal pela Universidad Complutense de Madrid. Professor Titular de Direito Processual Penal da PUCRS. Professor do Programa de Pós-Graduação – Especialização, Mestrado e Doutorado – em Ciências Criminais da PUCRS. Coordenador do Curso de Especialização em Ciências Penais da PUCRS. Pesquisador do CNPq. Membro do Conselho Diretivo para Iberoamérica da Revista de Derecho Procesal

Sumário

Apresentação – *Alexandre Morais da Rosa* 13

Introdução 15

1. Neutralidade: aportes iniciais para uma visão crítica da decisão judicial 19

  1.1. Ode à razão: o cartesianismo e seu caráter *paradigmático* 19

  1.2. Descartes e a "fuga" das emoções: neutralidade discursiva
    a partir do paradigma *Cartesiano* 31

  1.3. Nietzsche, o *perspectivismo* e o "começo do fim": aforismos para um
    questionamento decisivo da neutralidade racional 41

  1.4. Racionalismo, neutralidade e função jurisdicional: modelos falhos de julgador 53

    1.4.1. Considerações iniciais 53

    1.4.2. Imparcialidade, neutralidade e formação técnica do magistrado: possibilidades e
    limites da abordagem dogmático-processual da questão 55

    1.4.3. O silogista asséptico de Beccaria 67

    1.4.4. O julgador (emotivamente) controlado de Ferrara 73

  1.5. Fechamento (I) 80

2. Psicologia analítica: o *inconsciente* como potência discursiva 81

  2.1. O emergir do inconsciente: a psicanálise como o definitivo descentramento
    da razão no sujeito moderno 81

  2.2. O avesso do *cogito*: rudimentos da psicanálise *freudiana* 89

  2.3. Jung (contra) paradigmático: alguns dos principais conceitos da psicologia analítica ... 100

    2.3.1. Energia psíquica: a concepção finalista 103

    2.3.2. O Si-Mesmo, o Ego e a Função Transcendente 108

    2.3.3. Inconsciente pessoal, inconsciente coletivo e arquétipos: mito e psique 113

    2.3.4. A "Sombra" e a "Persona": metáforas literárias para máscaras desveladas 121

    2.3.5. *Anima* e *Animus*: para além de um simplismo de gênero 127

  2.4. Fechamento (II) 131

**3. A decisão judicial nos crimes contra a liberdade sexual: a influência do inconsciente do
julgador no conteúdo decisional** 133

  3.1. Delimitação categórica dos "crimes contra a liberdade sexual" 133

  3.2. A hipótese de um "réu interior": destruindo a ideia da *neutralidade* judicial 137

  3.3. O julgador e sua *sombra* 147

  3.4. A toga enquanto máscara: uma "violência" autorizada 157

  3.5. O crepúsculo das divindades 167

  3.6. Fechamento (III) 180

Reflexões finais 185

Bibliografia consultada 189

Apresentação

Quem julga pode ser julgado, no próprio ato, a saber, na mesma sentença em que julga o outro, pode acontecer um processo de projeção, quer com a vítima, quer com o acusado. Enfim, das armadilhas da subjetividade, não se escapa. Afinal, ainda se é humano, ou se aparenta ser. O orgulhoso sujeito da modernidade é ficção que embala os sonhos dogmáticos de gente que perambula nos foros ouvindo a voz do legislador ou mesmo colocando a orelha no Código para ver o que a lei lhe diz. Gente como esta precisa de ajuda, porque, de fato, o quadro instaurado é de ordem diversa. E disto se faz decisões judiciais. No enleio entre texto, norma, sujeitos e indivíduos, no crime, uma sentença é produzida. Na fusão de horizontes (Gadamer) que a decisão judicial é o sintoma, não se pode dizer tudo o que foi condicionante. Pode-se, quem sabe, abrir uma clareira, mas ela, dizia Heidegger, possui uma floresta que lhe dá sentido. A clareira apontada por Gabriel Divan é fundamental. Por ela se pode entender um pouco mais do que se passa. Aliás, quando ouvi falar do Divan, pensei que o significante já o marcava, de cara, e o trabalho com a interlocução entre direito e psicanálise era bem-vinda. A aproximação que fez é cuidadosa e não se perde em afirmações categóricas, como bem pontua Jacinto Coutinho. Entre um Divã e outro, boa leitura do livro do Gabriel. Espero que os juízes leiam ou, pelo menos, sentem-se no Divã(n).

Alexandre Morais da Rosa

Doutor em Direito – UFPR – e Juiz Criminal

Introdução

Então a mulher apressou-se a limpar com o avental os livros, ou pelo menos a tirar-lhes o pó que os cobria, antes de que K. chegasse a pegá-los nas mãos. K. abriu o livro que estava por cima de todos, e diante dos olhos apareceu-lhe um desenho indecente. Tratava-se de um homem e de uma mulher despidos e sentados em um canapé; a intenção geral do desenhista era evidente, mas sua falta de talento havia sido tal que, no final das contas, não se via ali senão um homem e uma mulher com os corpos exageradamente feios que pareciam querer sair do desenho e que, em razão da falsa perspectiva pareciam voltar um para o outro apenas a custa de grandes esforços. K. não continuou folheando este livro, senão que, abrindo o segundo volume, leu somente o título; tratava-se de uma novela: Os padecimentos que Grete teve de sofrer de seu marido Hans. – "E estes são os livros jurídicos que se estudam aqui!" – disse K. – "E estes serão os homens que vão me julgar!"

Franz Kafka, *O Processo*

A literatura acadêmica e a pesquisa científica são comparáveis às experiências do homem do mar.

O oceano, na sua imensidão assustadora, na sua vastidão incomensurável, na angústia da vista do olhar que o tem como *intragável* pela noção está à sua frente, à espera. À espreita.

Às suas costas, a opressora força que o empurra para a lida aventureira como imperativo. Para além das necessidades imediatas do ofício forçoso, os *homens do mar* precisam navegar, e necessitam se embrenhar no infinito em busca de algo tão singelo quanto indizível.

É possível empresar jornada *aventureira* pelo oceano do saber científico, confundindo a tola inconsequência com a ousadia dos grandes fundadores do câmone. Mas, na maioria das vezes, a responsabilidade de um trabalho feito com temor ético, faz com que, de uma ideia grande investida para além dos horizontes, se tenha, em verdade, o avanço em apenas mais uma tábua do trapiche untada pela marola mais branda.

A investigação acadêmica não precisa se envergonhar disso: não raro a vontade de *avançar* solapa os freios da prudência – e é bom que assim seja, por vezes. Mas em um mundo onde tudo já se disse, fez e propôs, os trapiches necessitam de mais e melhores tábuas enquanto os canais prescindem de embarcações que visivelmente irão a pique à tentativa de *domar* o mundo e prender o oceano pelas *crinas*.

O presente trabalho vai embalado pelo espírito de uma embarcação que em uma manhã de sol ganhou as águas além dos molhes. Não para *inventar* as Índias e suas especiarias, nem para correr a linha da grande cascata onde findam o mar e o mundo – como tinham em crença os antigos – em proeza inédita e bravateira. Apenas, e sim, pelo prazer de ancorar na baía e mirar o porto sob nova perspectiva. Ter a cidade à frente e o vermelho do entardecer à nuca, para *variar* da monotonia.

A ideia que vai permear a discussão é a da falibilidade de modelo de julgador (enquanto fruto decorrente de todo um universo epistemológico e de um ideal imagético de "operador jurídico" que a esse universo é correlato), caracterizado como eminentemente (meramente) técnico-legalista, e desconectado (conceitualmente) de possibilidades de que interferências subjetivas (psíquicas, emotivas, ideológicas) ajam em sua operação processual-decisória (tida, equivocadamente, como eminentemente lógica e racional).

Igualmente, serão analisadas eventuais possibilidades de verdadeiro (re)direcionamento do conteúdo decisório com base na influência desses fatores psíquicos, desvelando certa fragilidade pragmática de institutos jurídico-processuais como o da imparcialidade e suas decorrências estruturais em meio à lógica do Processo Penal.

O diálogo do *sujeito de* (do) *Direito* – o sujeito consciente, o sujeito que *contrata*, o sujeito da *pecha* racionalista e nela aprisionado, com o *sujeito (*do) inconsciente promove um choque teorético dos mais graves: importante esclarecer que o diálogo (na esteira do que lembra Jacinto Coutinho) entre o Direito e a epistemologia do inconsciente (desde Freud e para além dele) deve ser cuidadoso.

Se não se pode – ao menos *seriamente* – inserir a fórceps noções em meio à racionalidade jurídica que não são junto a ela operantes, por outro lado, não podem fugir à lógica jurisdicional elementos que lidam com o mais profundo enlaçamento humano: o Direito, por ser o que é, lida (almeja lidar) com a regulação da vida, e por isso "nada do que é humano lhe é estranho".

Não se trata de fomentar a crítica exterior de "saberes em guerra", como que aumentando o *autismo* epistemológico dentre o qual muitas vezes ricas fontes de ideias escasseiam, comparando objetivos diversos de pontos de vista opostos.

Se a Psicanálise, a Psicologia Analítica e a Filosofia do inconsciente têm algo a fazer pela (mofada) racionalidade do sentido comum teórico dos juristas, essa tarefa reside sumamente no uso – respeitoso – desses saberes (sem outorgar-lhes o rótulo mesquinho da "auxiliaridade", cúmulo da pretensão patética da "ciência" jurídica – e Kirchmann está aí para isso) enquanto pontes de crítica epistemológica.

Sem dúvida, a fricção de edifícios teóricos diversos e *in*-complementares não pode fazer mal para uma (dita) ciência. E quanto à ausência de encaixe preciso desses saberes com o núcleo do pensamento jurídico, e principalmente com sua *práxis*, temos nossas dúvidas se não é hora de perder o medo e, em prol de uma otimização a muito *devida* encarar o desafio para assumir sua necessidade.

Firmamos compromisso com a ideia de que a preocupação com a efetividade de um rol imprescindível de garantias constitucionais e direitos inerentes ao ordenamento democrático, no Processo Penal, sempre perpassa o estudo crítico e vigilante (no sentido de busca constante de adequação principiológica) da esfera legislativa e procedimental. Não se pode olvidar, por isso, dos elementos localizados fora da racionalidade eminentemente jurídica ou mesmo presentes dentre a construção dos instrumentos legais – ainda que obscurecidos por trás da legislação e da sistemática procedimental. A pesquisa acadêmica no campo das Ciências Criminais, pois, em nosso ver, tem de se caracterizar pela abordagem interdisciplinar, sob pena de um (falho) acolhimento monocromático de uma teia que comporta uma realidade complexa ao nível do impensável.

Eis nosso ponto de partida e eis as considerações necessárias para que a leitura do presente trabalho se dê com um mínimo de adequação para com as propostas que vão nortear os temas a seguir abordados e as considerações críticas que lhes serão tributadas.

A pesquisa foi dividida em três capítulos, cada um composto pelo somatório de tópicos específicos sobre temas derivados, conectados à temática nuclear do trabalho e relacionados diretamente à proposta levantada em seus respectivos capítulos-raiz (embora alguns tópicos demonstrem proposital e relativa independência – sem, contudo, ousarem em suas proposituras particulares a análise de minúcias em inserções e/ou subconclusões que ultrapassem as condições do global do trabalho e seu tema de fundo).

Pode-se dizer, tranquilamente, que não há nenhuma pretensão em definir de forma exaustiva os conteúdos psicanalíticos e filosóficos trabalhados, uma vez que o suporte discursivo e teórico é alicerce do trabalho e não um fim em si mesmo (descontado, igualmente, o fato de que uma exaustão das ideias a partir da Psicanálise não se encaixa nem em nossa proposta de pesquisa, nem em nossas habilidades para tanto). O mesmo se pode afirmar quanto aos aspectos da Psicologia Analítica que posteriormente serão abordados, para apresentar a ideia da *escola junguiana* (e *pós-junguiana*) sobre a estrutura psíquica do ser humano e definir o referencial que servirá de base para o cotejo crítico central do trabalho.

Tentou-se demonstrar que, mesmo o mais rígido esquema de defesa/suporte de princípios constitucionais e processuais informadores de todo o encadeamento do Processo Penal, se mostra fragilizado quando é abandonado um cuidado com o vértice humano da aplicação dos ditames legais. Existe farta possibilidade de que o julgador termine por incutir (ou permitir que sorrateiramente sejam incluídos), em meio ao bojo do conteúdo das decisões, aspectos relativos única e exclusivamente a problemas, *complexos* e padrões de adequação emotiva e ideológica de cunho estritamente pessoal, em um verdadeiro uso do processo como instrumento de *acting out* (descarrego psíquico). O trabalho, dessa forma, transitou por esses termos e procurou expor um pequeno rol de hipóteses em que esse perigo (no instante em que solapadas a lógica e a função processual por um fator que não é passível de controle eminentemente jurídico-legal) adquire fertilidade.

Apresenta-se, dessa forma, aqui, o compromisso de um trabalho que traz um notado conteúdo opinativo em meio às suas indagações e hipóteses, onde se procura apresentar o suporte doutrinário em que se fixa, se arriscando por vezes, ao mesmo tempo, à exposição, de forma perceptível, ainda que não direta. O trabalho se propõe científico-acadêmico, porém sem pretensões de assepsia metodológica e *afastamento* emotivo.

Negar essa condição seria contradizer os próprios fundamentos da ideia que ora se expõe.

E assim procuramos seguir, na moldura da voz dos reconhecidamente mais sábios:

Meu velho um dia falou
Com seu jeito de avisar:
Olha, o mar não tem cabelos
Que a gente possa agarrar
Não sou eu quem me navega
Quem me navega é o mar.

Porto Alegre, agosto de 2009.

1. Neutralidade: aportes iniciais para uma visão crítica da decisão judicial

1.1. Ode à razão: o cartesianismo e seu caráter *paradigmático*

> *Nada há que esteja inteiramente em nosso poder,*
> *exceto os nossos pensamentos.*
> René Descartes, *Discurso do Método*

Faz-se especialmente necessária uma pequena digressão pelos pilares epistemológicos do paradigma[1] científico *cartesiano*[2] para que seja possível traçar as bases desse sistema de pensamento e identificar seus mais vigorosos pontos de influência na prática científica hodierna.

O estudo das premissas filosóficas de Descartes é essencial para o desenvolvimento inicial desta leitura, uma vez que uma das propostas primeiras ora trabalhadas reside em perquirir quanto à hipótese de existência de um local de fala

---

[1] "Considero 'paradigmas' as realizações científicas universalmente reconhecidas que, durante algum tempo, fornecem problemas e soluções modelares para uma comunidade de praticantes de uma ciência" KUHN, Thomas S. *A Estrutura das Revoluções Científicas*. Trad. Beatriz Vianna Boeira e Nelson Boeira. São Paulo: Perspectiva, 1997, p. 13. Trabalhar-se-á, pois, no presente estudo, com a noção descrita por KUHN quanto a uma conceituação possível de *paradigma* entendida como uma superfície modelar de prática científica, dentre a qual se procede na análise de quaisquer objetos de estudo através do embasamento em alguns axiomas aceitos por uma comunidade. Comunidade que, por sua vez, assume e representa os axiomas do próprio paradigma representado (em uma lógica circular que vai assentida pelo próprio autor citado na definição do termo). O *paradigma cartesiano*, desenvolvido a partir das concepções do francês RENÉ DESCARTES (1596 – 1650) é um perfeito exemplo, eis que influencia de maneira decisiva toda uma tendência de prática científica que lhe é posterior, atuando, nas palavras do próprio KUHN, tal "um modelo ou padrão aceitos" (op. cit., p. 43), vivificados, esse modelo e esse padrão, pelas diretrizes da matriz *cartesiana* de pensamento que lhes caracteriza.

[2] "No pensamento cartesiano, as 'verdades eternas' são os princípios que, de um lado constituem as leis absolutas do Ser e da Razão (leis imutáveis e verdadeiras), do outro, provêm do livre decreto divino, dependendo 'apenas da vontade de Deus que, como soberano legislador, as ordenou e estabeleceu desde toda eternidade', mas que poderia ter criado outras. Assim, a Razão, sinal distintivo da humanidade, começa a impor-se como a aptidão que o homem possui para calcular e fornecer justificações relativas à exatidão do que é calculado. Esta faculdade de bem julgar e de discernir o verdadeiro do falso, ao sentir-se ameaçada por seus inimigos naturais (as paixões e a loucura) e ao correr o risco de cair na armadilha que lhe arma a afetividade, converte-se em faculdade de raciocinar, quer dizer, de desenvolver-se discursivamente combinando os conceitos e as proposições segundo regras lógicas do raciocínio". JAPIASSU, Hilton. *A crise da Razão e do Saber Objetivo. As ondas do irracional*. São Paulo: Letras&Letras. 1996, p. 68.

genuinamente neutro em meio ao discurso técnico (técnico-científico). A própria noção de um *tecnicismo* nos chega mesclada à ideia de neutralidade racional e procedimental, de modo que é tarefa das mais árduas tentar a promoção desagregadora de ambos conceitos (neutralidade e *fazer* científico), e estabelecer alguma definição de prática técnico-científica que fuja ao dogma imposto. Parece-nos, se não óbvia, ao menos claramente defensável a existência de parcela de responsabilidade do selo *cartesiano* para com a assunção dessa conceituação. Descartes se faz aqui, mais do que um pensador pertinente, personagem imprescindível.

A concepção de prática científica em Descartes (constituinte de uma nova seara de abordagem metódica e impulsionadora de uma gama de axiomas correlatos) pode ser facilmente definida, acima de qualquer outro traço característico, como *racionalista,*[3] uma vez que situa na Razão humana todo o centro unificador de seus preceitos: apenas a Razão deve ser o condutor do cientista na busca por um conhecimento farto de solidez, uma vez que somente ela é capaz de guiar o intelecto às evidências investigativas e às respostas corretas.[4]

O cientista modelar de Descartes procura uma gradação elevada ao extremo, em um nível de total abstração frente à possível influência de informações oriundas dos vastos exteriores da Razão consciente. Os saberes não decantados exclusivamente da Razão são por ele entendidos como prejudiciais ou mesmo contaminadores da apreensão cognitiva, de modo a comprometer a certidão dos resultados investigativos almejados.

Cottingham lembra, com propriedade, que o estágio de conhecimento adquirido pela via racionalista imaculada, em Descartes, guarda semelhança com uma espécie de revelação divina. A pureza máxima da apreensão racional dos fatos entra em contraste com o conhecimento permeado pela intrusão de "outros elementos", e frente a eles se mostraria enquanto reflexo daquilo que é realmente verdadeiro: "Descartes alegava que a mente, quando liberta da interferência de estímulos sensoriais, tem o poder inato de 'ver' ou apreender diretamente, as verdades que Deus nela implantou".[5]

Descartes apregoa que é possível o apartar absoluto entre a apreensão informacional não untada pela Razão e aquela correta e propriamente ditada por esta:

---

[3] "(...) uma visão de mundo afirmando o perfeito acordo entre o racional e o real, chama-se racionalismo: nada existe sem razão de ser; nada, de direito, é ininteligível, pois tudo é inteligível; todos nossos conhecimentos procedem de princípios *a priori*. O racionalismo é absoluto quando não confere nenhum lugar à experiência (Platão, Descartes). Torna-se crítico quando faz corresponderem aos a prioris da Razão, as experiências que eles pré-definem e organizam (Kant). Para o racionalista, o pensamento racional é capaz de atingir a verdade absoluta, pois o real obedece às suas leis". JAPIASSU, *A crise da Razão e do saber objetivo...*, p. 69.

[4] "E assim ainda, pensei que, como todos nós fomos crianças antes de sermos homens, e como nos foi preciso por muito tempo sermos governados por nossos apetites e nossos preceptores, que eram amiúde contrários uns aos outros, e que, nem uns nem outros, nem sempre, talvez nos aconselhassem melhor, é quase impossível que nossos juízos sejam tão puros ou tão sólidos como seriam, se tivéssemos o uso inteiro de nossa razão desde o nascimento, e se não tivéssemos sido guiados, senão por ela". DESCARTES, René. "Discurso do Método. Para bem conduzir a própria razão e procurar a verdade nas ciências" in *Os Pensadores – XV*. Trad. J. Guinsburg e Bento Prado Júnior. São Paulo: Abril, 1973, p. 43.

[5] COTTINGHAM, John. *Dicionário Descartes*. Trad. Helena Martins. Rio de Janeiro: Jorge Zahar, 1995, p. 49.

Porque, embora vejamos o sol mui claramente, não devemos julgar por isso que ele seja, apenas, da grandeza que o vemos; e bem podemos imaginar distintamente uma cabeça de leão enxertada no corpo de uma cabra, sem que devamos concluir, por isso, que no mundo há uma quimera; pois a razão não nos dita tudo quanto vemos ou imaginamos, assim, seja verdadeiro, mas nos dita realmente que todas as nossas ideias ou noções devem ter algum fundamento de verdade.[6]

Assim, o prisma *cartesiano* não situa a totalidade do pensamento na Razão. Crê, contudo, que há uma divisória entre as ideias efetivamente afeitas à *verdade* (evidências correspondentes à realidade), e as ilusórias, sendo essas últimas coincidentes com o que nos é fornecido pelo limiar da imaginação e do universo onírico, e, aquelas, impassíveis de interpenetração, eis que atreladas à Razão e, por isso, invulneráveis aos engodos sensoriais e fantasiosos possivelmente atuantes.

Dessa estrutura de coligação Razão-evidência, oriunda do pensamento racionalista, emerge uma influência incomensurável que vai se atrelar epistemologicamente, em alto grau, a todo o modo de produção científica que lhe foi posterior, sendo, até hoje, mesclado o método científico proposto por Descartes à própria noção que se tem de cientificidade.

A força do pensamento de Descartes superou seu próprio autor, no instante em que se constituiu paradigmaticamente, sendo obrigatória a constatação de que, se a filosofia *cartesiana* não se presta à satisfação de todas as exigências argumentativas contemporâneas, por outro lado, muitos dos seus temas são hoje lugares comuns universais.[7]

O paradigma *cartesiano* ditou parâmetros filosóficos e estabeleceu premissas que não podem ser ignoradas, tamanha sua imbricação no modo como hodiernamente se pratica a ciência e se pensa o próprio conhecimento humano. Mesmo quem procura uma via alternativa ou contraditória aos preceitos de Descartes deve, necessariamente, render-lhe alguma referência, ainda que de enfrentamento, como pontua Granger: "Os filósofos, certamente, não deixam, nem deixarão, tão cedo, de interrogá-lo, de solicitá-lo, de tomá-lo como testemunha".[8]

Segundo Renaut: "com Descartes emergiria a idéia de que a natureza não é permeada por forças invisíveis, sendo mera matéria-prima e podendo, assim, ser perfeitamente dominada pela razão (tudo é suscetível de ser conhecido) e pela vontade (a totalidade do real é utilizável pelo homem que visa à realização de seus fins)".[9] O sujeito *cartesiano*, pois, é aquele localizado de forma dominante e dominadora dentre o núcleo de um universo natural que lhe era plenamente cog-

---

[6] DESCARTES, "Discurso do Método..." in *Os Pensadores...*, p. 58- 59.

[7] GRANGER, "Introdução" in *Os Pensadores – XV. René Descartes*. Trad. J. Guinsburg e Bento Prado Júnior. São Paulo: Abril, 1973, p. 11

[8] GRANGER, "Introdução"..., idem.

[9] RENAUT, Alain. *O Indivíduo. Reflexão a cerca da filosofia do sujeito*. Trad. Elena Gaidano. Rio de Janeiro: DIFEL, 1998, p. 14.

noscível e fatalmente inteligível. Uma "concepção de sujeito racional, pensante e consciente, situado no centro do conhecimento".[10]

Evidenciado, pois, está o caráter paradigmático da doutrina *cartesiana*: instaurado o *modus* de prática da ciência informado por um paradigma, o mesmo vem acompanhado de toda uma carga de valorações que passa a informar os novos pontos de padronização que a ciência deve buscar, bem como, não raro, de toda uma concepção metodológica disposta à instauração dogmática completa e à refutação procedimental que lhe foi anterior.

A incursão paradigmática da visão científica *cartesiana* se ramifica também pela influência metodológica que lhe é correlata. O método propugnado por Descartes é, ao lado do elogio racionalista, uma de suas maiores heranças para a prática científica. A lógica *cartesiana* propõe, metodologicamente, a descomplexificação e o desencaixe das partes como meios mais eficazes de conhecimento. O recorte facilitaria o domínio sobre as características parciais, que, somadas posteriormente, como somados os conhecimentos adquiridos acerca delas, traria conclusões seguras sobre o *todo* do objeto investigado.

A lógica causal-mecanicista e decompositora que permeia a concepção comum que hoje predominantemente temos de saber científico deve muito a Descartes pela consolidação de seus preceitos, firmada na assertiva simplista de que o todo é a soma das partes. Conheçamos as partes de forma estanque e aglutinemo-las: conheceremos a história do *todo* sem chance dos descaminhos propostos pela complexidade, em uma manobra burlesca bastante perspicaz.[11]

Desse modo, ao se verificar não mais enquanto uma mera proposta de sistema filosófico que tem a própria ciência e sua prática como um objeto constante de investigação, mas sim em forma de um *paradigma*, a ótica *cartesiana* atua, verdadeiramente, retroalimentando a cosmovisão[12] que permeia a ciência moderna,[13] e solidificando

---

[10] HALL, Stuart. *A Identidade cultural na pós-modernidade*. Trad. Tomaz Tadeu da Silva e Guacira Lopes Louro. Rio de Janeiro: DP&A, 2001, p. 27.

[11] "Todo método consiste na ordem e disposição dos objetos para os quais é necessário dirigir a penetração da mente, a fim de descobrirmos alguma verdade. E observá-lo-emos fielmente, se reduzirmos gradualmente as proposições complicadas e obscuras a proposições mais simples e se, em seguida, a partir da intuição das mais simples de todas, tentarmos elevar-nos pelos mesmos degraus ao conhecimento de todas as outras". DESCARTES, René. *Regras para a Direção do Espírito*. Trad. João Gama. Lisboa: Edições 70, 1989, p. 31.

[12] "Com efeito, o modo como o ser humano apreende a realidade, a partir do espaço-tempo em que se insere é o que denominamos cosmovisão. Vale ressaltar que essa forma de ver o mundo não é uma criação isolada de um indivíduo, mas a soma dos múltiplos aspectos de uma cultura produzidos pela consciência coletiva em um determinado contexto sócio-histórico. A cosmovisão é, assim, uma construção coletiva que expressa uma maneira de interpretar a realidade entre outras possíveis". PEREIRA, Adilson. SANTOS, José Messias dos. *Cosmovisão, Epistemologia e Educação. Uma compreensão holística da realidade*. Rio de Janeiro: Editora Central de Universidade Gama Filho, 1998, p. 18.

[13] "Essa nova imagem da ciência – feita de teorias sistematicamente controladas através de experimentos – citando ROSSI: 'era o registro de nascimento de um tipo de saber entendido como uma construção perfectível, que nasce da colaboração dos gênios, que necessita de uma linguagem específica e rigorosa e que, para sobreviver e crescer sobre si mesma, necessita de instituições específicas próprias (...). Um tipo de saber (...) que crê na capacidade de crescimento do conhecimento, que não se baseia na pura e simples rejeição das teorias anteriores, mas sim em sua substituição por teorias mais 'amplas', que sejam logicamente mais 'fortes' e tenham maior conteúdo

enquanto superfície teórica aceita, enquanto fonte axiomática, a partir da qual se estabelecerão os objetivos, o poder de alcance, a forma de abordagem, e mesmo as noções relativas ao próprio saber científico.

Antes de prosseguirmos, é importante, nesse instante, o salientar de que não se pretende traçar um paralelo na presente pesquisa a ponto de, de forma equivocada, equiparar ou mesmo igualar a integralidade do conceito que porventura se tenha de Modernidade[14] ou mesmo de ciência moderna, única e exclusivamente ao sistema de pensamento proveniente e inspirado pelos postulados de Descartes. Tem-se consciência de que uma ideia completa e irrestrita acerca da Modernidade,[15] se é que isso seria possível, necessariamente admite e/ou assume uma série de outros fatores e concepções.

Ainda que exclusivamente dentro o âmbito de um estudo sobre a neutralidade científico-cognitiva, tema sobre o qual nos preocuparemos com maior relevância ao longo desse Capítulo, poderíamos encontrar, entre os variados representantes do pensamento considerado *moderno*, incontáveis divergências. Se pesquisadas e analisadas as construções teóricas para o tema proposto fornecidas por pensadores igualmente tidos enquanto *modernos*, tais como Francis Bacon e David Hume, apenas para situar dois exemplos dentre um vasto cabedal, haveria choques de posicionamento e a possibilidade de várias conclusões diversas, certamente.

Assume-se, e invoca-se, no presente trabalho (em meio a toda gama de fatores e elementos que podem ser enquadrados como perfeito exemplo daquilo que se pode chamar de *ciência moderna)*, o modelo *cartesiano*, visualizando nele um verdadeiro símbolo da realidade (paradigmática) que, a nosso ver, ainda desfila em meio à prática científica de nossos dias.

Afinal, se a Modernidade, não apenas quanto à temática ora explorada, foi algo plural, uma de suas facetas mais tipicamente consagradas é, sem dúvida, aquela que pode ser definida pela "eficácia da racionalidade instrumental, a dona do mundo que se tornou possível pela ciência e pela técnica"[16] e aliada, assim, ao pensamento *cartesiano*. Por isso, o sintético estudo dos elementos da racionalidade *cartesiana* que ora serão apanhados não é trazido com a preocupação de constantemente ser posto em confronto com outras premissas de autores igualmente *modernos*, nem com outras implicações e realidades que compõem o conceito sócio-histórico de *Modernidade.*

---

de controlabilidade'". ANTISERI, Dario. Reale, Giovani. Trad. Ivo Storniolo. *História da Filosofia. Volume II.* São Paulo: Paulus, 1990, 6. ed., p. 91-92.

[14] "Um conjunto de idéias e atitudes específicas, conotadas na nova visão de mundo que os ocidentais ajudaram a consolidar como força dominante na civilização européia". BAUMER, Franklin Le Van. *O Pensamento Europeu Moderno. Volume I. Séculos XVII e XVIII.* Trad. Maria Manuela Alberty Lisboa: Edições 70, 1977, p. 39.

[15] "A característica marcante da modernidade foi a propensão ou tensão em direção ao futuro. Toda a vida social ou individual foi pensada em função do amanhã. O espírito do tempo moderno se voltou para o futuro. Esses espírito possibilitou criar a compreensão de uma história linear que partia de um ponto o qual levaria a um fim, o progresso". GAUER, Ruth M. Chittó. "Cumplicidade entre idéias científicas, História e Antropologia" in *Histórica.* Porto Alegre: EDIPUCRS, n° 5, 2001, p. 21.

[16] TOURAINE, Alain. *Crítica da Modernidade.* Trad. Elia Ferreira Edel. Petrópolis: Vozes, 1995, p. 218.

Nesse viés, primeiramente, poderíamos constatar que o sistema de pensamento informado pela ótica *cartesiana* e suas proposições (entendidas enquanto "leis" para a boa condução do saber científico) se mostram como um passo na direção da uniformidade e do controle do saber. Apropria-se de uma imaginária possibilidade de guiar o mundo fático partindo exclusivamente de seus postulados, como se a ele fossem automaticamente legadas de forma endêmica as propriedades que lhes são (vão) catalogadas (estipuladas).[17] Controle, esse, que forjou um modelo de se praticar ciência cujo objetivo final não parece ser outro senão o interesse em encontrar leis universais "que dêem testemunho da sabedoria divina".[18]

A utopia da ciência ilustrada pela cosmovisão moderna, na qual Descartes inegavelmente está imerso, reside, em grande parte, na ânsia frenética por uma finitude de conhecimento, que se pretende exaustiva em si. A *ciência moderna*, de um modo geral, almeja encontro com o limite epistemológico que revela a extremidade das possibilidades. Um conhecimento, portanto, que procura atingir uma etapa de completude com a formulação de "leis"[19] que universalmente possam englobar todas as variáveis acerca de seu objeto. Leis entendidas enquanto o patamar da sabedoria plena e inabalável. Por todos, o incisivo olhar de Gauer sobre o tema: "a ciência moderna criou premissas e métodos vinculados a uma verdade totalizante. O conhecimento foi tido como absoluto, cabal, universal e eterno".[20]

A "lei" do paradigma *cartesiano* se reporta, antes de qualquer coisa, à apreensão racional dos elementos, e a Razão funciona como mola mestra de seu sistema filosófico: é desde seu prisma e através de sua luz que os fenômenos devem ganhar análise legítima, explicação *verdadeira* e gerar o conhecimento autêntico. Afinal, conforme o próprio Descartes explica, a Razão é sólida, comum, e deve ser a unidade de medida confiável por excelência de que dispõe o homem:

> O poder de bem julgar e distinguir o verdadeiro do falso, que é propriamente o que se denomina o bom senso ou a razão, é naturalmente igual em todos os homens; e, destarte, que a diversidade de nossas opiniões não provém do fato de serem uns mais racionais que os

---

[17] Perfeitamente cabível nesse instante a recordação das palavras de Merleau-Ponty, para quem, não raramente, "a ciência manipula as coisas e renuncia habitá-las. Estabelece modelos internos delas e, operando sobre esses índices ou variáveis as transformações permitidas por sua definição, só de longe em longe se confronta com o mundo real". MERLEAU-PONTY, Maurice. *O Olho e o Espírito*. Trad. Paulo Neves. São Paulo: Cosac & Naify, 2004, p. 13.

[18] "Nota Biográfica" in PRIGOGINE, Ilya. *O Nascimento do Tempo*. Trad. João Gama. Lisboa: Edições 70, 1988, p. 14.

[19] "Um conhecimento baseado na formulação de leis tem como pressuposto metateórico a idéia de ordem e de estabilidade do mundo, a idéia de que o passado se repete no futuro. Segundo a mecânica newtoniana, o mundo da matéria é uma máquina cujas operações se podem determinar exactamente por meio de leis físicas e matemáticas, um mundo estático e eterno, a flutuar num espaço vazio, um mundo que o racionalismo cartesiano torna cognoscível por via da sua decomposição nos elementos que o constituem". SANTOS, Boaventura de Souza. *Um discurso sobre as ciências*. Porto: Edições Afrontamento, 2002, 13. ed. p. 17.

[20] GAUER, Ruth. "Modernidade, Direito Penal e Conservadorismo Judicial" *in* SCHMIDT, Andrei Zenkner (coord.). *Novos rumos do direito penal contemporâneo: Estudos em homenagem ao Prof. Dr. Cezar Roberto Bitencourt*. Rio de Janeiro: Lumen Juris, 2006, p. 606.

outros, mas somente de conduzirmos nossos pensamentos por vias diversas, e não considerarmos as mesmas coisas.[21]

A construção do esquema *cartesiano* é, dessa maneira, inteiramente arquitetada para uma concepção racionalista, não apenas de metodologia científica, mas, sim, como base para uma própria filosofia do conhecimento, sendo suas premissas pensadas todas de forma admiravelmente engajada nesse sentido.

Descartes conferia imenso prestígio à matemática, no sentido da certeza geométrica das evidências de sua organização lógica, enquanto embasamento para acepções racionais incontestáveis. A matemática, seu sistema e sua metodologia, ofereciam, na opinião dele, verdades bem encadeadas e certas,[22] motivo pelo qual alijar-se no exemplo matemático era sua obsessão. Uma solidez argumentativa, um estilo *algébrico* e irrefutável: era o que ele buscava para sua representação da Razão tal um elemento norteador do conhecimento.

Embora tenha vivenciado um período de descrença[23] quanto à possibilidade de utilizar os moldes matemáticos (que lhe eram tão caros e, em sua opinião "mal aproveitados" acadêmica e filosoficamente[24]) em um sistema de pensamento mais amplo,[25] conseguiu, a seu ver, desenvolver em suas investigações e ponderações, premissas satisfatoriamente harmoniosas de pensamento: nessas a Razão, à moda matemática,[26] era a única via para se obter a suprema evidência que caracterizaria o *verdadeiro* ou ao menos um ponto inicial de busca de onde qualquer incerteza ou erro estivesse erradicada.

Não é à toa que ele, na Segunda de suas *Meditações* ("Meditações concernentes à Primeira Filosofia nas quais a existência de Deus e a distinção real entre a alma e o corpo do homem são demonstradas"), intitulada "Da natureza do espírito humano; e de como Ele é mais fácil de conhecer do que o Corpo", utiliza o exemplo de Arquimedes – se este, com sua alavanca poderia (hipoteticamente) "tirar o globo

---

[21] DESCARTES, "Discurso do Método..." in *Os Pensadores...*, p. 38.

[22] GRANGER, Gilles-Gaston. *A Razão*. Lisboa: Edições 70, 1985, p. 18-19.

[23] DESCARTES, "Discurso do Método..." in *Os Pensadores...*, p. 40.

[24] "As matemáticas tais como eram ensinadas pela Escolástica não passavam de um habilidoso exercício do espírito, tendo, quando muito, algumas aplicações mecânicas. Sendo assim, nada de mais inútil, escreve o jovem Descartes nas Regras 'que ocupar-se de números vazios e figuras imaginárias, ao ponto de parecer querer tirar prazer do conhecimento de semelhantes bagatelas'. Mas esta matemática escolar era apenas a casca e o invólucro duma matemática mais profunda, que consiste num método geral de análise e do pensamento". GRANGER, *A Razão...*, p. 18.

[25] "Lamenta-se (DESCARTES) por não poder nortear a vida por princípios tão seguros quanto os da geometria. É justamente por perseguir tal objetivo que escreve essa obra, o Discurso do Método, 'para bem conduzir a própria razão e buscar a verdade nas ciências'. Pois, como ele mesmo declara: 'E eu, sempre tive um imenso desejo de aprender a distinguir o verdadeiro do falso, para ver claro nas minhas ações e caminhar com segurança nessa vida'". MARTON, Scarlett. *Extravagâncias. Ensaios sobre a filosofia de Nietzsche*. São Paulo: Discurso Editorial. Ijuí: Editora UNIJUÍ: 2001, p. 147.

[26] "As regras do método que o filósofo quer aplicar universalmente não aparecem em parte alguma de maneira mais manifesta do que no raciocínio matemático. E se se quiser comparar os procedimentos de que ele realmente lança mão em sua Geometria aos preceitos do Discurso e das Regulae, não se pode deixar de notar que estas últimas reproduzem e generalizam as regras de sua técnica algébrica". GRANGER, "Introdução" in *Os Pensadores...*, p. 17.

terrestre do lugar e transporta-lo para outra parte" e para isso "não pedia nada mais exceto um ponto que fosse fixo e seguro",[27] Descartes, com auxílio do ponto fixo da Razão, poderia partir para qualquer especulação, uma vez ciente (crente) de que havia um *locus* firme de equilíbrio[28] para conduzir para sua busca.

O desejo de contar com alguma certeza que pudesse lhe servir de marco inicial e vetor de direcionamento dotado de "fixidez matemática" (ausência de suscetibilidade, rigor), para a obtenção do conhecimento, foi o impulso necessário para que fosse concebida a assertiva que é a base e o resumo de toda sua construção de pensamento, além de representar o aforismo pelo qual Descartes sempre será mais lembrado: *Cogito, ergo sum*, ou, em português, "Eu penso, logo existo".[29]

Quando elabora seu famoso aforismo, e deriva seu raciocínio partindo dele, o pensador francês nada mais faz do que depositar sua fé na hipótese de apreensão total e inequívoca dos fatos pela racionalidade, e em uma suposta veracidade incontestável do filtro racional – apartado das contingências (tidas como falibilidades) que lhe seriam exteriores – na aquisição e na propagação de conteúdos de saber. Levada ao extremo,[30] sua "filosofia primeira" (*prima meditatio*) carrega por trás uma concepção que identifica *ser* e *pensar*, e leva a crer que o sujeito, ao cabo, apenas *é*, genuinamente, em seu exercício racional.[31] Capra, tendo isso em vista, pontua que Descartes "encorajou eficazmente os indivíduos ocidentais a equipararem sua identidade com a mente racional e não com seu organismo total".[32]

O postulado de Descartes ia no sentido de que se poderia duvidar de qualquer coisa não apreendida racionalmente, e tomar o fato de ser capaz de duvidar (ou indagar sobre) da existência das coisas extrarracionais como fonte de prova

---

[27] DESCARTES, "Discurso do Método..." in *Os Pensadores...*, p. 99.

[28] "Chegou assim à suspeita de que talvez fosse possível empregar no conhecimento humano, em toda sua amplitude, o método da matemática, com a certeza que lhe é inerente". LUIJPEN, Wilheumus. *Introdução à Fenomenologia Existencial.* Trad. Carlos Lopes de Mattos. São Paulo: EDU, 1973, p. 43.

[29] "Assim, porque nossos sentidos nos enganam às vezes, quis supor que não havia coisa alguma que fosse tal como eles nos fazem imaginar. E, porque há homens que se equivocam ao raciocinar, mesmo no tocante às mais simples matérias de Geometria, e cometem aí paralogismos, rejeitei como falsas, julgando que estava sujeito a falhar como qualquer outro, todas as razões que eu tomara até então por demonstrações. E enfim, considerando que todos os mesmos pensamentos que temos quando despertos nos podem também ocorrer quando dormimos, sem que haja nenhum, nesse caso, que seja verdadeiro, resolvi fazer de conta que todas as coisas que até então haviam entrado no meu espírito não eram mais verdadeiras que as ilusões de meus sonhos. Mas, logo em seguida, adverti que, enquanto eu queria assim pensar que tudo era falso, cumpria necessariamente que eu, que pensava, fosse alguma coisa. E notando que esta verdade: eu penso, logo existo, era tão firme e tão certa que todas as mais extravagantes suposições dos céticos não seriam capazes de a abalar, julguei que podia aceitá-la, sem escrúpulo como o primeiro princípio da filosofia que procurava". DESCARTES, "Discurso do Método..." in *Os Pensadores...*, p. 54

[30] "Compreendi, então, que eu era uma substância cuja essência ou natureza consiste apenas no pensar, e que, para ser, não necessita de lugar algum, nem depende de qualquer coisa material". DESCARTES, "Discurso do Método..." in *Os Pensadores...*, p. 55.

[31] ALQUIÉ, Ferdinand. *A filosofia de Descartes.* Trad. M. Rodrigues Martins. Lisboa: Editorial Presença, 1993, p. 31.

[32] CAPRA, Fritjof. *O Ponto de Mutação. A ciência, a Sociedade e a Cultura emergente.* Trad. Álvaro Cabral. São Paulo: Cultrix, 1997, 8 ed, p. 37.

máxima de seu (inquestionável) *existir*: Descartes chega à conclusão de que nada pode demovê-lo da constatação de sua própria existência, e o fato de que pode perquirir quanto à existência de tudo o que lhe circunda é o alicerce máximo que expõe a Razão como primordial.[33] Há ao menos uma *certeza* imodificável para Descartes, e a Razão é a fiadora desse porto seguro. Uma ideia-postura dotada de força, sem dúvida, mas detentora de flancos demasiadamente expostos a um número incontável de panoramas críticos.[34]

Tendo esse apanhado de considerações como espécie de feixe introdutório de apresentação das bases do pensamento *cartesiano*, pode parecer inegável o fato de que, não obstante a louvável perspicácia de Descartes, alguns de seus *constructos* são ausentes de plausibilidade, o que poderia levar a se supor, de forma leviana, que sua filosofia/teoria do conhecimento está eivada de postulados intragáveis e carentes de completo abandono, simplesmente.

Sobre a validade e a atualidade do estudo da filosofia de Descartes, não podemos fazer alusão a uma contribuição mais feliz do que aquela exarada por Granger quando reflete: "O espírito, quando não a letra, do pensamento cartesiano já não penetrou suficientemente nossas maneiras modernas de pensar, sendo o resto apenas resíduo? É preciso responder sim e não a este elogio mitigado da grandeza cartesiana".[35]

---

[33] Um comum equívoco verificado na análise desse postulado está em conceber a ideia de DESCARTES exclusivamente como "possibilidade de dúvida" quanto a "qualquer aspecto da realidade". Poder-se-ia duvidar de tudo o que nos é cognoscível, uma vez que os nossos sentidos e nosso universo onírico são exemplos de fontes informacionais dentre as quais se admite e conhece a possibilidade de redundarem em equívocos. Havendo *algo* passível de dúvida, tudo, em uma precaução lógica extremista, poderia ser passível de dúvida, estando qualquer assunção de *verdade* em suspenso. Isso configuraria uma visão reducionista e equivocada da teoria, conforme nos vai explicado por LUIJPEN: "Descartes sabe muito bem que a dúvida metódica radical não pode ser, em absoluto, utilizada na vida cotidiana" (LUIJPEN, op. cit., p. 45). A dúvida metódica proposta é apenas mais um dos alicerces que alimenta e possibilita a existência e a suposta validade da premissa do *cogito*. Para DESCARTES, apenas algo lhe parece indubitável: o fato de ele existir, eis que sua Razão lhe fornece a certeza de estar, nesse exato instante, pensando, e, assim, *sendo*. A certeza de sua existência é o ato de pensar. Pensar implica *ser* algo. DESCARTES *pensa*, e isso seria um sinal evidente de que *existe*, independentemente de outros fatores. É incorreto dizer que DESCARTES "duvida da veracidade de qualquer coisa". Ele apenas supõe investigativamente que qualquer coisa tem sua certeza dubitável, fora sua Razão, uma vez que ele necessariamente *existiria* pelo fato dele *pensar*.

[34] Interessante, quanto a esse dado, a apreensão crítica de FOUCAULT, que leva às últimas consequências o experimentalismo *cartesiano* quanto à existência (melhor poderia se dizer, quanto à *certeza*) constatada a partir da Razão, questionando o fato de que DESCARTES parte inicialmente de uma premissa que lhe é bastante conveniente: fica solenemente excluída do pensamento *cartesiano* a possibilidade de a própria Razão ser posta em xeque, falácia que FOUCAULT faz questão de evidenciar: "Ora, Descartes adquiriu agora essa certeza, e agarra-se firmemente a ela: a loucura não pode mais dizer-lhe respeito. Seria extravagante acreditar que se é extravagante; como experiência do pensamento, a loucura implica a si própria e, portanto, exclui-se do projeto. Com isso, o perigo da loucura desapareceu do próprio exercício da Razão. Esta se vê entrincheirada na plena posse de si mesma, onde só pode encontrar como armadilhas o erro, e como perigos, as ilusões. A dúvida de Descartes desfaz os encantos dos sentidos, atravessa as paisagens do sonho, sempre guiada pela luz das coisas verdadeiras; mas ele bane a loucura em nome daquele que duvida, e que não pode desatinar mais do que não pode pensar ou ser" (FOUCAULT, Michel. *História da Loucura na Idade Clássica*. Trad. J.T. Coelho Netto. São Paulo: Perspectiva, 2004, 7. ed., p. 47). Se pensar é um indício "matematicamente" evidente de que se *é* algo, já se está colocando fora de questão uma indagação sobre a certeza desse próprio pensar. DESCARTES elege, pois, sua premissa de maneira visivelmente arbitrária, para FOUCAULT.

[35] GRANGER, "Introdução" in *Os Pensadores...*, p. 11.

A senda que vai percorrida nesse trabalho se fixa na possibilidade *afirmativa* apresentada por Granger à pergunta formulada, uma vez que parte de nossas hipóteses de pesquisa se constrói com base na profunda imbricação da concepção hodierna de ciência com as categorias *cartesianas*, e da série de incongruências factíveis que dessa imbricação podem acarretar. Talvez o discurso técnico-científico jamais consiga abandonar o *cartesianismo* por completo e somente por isso seu estudo se faz sempre presente e sempre necessário.

Ao contrário de muitos, somos tendentes não a identificar uma *crise geral* nos postulados *cartesianos*, mas sim uma intensificação e uma consolidação maciça de seu modelo em alguns aspectos, sobretudo no campo das Ciências Jurídicas, e na visão que se têm, comumente, do operador do Direito enquanto técnico legalista.

Enquanto o *paradigma emergente,*[36] que vai suplantar o cientificismo *cartesiano* em prol de uma nova era epistemológica,[37] avança (mesmo que muito lentamente), como promessa academicista nos mais variados campos do saber, o paradigma *cartesiano* é, cada vez mais, uma realidade imbricada e inseparável do *modus* da prática jurídica, que jaz estanque em vários dos seus postulados (conforme se procurará demonstrar, mais enfaticamente nos tópico 1.4 e Capítulo 3 – infra).

Descartes, de acordo com um de seus relatos, tinha como objetivo, com sua teoria, não a exposição da senda única e triunfante do conhecimento verdadeiro, mas sim, a exposição de uma metodologia e uma filosofia que o próprio considerou (a princípio) particulares.[38] Inegavelmente, contudo (ainda que de maneira contrária a sua ideia, se assim se admiti-la), solidificou o paradigma racionalista que pauta de maneira visível até hoje o convívio dos saberes científicos com forte tendência à instalação universal de seus dogmas, o que facilmente se revela enquanto uma perigosa senda aberta para um maniqueísmo epistemológico.

Ribeiro problematiza a questão ao afirmar, em posição assumidamente divergente, a predominância de um caráter *subjetivo* dentre o núcleo do pensamento *cartesiano*. Para o autor, defendendo um ponto de vista antagônico ao acima suscitado: "o percurso individual é afirmado por Descartes como condição de acesso ao método científico. Que a ciência posterior a ele tenha efetuado uma separação entre história e razão, levando em consideração apenas a questão do conhecimento objetivo, isto não pode ser atribuído a Descartes".[39]

Ousamos discordar desse ponto de vista, até pelo fato de que o próprio autor citado expõe que há uma necessária contradição na perspectiva: "O fato do siste-

---

[36] SANTOS, op. cit., especialmente p. 37-58.

[37] CAPRA, na op. cit.

[38] "Assim, o meu desígnio não é ensinar aqui o método que cada qual deve seguir para bem conduzir sua razão, mas apenas mostrar de que maneira me esforcei por conduzir a minha". DESCARTES, "Discurso do Método..." in *Os Pensadores...*, p. 38.

[39] RIBEIRO, Eduardo Ely Mendes. *Individualismo e Verdade em Descartes. O Processo de Estruturação do Sujeito Moderno.* Porto Alegre: Edipucrs, 1995, p. 35.

ma cartesiano propor uma anulação do plano histórico e subjetivo, traz a tona uma questão interessante: como entender que a trajetória pessoal seja necessária para que se atinja ao plano objetivo, e que, uma vez isto seja alcançado, a história e o sujeito devam ser suprimidos?".[40] O plano final de Descartes era uma segurança metódica suficiente para fazer com que o *saber* em questão obtido se coadunasse com a realidade (substancial) e de fato pudesse, assim, prescindir de elementos subjetivos. Respostas tendentes a compatibilizar as conclusões e as máximas *cartesianas* com um primado da *subjetividade* não nos parecem convincentes, pois. Fazemo-nos acompanhar, para esse deslinde, pela posição de Alquié, sustentando que o inegável apoio buscado pela subjetividade, em Descartes deve ser minorado diante de sua pretensão de cunho eminentemente objetivista, de atingir uma *verdade* passível de "se libertar da história".[41]

Respondendo, nesse sentido, à pergunta formulada provocativamente por Pessis-Pasternak em título de conhecida obra, cremos que não é preciso, de forma alguma, *queimar* Descartes.[42] Deve-se ter o cuidado necessário para balancear os avanços inegáveis impulsionados por suas considerações, bem como o apuro para avaliar aquilo que da ótica *cartesiana* vem derivado na prática científica e à sua evolução é prejudicial.

Dessa maneira, não se pretende advogar por uma espécie de derrocada do racionalismo, eis que, desde o meio em que vem, aqui exposta nossa proposta (um trabalho de pesquisa concatenado e estruturado em *partes*), já configuraria isso uma contradição. A ideia que permeia o trabalho é, pois, a de equiparação da Razão com uma série de outros *agentes* (no caso de nossa hipótese de fundo, as manifestações finalistas-inconscientes – Capítulos 2 e 3) que podem exercer pressões e preencher inteiramente algumas tonalidades cognitivas. Pressões poderosas – paradoxalmente – ao nível do imperceptível, e que, assim, sepultam a ideia de um discurso *neutro* (e verdadeiro) a partir, unicamente, das propriedades da racionalidade, como intentava Descartes.

Busca-se, desse modo, um ponto de convergência para uma hipótese basilar: a rejeição da emotividade, facilmente decantada da lógica científica *cartesiana*, tributária de uma pretensão de neutralidade (muito mais conceitual do que factível), posta em prática em prol do alcance cognitivo de evidências, é partidária e legitimadora de uma onipotência racional. Termina, ela, dessa forma, por ocultar (ou mesmo mascarar) a existência de um verdadeiro vácuo verificado no *locus* hipotético onde Descartes estabelecia a Razão enquanto soberana última do ser.

Por vezes esse local de primazia será preenchido pela Razão. Por vezes, não.

Poder-se-ia dizer que Descartes consagra enquanto chave para o conhecimento certeiro o pensamento metódico e racional dotado de uma pureza tamanha a ponto de varrer toda e qualquer concepção íntima anterior ("não científica") do pesquisa-

---

[40] RIBEIRO, op. cit., p. 41.

[41] ALQUIÉ, op. cit., p. 10.

[42] PESSIS-PASTERNAK, Guitta. *Será preciso queimar Descartes?* Trad. Manuel Alberto. Lisboa: Relógio D'Água, 1993.

dor.[43] Uma postura exclusivista que, em nosso ver (desde logo, adianta-se), de forma indefensável, termina optando por uma fuga epistemológica ante a variáveis que não podem (ou não poderiam) ser desconsideradas sem consequências.

Há, contudo, que se ter cautela, tanto em adotar uma postura rígida *cartesiana*, quanto em refutar o determinismo que dela é notadamente passível de extração. Se, por um lado, os avanços tecnológicos em muito decorrentes do *espírito científico* de clara inspiração racionalista revelaram, ao longo dos últimos séculos, dotados de uma nociva carga prejudicial e antiética frente à própria humanidade,[44] por outro lado devemos deixar claro que não seria correto rejeitar as valorosas contribuições que esse mesmo *espírito* forneceu à ciência nem as consequências epistemológicas que do mesmo são consequência direta.[45]

Interessante, por isso, que saibamos aproveitar as vantagens que o uso do alicerce racionalista no traz, sem exaltá-lo enquanto via única e excludente de outras possibilidades e fontes cognitivas, nem renegá-lo por inteiro pelo fato de que algumas de suas proposituras induzem ao inaceitável. Seria certamente uma atitude externamente antimaniqueísta, mas contraditoriamente portadora do maniqueísmo mais fervoroso. Não seriam corretas nem pertinentes para a proposta aqui presente, pelo fato de que se lidará, posteriormente, com elementos relativos à Psicologia Analítica, a fabricação e aglutinação indiscriminadas de postulados que culminam com uma negação simplista de todo e qualquer viés racionalista. O que se procura é o evidenciar de uma proposta de visão do problema de fundo (o problema da decisão judicial) para além da exclusividade da óptica *racionalista* que se usualmente emprega (de forma erroneamente exclusiva) no trato com as questões atinentes.

Descartes é um pensador cuja obra – talvez pela força paradigmática imensa que possui – se presta facilmente à injustiça temporal, vez em que enquanto seu legado ocupa um lugar de "ciência dominante", se expõe demasiadamente ao criticismo das "revoluções posteriores".[46] Nossa preocupação é similar à de Granger: "Tanto seria injusto e vão querer compreender Descartes regendo-o e repreenden-

---

[43] "Os pioneiros do pensamento metódico e racional (Bacon, Descartes) tentaram nos libertar da pesada carga dos preconceitos prescritos pela religião e pelas tradições. 'Para alcançarmos a verdade, escreve Descartes, precisamos, uma vez em nossa vida, desfazer-nos de todas as opiniões que recebemos e reconstituir, novamente, desde o fundamento, todos os sistemas de nosso conhecimento'. Ele instaura a Razão como único guia do espírito. Sobre esta base sólida, se construirá a filosofia das luzes". JAPIASSU. *A crise da Razão e do saber objetivo...*, p. 58.

[44] "Os enciclopedistas chegam mesmo a sonhar com um 'governo científico dos homens', fundado no progresso das ciências. Pensaram a mesma coisa os socialistas utópicos do século XIX (Fourier) e os positivistas (Comte). Comte postulou a 'aliança natural entre ciência e democracia'. O cientificismo posterior, depositando uma confiança cega e total nas possibilidades infinitas da ciência, cometeu extravagâncias e aberrações criminosas. Hiroshima nos revelou que, ao tornar-se superpotente, uma espécie de Demiurgo, a ciência pode produzir efeitos monstruosos." JAPIASSU. *A crise da Razão e do saber objetivo...*, p. 58-59.

[45] "Mas não devemos nos deixar abater pela 'ética do medo', por esta forma de responsabilidade fundada na recusa da transgressão. Sabemos que o medo das forças naturais levou o homem primitivo ao saber. Mas nossa ciência conquistadora e dominadora, guiada pelas Luzes, não deve conduzir-nos ao medo. Ela nos introduz na era da suspeita". JAPIASSU. *A crise da Razão e do saber objetivo...*, p. 60.

[46] KUHN, op. cit., p 38.

do-o em nome de uma mentalidade que lhe é estranha".[47] Dessa maneira, a análise da filosofia de Descartes, ora esboçada, se fixa apenas nos limites frisados, e se direciona, não para uma refutação total da obra do filósofo (faltando dimensões e mesmo profundidade no estudo, para tanto), mas sim, na insuficiência monocromática da adoção indiscriminada (ainda que de maneira fortuita ou não intencional) de categorias eminentemente *cartesianas* para lidar com a complexidade cognitiva humana.

Jamais vai ser nossa ideia, pois a promoção de um simples desbastar da contribuição *cartesiana*. O ponto de partida reside em afirmar a excelência da construção de Descartes, situando, porém, a Razão, não como entidade superior na gestão dos fluxos de informação que o homem adquire e transmite, mas sim como *um* desses gestores.

Não cremos ser necessário mencionar que, ao *duvidar* inteiramente da lógica racionalista pelo fato de que alguns de seus aspectos são passíveis de questionamento, se está mais do que nunca confirmando um dos (maiores) postulados *cartesianos*: extremar as possibilidades de dúvida ao nível do insuportável para verificar e comprovar a existência uma única certeza soberana. O problema de qualquer concepção científica, definitivamente, parece residir mais na transformação da mesma em ânsia por certezas (e mais: absolutas), do que em qualquer outro aspecto.

1.2. Descartes e a "fuga" das emoções: neutralidade discursiva a partir do paradigma *cartesiano*

> *Pois, dado que se pode, com um pouco de engenho, mudar os movimentos do cérebro nos animais desprovidos de razão, é evidente que se pode fazê-lo melhor ainda nos homens, e que mesmo aqueles que possuem as almas mais fracas poderiam adquirir um império absoluto sobre todas as suas paixões, se empregassem bastante engenho em domá-las ou conduzi-las.*
>
> René Descartes, *As paixões da Alma*

Tendo-se em vista a excursão promovida no tópico anterior, a proposta neste instante é a de delinear, de maneira muito breve e singela, a ideia de neutralidade científica enfocada como uma categoria que notadamente ganha sustento e se mostra (em certo aspecto) derivada da visão epistemológica *cartesiana*.

Trata-se de uma neutralidade que se verifica em meio às bases estruturantes do racionalismo *cartesiano*, de maneira dúplice:[48] é vista como o princípio legi-

---

[47] GRANGER, "Introdução" in *Os Pensadores...*, p. 12.

[48] "A objetividade das ciências e dos cientistas é um valor de natureza ideológica que se acrescenta à atividade científica e que surge de um duplo processo de objetividade: a) a objetivação do produto dessa atividade, cujo

timador e condicionante de validez do resultado da investigação científica (se a investigação racionalmente conduzida visa à *certeza*, o resultado dela não pode ganhar contorno algum que não aquele universalmente racional), e, igualmente, é tida por fator legitimador do discurso que da investigação resulta (quem conduz a investigação deve se guiar somente racionalmente, sendo seu discurso como exemplo de extrato *neutro* e impessoal, dada universalidade da Razão).

Se o discurso *cartesiano* é fundado na soberania da Razão, e com ela se focá na busca pela evidência, sua construção filosófica e epistemológica passa obrigatoriamente pela afirmação de que a racionalidade atua enquanto filtro efetivo. Aquilo que não é capturado nem atingido sob as luzes da Razão, portanto, padeceria por não estar afiançado pela *certeza* e poderia se constituir enquanto uma porta aberta para a perigosa senda do engodo, do conhecimento não (racionalmente) universal e, por isso, carente de valor.

Explorar-se-á, pois, ao longo desse tópico, as condições epistemológicas dessa acepção do racionalismo *cartesiano* que puderam endossar as premissas de um modelo discursivo que carrega a concepção da neutralidade como base fundamental.[49] Serão estudados, de igual forma, resquícios de uma visão crítica a essa concepção, para servir de feixe introdutório à discussão mais propriamente realizada nos tópicos e capítulos posteriores.

Antes de iniciar propriamente um ligeiro estudo sobre a emotividade e como ela é abordada dentre o âmbito do racionalismo *cartesiano*, é importante salientar que, aqui, o embasamento posterior na Psicologia Analítica e nas matrizes filosóficas que lhe deram inspiração inicial (Capítulos 2 e 3, principalmente), se mostra enquanto alternativa. Bastante diversa seria a trajetória desse texto se houvesse escolha de outros referenciais teóricos, muito embora se possa afirmar, com alguma segurança, que a chance de obtenção de resultados finais semelhantes seria considerável. Alguns estudos em neurociências[50] têm brindado a comuni-

---

desenvolvimento é interrompido para se fixar num saber que reproduziria uma 'parte' do real; b) a objetivação do agente que 'possui' esse saber, em troca de sua 'neutralidade' e de sua submissão no real". JAPIASSU. *O mito da neutralidade científica...*, p. 78.

[49] "Essa neutralidade axiológica surge como um meio excelente, pois, não se discutindo os fins da sociedade, termina-se por justificá-la. Essa isenção aparece hoje sob a forma de uma nova ideologia, a ideologia sistêmica, transformando a racionalidade dos meios na racionalidade do sistema. E a racionalidade científica transforma-se em ideologia a partir do momento em que tenta impor-se como única forma possível de racionalidade". JAPIASSU. *O mito da neutralidade científica...*, p. 80.

[50] O neurologista de origem portuguesa (radicado nos Estados Unidos da América do Norte) António Rosa Damásio publicou, em 1994, sua mais conhecida obra, intitulada "O Erro de Descartes. Emoção, razão e o cérebro Humano" ("Descartes' error. Emotion, reason and the human brain"). Fruto de suas pesquisas em neuroanatomia e do estudo de casos similares de pacientes envoltos com problemas sócio-comportamentais após a incidência de lesões cerebrais parciais, suas investigações atingiram um estágio em que sua tese terminar por confrontar o elogio racionalista *cartesiano*. Concluiu o pesquisador que não existe possibilidade de uma (espécie de) filtragem dos atos praticados pelo ser humano exclusivamente calcada na racionalidade, e que quando as áreas responsáveis pelo arcabouço emotivo e/ou relacional-afetivo do funcionamento cerebral são danificadas, a capacidade para o raciocínio pode permanecer aparentemente intacta, mas oculta uma infinidade (por vezes incontornável) de problemas que podem modificar a própria personalidade, e assim a vida, da pessoa, de maneira irreversível. A banda "emotiva" e a "racional" teriam um tronco neural comum. Registra DAMÁSIO: "É bem sabido que, sob certas circunstâncias, as emoções perturbam o raciocínio.As provas disso são abundantes e estão na origem dos bons conselhos com que temos sido educados. Mantenha a cabeça fria,

dade científica com pesquisas que confirmam inexoravelmente a incapacidade racional em se autorregular e autofiscalizar, situando a emotividade (irracional) como componente essencial em qualquer ato humano que envolva necessidade de decisão e fazendo, assim, frente a qualquer concepção de neutralidade racional purista à moda *cartesiana*.[51]

Assim, não se desconhece toda uma vastíssima bibliografia derivada e/ou tributária desse campo do conhecimento que seria inteiramente bem recepcionada em uma pesquisa envolvendo a presente temática. Muito embora alguns pontos de convergência receberão abordagem com referências específicas a fatores que permeiam essa área do saber, entendemos que as divergências, por sua vez existentes, tornariam incompatíveis alguns pontos de vista, o que faz com que optemos por um lugar de fala a partir dos saberes filosófico-perspectivista, psicológico e psicanalítico, em detrimento de considerações neurocientíficas e neurobiológicas quanto ao assunto: como ressaltamos, uma *opção* por *um dos* vieses de abordagem do tema, nada mais.

Sem olvidar, portanto, das ressalvas supra apresentadas, não há como se furtar à afirmação de que o trabalho se situa de forma precípua em uma acepção crítica quanto ao *modus* epistemológico *cartesiano*, fundamentalmente quanto a uma de suas *quimeras*: a neutralidade racional, antiemotiva.

De fato, o sujeito-neutro, sua condição de alheio às próprias circunstâncias, e, principalmente, seu lugar de fala apartado da ação de elementos que não estejam espelhados em uma análise exclusivamente racional, podem ser caracterizados por informar uma construção que ganha crucial impulso no modelo

---

mantenha as emoções afastadas! Não deixe que as paixões interfiram no bom juízo. Em resultado disso, concebemos habitualmente as emoções como uma faculdade mental supranumerária, um parceiro do nosso pensamento racional que é dispensável e é imposto pela natureza. Se a emoção é aprazível, fruímo-la como um luxo; se é dolorosa, sofremo-la como um intruso indesejado. Em qualquer dos casos, o conselho dos sábios será o de que devemos experienciar as emoções e os sentimentos apenas em quantidades adequadas. Devemos ser razoáveis." DAMÁSIO, António R. *O Erro de Descartes. Emoção, razão e o cérebro humano.* Trad. Dora Vicente e Georgina Segurado. São Paulo: Companhia das Letras, 1996, p. 77.

[51] Damásio pontua que os mecanismos cerebrais responsáveis pela aquisição informacional não se encontram interligados de maneira que haja um sistema *otimizado* de receptação. Os sistemas, ao contrário do que se poderia imaginar, não mantém uma relação direta com os controles motores: isso permite dizer que as informações não chegam ao nosso intelecto *integradas* (como quando imaginamos, simultaneamente, uma imagem e o odor de uma mesma flor). Pelo contrário, há um caminho percorrido entre os sistemas que amplia a margem para verdadeiras *construções* mentais e aumenta a hipótese de a informação emergir aliada a outras informações contidas em nossa mente e que em pouco, ou nada, poderiam ser relacionadas com a *apreensão* racional da realidade: "Em suma, o número de estruturas cerebrais que se encontram localizadas entre os setores de entrada e os de saída é grande, e a complexidade dos padrões de conexão é enorme. A questão que mais naturalmente ocorre é: o que acontece em todas essas estruturas 'interpostas', de que nos serve toda essa complexidade? E a resposta é: a atividade ali existente, junto com a atividade das áreas de entrada e saída, constrói momentaneamente, e manipula furtivamente as imagens de nossa mente" (DAMÁSIO, op. cit, p. 120). Relevante tese aliada a essa concepção é a de Rui Cunha Martins, para quem "a imagem é fundante", vez em que o cérebro humano, ao invocar informações armazenadas em forma de imagens, pratica tanto o *resgate* mnemônico quanto a *criação* de lembranças, eis que a imagem funda a memória tanto quanto precisa de complementos que lhe são "externos" o que faz com que jamais possamos dizer que possuímos uma lembrança absolutamente exata de qualquer coisa que seja. O caminho de uma informação passa, em maior ou menor grau, mas sempre necessariamente, por conteúdos que escapam à apreensão (racional) pura e simples (MARTINS, Rui Cunha. "O nome da alma: Memória, por hipótese" in GAUER, Ruth M. Chittó (org.), *A qualidade do tempo: para além das aparências históricas*, Rio de Janeiro: Lumen Juris, 2004).

cartesiano de saber científico. Afinal, as premissas da ideia *cartesiana* que ora serão analisadas têm, como necessário reflexo, modelos de filosofia e de teoria do conhecimento pródigos na propensão à crença na possibilidade de soberania racional, a ponto da imunização demonstrada pela mesma ante a qualquer outro fator de influência.

Consoante os dizeres de Foucault, temos que: "De fato, 'esse sujeito supostamente neutro é, ele próprio, uma produção histórica. Foi preciso toda uma rede de instituições, de práticas, para chegar ao que constitui essa espécie de ponto ideal, de lugar, a partir do qual os homens deviam pousar sobre o mundo um olhar de pura observação".[52]

Foucault, nesta afirmação, percorre o elemento da premissa *cartesiana* por um caminho inverso: a neutralidade racional não seria a matriz fundadora e peça central da engrenagem de um novo modo de prática científica. Ela seria, sim, uma *consequência* do ideário epistemológico de toda uma cosmovisão imperante. Não há como negar que as bases de todo e qualquer saber científico são mutáveis historicamente, ainda que em seu espaço-tempo circunscrito de "surgimento" se pretendam enquanto reflexo unívoco daquilo que é verdadeiro. O momento faz seu discurso,[53] sua ciência, suas verdades, e mesmo os saberes pétreos e supostamente estabelecidos não fogem à sina.[54]

Um momento histórico-científico, pois, fertilizou e/ou endossou o nascimento desse sujeito *neutro* e de seu olhar de *pura observação*.

O que por hora se tentará mostrar com essa visita (crítica) a alguns postulados fornecidos por Descartes é que, ao contrário do que o pensador procurava delinear, não há como perceber o homem enquanto ser cujas fatias funcionais e identitárias se encontram bem sinalizadas e cujas fronteiras internas sejam galgadas em uma linha limítrofe espessa e visível: Descartes propunha que a Razão assumisse as rédeas do direcionamento cognitivo, promovendo uma expulsão da pessoalidade, uma verdadeira fuga da influência emocional. Uma fuga com vistas

---

[52] FOUCAULT, Michel. *A verdade e as formas jurídicas*. Trad. Roberto Cabral de Melo Machado e Eduardo Jardim Morais. Rio de Janeiro: NAU, 2003, 3 ed, p. 138.

[53] "Na verdade, é muito importante compreender que a história das idéias, em oposição à história da filosofia, tem como um dos principais objectivos a descoberta de uma certa classe de idéias que subjazem a condicionam quase todo o pensamento formal. Estes são os pressupostos fundamentais, as pré-concepções, as pré-suposições que os homens absorvem, quase por osmose do seu ambiente mental, de que não estão freqüentemente de todo conscientes ou raramente mencionam, uma vez que as tomam como garantidas. O professor Cornford chamou adequadamente a esta espécie de pensamento subterrâneo de 'a filosofia não-escrita...'" BAUMER. *O Pensamento Europeu Moderno. Volume I...*, p. 22.

[54] "Espontaneamente somos levados a crer que o cientista é um indivíduo cujo saber é inteiramente racional, objetivo, isento não somente das perturbações da subjetividade pessoal, mas também das influências sociais. Contudo, se o examinarmos em sua atividade real, em suas condições concretas de trabalho, constataremos que a 'Razão' científica não é imutável, ela muda, é histórica. Suas normas não têm garantia nenhuma de invariância. Tampouco foram ditadas por alguma divindade imune ao tempo e às injunções da mudança. Trata-se de normas historicamente condicionadas(...) A produção científica se faz numa sociedade determinada que condiciona seus objetivos, seus agentes e seu modo de funcionamento. É profundamente marcada pela cultura em que se insere". JAPIASSU. *O Mito da neutralidade científica...*, p. 44-45

à *purificação* do saber, rejeitando vias cognitivas que certamente atuam alheias ao pretenso controle hierarquicamente superior da racionalidade.

Uma verdadeira fusão entre o arbítrio individual e a ideia de superioridade racional parece ser o mote do grande equívoco *cartesiano* nesse mister. Tratando desse aspecto, Touraine se faz explícito ao afirmar que é imperioso construir premissas teóricas circundantes do indivíduo levando-se em conta que o mesmo não tem (como na visão *cartesiana*) o domínio integral sobre sua banda consciente nem se vale da *meditatio* racionalista em tempo integral (como se movimento tão involuntário quanto a pulsação cardíaca ela fosse). Ele, em realidade, tem de passar a ser encarado enquanto "um ser de desejo, habitado por forças impessoais e linguagens" sem que, com isso, tenha necessariamente que deixar de ser caracterizado enquanto "um ser individual, privado".[55] Descartes, no entanto, não fora movido por esta lógica nem admitiu a compatibilidade dessa cisão individual com sua primazia da Razão.

Cremos que é a partir do mirante da – não raramente renegada – tensão oriunda (constituinte) do próprio ser, é que se deve começar a ponderá-lo. Seguindo fielmente o exemplo dos recortes sintetizadores propostos pela análise metodológica que defendeu, Descartes, ao contrário, apregoava um modelo de cientista que pudesse ser descomplexificado: no momento da investigação, relegados resquícios de emoção e subjetividade, o cientista teria de *ser* o reflexo de seu racionalismo, e atuaria de acordo com uma unidade discursiva em torno de sua identidade precípua (racionalmente apreendida).[56]

O cerne do sistema de pensamento preconizado por Descartes, enquanto elemento ilustrativo de representação de uma "filosofia da consciência"[57] indica a fundamental centralização dos elementos volitivos do homem em sua esfera racional-consciencial, tendo-se a racionalidade, puramente apreendida, enquanto onipotente e impassível de equívocos.

Ou, como salienta Granger, um meio de explicar o mundo "partindo da consciência como dado evidente",[58] uma vez admitido que os princípios do conhecimento em Descartes são dirigidos "ao homem de bem, capaz de raciocinar

---

[55] TOURAINE, op. cit., p. 139.

[56] Hall, confrontando essa posição, analisa as chamadas "concepções mutantes" do sujeito humano e expõe o fato de que a visão e o "considerar-se" desse sujeito enquanto figura uma discursiva una e dotada de identidade racional "eram pressupostos tanto pelos discursos do pensamento moderno quanto pelos processos que moldaram a modernidade, sendo-lhes essenciais". HALL, op. cit., p. 23.

[57] Entendemos, para fins desse trabalho, o termo "filosofia da consciência" enquanto restrito à faceta da filosofia moderna (especialmente a *cartesiana*) tributária à consciência-de-si do sujeito pensante, e sua fórmula de apreensão cognitiva que tem a si mesma como habitante exclusivamente do pensamento da Razão-consciente, ou, com RAIKOVIC, como símbolo de uma filosofia logocentrista que prima por desconsiderar os eventos que "*no pensamento, escapam à consciência*"(RAIKOVIC, Pierre. *O Sono dogmático de Freud. Kant, Schopenhauer, Freud*. Trad. Teresa Resende. Rio de Janeiro: Jorge Zahar, 1994, p. 14). Utilizaremos, assim, o termo na representação de um antagonismo às vertentes teóricas, filosóficas e psicológicas, posteriormente aqui abordadas, que têm como objeto de investigação e premissa, justamente o contrário: a inexistência de primazia racionalista em todos os eventos discursivos e cognitivos.

[58] GRANGER. "Introdução" in *Os Pensadores...*, p. 29.

sem prejuízos, por menos atento que o apresentem".[59] De sorte que, na visão *cartesiana*, era necessário acostumar-se "a crer que nada há que esteja inteiramente em nosso poder, exceto os nossos pensamentos".[60]

Em suma, Descartes se escorava na crença de que a Razão poderia ser tida enquanto um ponto otimizado de partida para que se pudesse atingir o conhecimento, uma vez que ela era uma espécie de constante matemático-filosófica e seus vínculos com a *realidade* eram os mais puros e livres de (errôneos) subjetivismos quanto possível: "Desde Descartes e Kant, passando por numerosos outros filósofos, sempre acreditamos que o 'mundo interior' do observador era inteiramente independente da realidade física. Assim sendo, para melhor abordar o segundo, era preciso submeter o primeiro a um controle, uma neutralização radical".[61]

Pensar a neutralidade discursiva, a partir do paradigma representado pelo pensamento de Descartes é pensar, fundamentalmente, na famosa e básica afirmação de sua organização filosófica ("Eu penso, logo existo"), e na profunda ruptura operada e a partir dela desenvolvida: a substância espacial (matéria – *res extensa*) é absolutamente distinta da substância pensante (mente, consciência – *res cogitans*). Assim, a pedra fundamental do pensamento *cartesiano* é marcada: a Razão encontra-se enquanto um núcleo central da consciência[62] e é a única referência que os homens possuem enquanto fonte informacional impassível de ser geradora de engodos.[63]

Daí a possibilidade de se exarar a neutralidade: a apreensão dos objetos a partir do prisma da Razão jamais cederia diante das ilusões hipoteticamente verificáveis em esferas como a sensorial. Ou ao menos não foi concebida enquanto passível de ceder: afinal, é um conhecimento que "ultrapassa o eu e suas vivências", caracterizando-se, eminentemente, como seguro.[64] O que, na visão de Japiassu, pode se revelar enquanto uma perigosa trilha: "É até mesmo freqüente que aqueles

---

[59] GRANGER. "Introdução" in *Os Pensadores...*, p. 13.

[60] DESCARTES. "Discurso do Método..." in *Os Pensadores...*, p. 54.

[61] JAPIASSU. *A crise da Razão e do saber objetivo...*, p. 12.

[62] Não se mesclam, nesse instante, conceitos impassíveis de simples equiparação, como "Razão" e "Consciência". Propõe-se, apenas, na esteira de FREUND, uma adequação da Consciência enquanto *locus* de "ação" da Razão: "O mundo só é pensado porque nós o pensamos. Tudo o que podemos saber é que é possível torná-lo inteligível. Eis o fundo da razão. Ela não é assimilável à própria consciência. É a instância ativa que tenta organizar e ordenar nossa tomada de consciência, introduzindo a coerência em nossos pensamentos e a coesão em nossas ações. Ela é ato racional de compreensão ou de explicação, e conduta razoável de regulação. O que é fundamental não é que seja correta a colocação em relações, mas que o ser se esforce para estabelecer relações em vista de orientar-se teórica e praticamente. O racional consiste na aplicação do espírito em fazer concordarem, na medida do possível, a coerência interna ao pensamento e a diversidade indefinida da realidade. E o razoável consiste no questionamento contínuo de nossas condutas em vista de conciliar nossa preocupação com a regulação e as novidades que se produzem" FREUND, Julien. *Philosophie philosophique, apud* JAPIASSU. *A crise da Razão e do saber objetivo...*, p. 21-22.

[63] "Descartes postulou duas substâncias distintas – a substância espacial (matéria) e a substância pensante (mente). Ele refocalizou assim, aquele grande dualismo entre a 'mente' e a 'matéria' que tem afligido a filosofia desde então (...) No centro da 'mente' ele colocou o sujeito individual, constituído por sua capacidade para raciocinar e pensar" HALL, op. cit., p. 27.

[64] MARTON, op. cit., p.152.

que pretendem abster-se de qualquer juízo de valor são os primeiros a ser infiéis à sua resolução, quer porque se tornam vítimas de instintos, de simpatias, de antipatias incontroladas, quer porque consideram como verdade científica a doutrina que triunfa no momento ou que tende a impor-se".[65]

A racionalidade *cartesiana*, uma vez atingida e identificada como tal, não tem o erro enquanto possibilidade, enquanto hipótese plausível, eis que sua base fundamental é aquela que lhe aduz enquanto máxima certeza possível. Até mesmo porque, partindo da máxima "Eu penso, logo existo" o racionalismo enxerga a razão humana como uma espécie de sumo apartado: ela é a fronteira máxima até onde pode avançar a dúvida, qualquer dúvida.[66]

Ia, pois, substituído o "antigo dualismo" (dualismo teocêntrico – homem, humanidade, corpo *versus* Deus, Divina Providência, espírito),[67] por outro, de aspecto aparentemente conflitante, mas de mesmo estofo: o "dualismo *cartesiano*" (Razão, racionalismo *versus* emoção, corpo, sentidos, sensação).

E o termo de substituição ora empregado não deve ser entendido enquanto superação, mas enquanto reposição de elementos, uma vez que permanece reinante o sistema de pensamento ocidental, com os postulados de Descartes, vinculado, de certa forma, à antiga organização pretensamente abandonada: "Muitos pensaram que a ruptura com o mundo sagrado e mágico devia deixar o lugar livre a um mundo moderno, governado pela razão e pelo interesse, que seria acima de tudo um único mundo, sem sombras e sem mistérios", mas o que se viu, em realidade, foi a confirmação de que a modernidade, de fato, "não substituiu um universo dividido entre o humano e o divino por um mundo racionalizado; de maneira diretamente inversa, ela quebrou o mundo encantado da magia e dos sacramentos substituindo-o por duas forças cujos relacionamentos tempestuosos desenham a história dramática da modernidade: a razão e o sujeito(...)".[68]

A razão, como já se frisou, ocupou o cerne da crença da possibilidade do contato com a pureza, com a revelação imaculada. Revelação que, se antes era vinculada ao divino, agora chegava na esteira da soberania do poder racional, sua nova fonte originária.

Supostamente liberto de concepções *irracionalistas* e eivadas pelo manifesto equívoco da "ausência" do pilar racional que lhe era tão fundamental,[69] Descartes avança para uma concepção de franco direcionamento rumo à busca pela essência do objeto cognoscente a fim de, por meio da decodificação e do rigor no acompa-

---

[65] JAPIASSU. *O mito da neutralidade científica*..., p. 65.

[66] "Quer estejamos em vigília, quer dormindo, nunca nos devemos deixar persuadir senão pela evidência de nossa razão e de modo algum de nossa imaginação, ou de nossos sentidos". DESCARTES. "Discurso do Método..." in *Os Pensadores*..., p. 58.

[67] TOURAINE, op. cit., p. 37.

[68] Idem, ibidem, p. 46-47.

[69] "E enfim, quanto às más doutrinas, pensava já conhecer o bastante para não mais estar exposto a ser enganado, nem pelas promessas de um alquimista, nem pelas predições de um astrólogo, nem pelas imposturas de um mágico, nem pelos artifícios ou jactâncias de qualquer dos que fazem profissão de saber mais do que sabem". DESCARTES. "Discurso do Método..." in *Os Pensadores*..., p. 41.

nhamento metodológico, encontrar seu núcleo duro portador de irredutibilidade. À Razão caberia o identificar do essencial em si mesmo, que caracterizaria a coisa enquanto ela própria.[70]

Assim, o sistema de pensamento *cartesiano* se alia de certa forma ao *platonismo*, revitalizando "a confiança na razão" e, principalmente, visando à obtenção da *universalidade* de suas leis.[71] Como já foi abordado, uma corrida irrefreável pela busca de "leis" permeia o saber científico da Modernidade; "leis" que, na sua generalização e na sua impessoalidade, legitimam-se enquanto cume do conhecimento. Por "desconfiar do indivíduo",[72] o racionalismo moderno procura de maneira incansável a fixidez apoiando-se em uma proposta de *impessoalidade* do saber científico calcada nessas "leis" enquanto máximas pétreas portadoras de verificabilidade e, assim, segurança. Embasado nisso, um projeto visando guiar as acepções do mundo, tendo o objetivo de catalogá-las e ditar sua organização a partir dessas mesmas e estipuladas "leis": mais um elemento visivelmente potencializado pela *matematização* racional promovida por Descartes, onde ele mais do que nunca encontra Platão e seu ideal de "aperfeiçoamento da vida" a partir de uma matriz racionalista do conhecimento.[73]

Sobre a metafísica *platônica*, pode-se, de maneira bastante modesta, dizer que as mais flagrantes (e pertinentes ao estudo aqui travado) semelhanças focalizadas com o sistema *cartesiano* de pensamento residem na argumentação que advoga pela faculdade racional de apreensão, hierarquização e organização do mundo a partir das formas ideais habitantes do racionalismo estrito, e sua verve de pretensa imunidade e (superior) hierarquização frente a qualquer elemento externo ou estranho. Naffah Neto faz o deslinde da questão, salientando o pretenso encaixe dos fatores daquilo que chama de mundo empírico com os preceitos informados pela Razão, como se os elementos componentes desse mundo pudessem ser subsumidos por máximas racionais previamente ponderadas e estabelecidas, atuando de forma cogente e centrípeta.[74]

A partir desse ponto é que a contestação emitida por Foucault à neutralidade cognitiva de matriz *cartesiana* atinge seu ponto mais voraz. Essa neutralidade que é ponto de partida, objetivo e aporte final conceitual em meio ao conhecimento

---

[70] "As coisas devem ser explicadas, ele acreditava, por uma redução aos seus elementos essenciais à quantidade mínima de elementos e, em última análise, aos seus elementos irredutíveis". HALL, op. cit., p. 27.

[71] TOURAINE, op. cit., p. 38.

[72] TOURAINE, op. cit., p. 269.

[73] ANSELL-PEARSON, Keith. *Nietzsche como pensador político .Uma introdução*. Trad. Mauro Gama e Claudia Martinelli. Rio de Janeiro: Jorge Zahar Ed., 1997, p 80.

[74] "Assim o mundo empírico, mutante e imperfeito, era hierarquizado segundo graus de verossimilhança com as formas ideais, postas como primitivas, conseguindo-se, dessa forma, um princípio racional transcendente capaz de disciplinar a realidade e esconjurar a realidade, a multiplicidade, o acaso, o devir (...) No caso de Platão, o modelo designava a idéia, forma perfeita e imutável que todos teríamos um dia contemplado e que, graças a uma espécie de reminiscência, poderíamos evocar como princípio racional, ordenador da realidade". NAFFAH NETO, Alfredo. *O inconsciente como potência subversiva*. São Paulo: Escuta, 2002. p. 15-16".

científico e seu prisma oriundo da forja cartesiana, é, por ele, posta em xeque, com escopo em um famoso aforismo de Nietzsche.[75]

Seria possível o atingir do conhecimento universal, legítimo ao ponto de ser excludente e recheado (em sua apreensão) de pretensa neutralidade? Foucault responde a essa indagação com uma negação, quando cunha sua lição na proposta que apregoa a *invenção* do conhecimento:[76] há um caráter impassível de neutralidade absoluta na lida com o conhecimento, desde seu "surgir", uma vez que o "conhecimento" seria mais o que o sujeito *busca* no objeto do que algo que o objeto *possua* por si só. Afinal, o conhecimento não *existe*. Ele é, de certa forma, *criado* no momento em que se *conhece*. Não existiriam características essenciais e eternas nos objetos, projetadas para definir esse próprio objeto fora de quaisquer pontos de vista e frente a qualquer sujeito, em qualquer tempo ou situação.

Abalada fica, assim, a ideia de elementos *universais* como meta para uma "boa" atividade cognitiva, e revelados terminam os estreitos limites da Razão. Há mais particularidades no *conhecer* do que a visão *cartesiana* rígida poderia supor. A racionalidade não atinge a *totalidade* no que concerne à caracterização do *objeto*, mas sim *um* ou *alguns* de seus aspectos, que jamais poderiam ser tidos enquanto alheios ao sujeito cognoscente e às possibilidades cognitivas dele.

A lógica *cartesiana* peca por apartar ingenuamente sujeito e objeto, caracterizando o sujeito-investigador como mero observante de um objeto-estático, como se o primeiro (de forma neutra e "fria") pudesse simplesmente arrolar as propriedades do último e *reportar* sua eficiente experiência de apreensão, sem nenhuma espécie de "contribuição" subjetiva na operação.

A propositura de Foucault desnuda as possibilidades que o ser humano detém para captar no âmago das coisas alguma característica fixa, algum ponto comum e passível de experimentação perene,[77] sem que isso represente um quê de perspectivismo.

É, para Foucault, inexistente a possibilidade de investigação neutra quanto a qualquer coisa, muito mais quanto a algo que, hipoteticamente, se localize no

---

[75] "Em algum remoto rincão do universo cintilante que se derrama em um sem número de sistemas solares, havia uma vez um astro, em que animais inteligentes inventaram o conhecimento. Foi o minuto mais soberbo e mais mentiroso da 'história universal': mas também foi somente um minuto. Passados poucos fôlegos da natureza congelou-se o astro e os animais inteligentes tiveram de morrer". NIETZSCHE, Friedrich. "Sobre Verdade e Mentira no sentido Extra-Moral" in *Os Pensadores – Nietzsche, Obras incompletas*. Trad. Rubens Rodrigues Torres Filho. São Paulo: Abril, 1974, p. 53.

[76] "O conhecimento, portanto, foi inventado. Dizer que ele foi inventado é dizer que ele não tem origem. É dizer, de maneira mais precisa, por mais paradoxal que seja, que o conhecimento não está em absoluto inscrito na natureza humana". FOUCAULT, *A verdade e as formas jurídicas...*, p. 16.

[77] "A verdade, sustenta ele (NIETZSCHE), não é algo que se deva 'achar' ou 'descobrir', mas algo 'que deve ser criado e que dá nome a um processo' pelo qual a verdade se apresenta, diz ele,'como uma determinação ativa – não um ato de vir a ser consciente de algo que é, em si mesmo, firme e determinado. É uma palavra para a vontade de poder'. Em resposta à indagação epistemológica de Kant sobre 'como são possíveis os juízos sintéticos a priori?', Nietzsche faz a pergunta psicológica 'por que nos é necessário acreditar em tais juízos?'. Sua resposta é que há uma necessidade humana de acreditar em tais juízos, não porque sejam de fato 'verdadeiros', mas porque aumentam nossa sensação de poder sobre o mundo". ANSELL-PEARSON, op. cit., p. 30.

cerne molecular dessa coisa, no núcleo mais profundo desse objeto cujo estudo é perseguido, e permaneça lá, enraizado, aguardando por simples descoberta e prático catalogar: "não se pode deduzir o conhecimento, de maneira analítica, segundo uma espécie de derivação natural".[78]

Quando isso se faz pontuado, fica estabelecido de forma bastante clara que (qualquer) coisa que sirva de objeto de "conhecimento", vê (ainda que imperceptivelmente), a barreira (melhor dizer, a falácia) sujeito-objeto rompida,[79] havendo de ser necessária a assunção do diálogo onipresente e mesmo da interpenetração entre o sujeito e o objeto de pesquisa (sujeito participando e influenciando na "compreensão" do objeto). Torna-se clara a assertiva de que se a neutralidade não é um meio atingível para que se passe a proceder na busca do conhecimento, é muito menos um ponto de partida com o qual se pode contar tranquilamente.

Com Machado, a problemática ganha contornos maiores, quando estabelece matrizes originais *platônicas* nas próprias raízes da investigação científica: é flagrante que, para a ciência *moderna*, um desvencilhar dessa premissa de neutralidade enquanto luz para o conhecimento se demonstra custoso, na exata medida em que isso inclui contrariar suas próprias concepções de si mesma e reestruturar a maior parte de seus juízos valorativos.

A ciência *moderna* trafega guiada pela causalidade e procura ignorar a relevante presença inafastável de elementos, mesmo intrínsecos ao próprio ato de investigar, que podem lhe desviar da rota e alterar toda obtenção de resultados, conforme aduz o autor: "O que é a metafísica racional criadora do espírito científico? É justamente 'a crença inabalável de que o pensamento, seguindo o fio da causalidade, pode atingir os abismos mais longínquos do ser e que ele não apenas é capaz de conhecer o ser, mas ainda de corrigi-lo".[80] A própria teoria do conhecimento, como a conhecemos, é calcada nas premissas que, indicam o aparato da *episteme* racionalista.[81]

---

[78] FOUCAULT, *A verdade e as formas jurídicas*..., p. 17.

[79] "O rigor científico, porque fundado no rigor matemático, é um rigor que quantifica e que, ao quantificar, desqualifica, um rigor que, ao objetivar os fenômenos, os objectualiza e os degrada, que, ao caracterizar os fenômenos, os caricaturiza. É, em suma e finalmente, uma forma de rigor que, ao afirmar a personalidade do cientista, destrói a personalidade da natureza. Nestes termos, o conhecimento ganha em rigor o que perde em riqueza e a retumbância dos êxitos da intervenção tecnológica esconde os limites de nossa compreensão do mundo e reprime a pergunta pelo valor humano do afã científico assim concebido. Essa pergunta está, no entanto, inscrita na própria relação sujeito/objecto que preside à ciência moderna, uma relação que interioriza o sujeito à custa da exteriorização do objecto, tornando-os estanques e incomunicáveis". SANTOS, op. cit., p. 33.

[80] MACHADO, Roberto. *Nietzsche e a verdade*. Rio de Janeiro: Graal, 2. ed., 2002. p. 31.

[81] "É o cogito (consciência) que, enquanto e como substância ativa, molda, cunha, estrutura e informa a substância passiva, a *res extensa*, todo objeto em sentido lato (...) tudo o que é real ou formalmente está ou dá-se 'fora' do sujeito ou que não é sujeito. É dessa concepção do paralelismo de *res cogitans* e *res extensa* (da alma e do corpo, do homem e do mundo, do espírito e da matéria, do ativo e do passivo, do constituinte ou estruturante e do constituído ou estruturado, do dentro ou interno e do fora ou externo), melhor: é no 'espírito' dessa concepção--compreensão instauradora e promovedora desse paralelismo ou dualismo moderno que nasce a disciplina 'teoria do conhecimento' (...) Uma vez estabelecido o dualismo-paralelismo das substâncias, coloca-se a seguinte questão: como o pólo-sujeito (o cogito, o 'dentro', o 'interior') pode atingir e apreender o pólo-objeto (o 'fora', o 'externo', o extenso em sentido lato)?". FOGEL, Gilvan. *Conhecer é Criar. Um ensaio a partir de F. Nietzsche*. São Paulo: Discurso Editorial. Ijuí: Editora UNIJUÍ: 2003, p. 23-24.

O paradigma *cartesiano* terminou por fazer dos conceitos de investigação científica e neutralidade racionalista um verdadeiro amálgama, e até hoje a imagem de perseguição causal é o que basta para legitimar os saberes obtidos, sem considerar que a *pessoa* do investigador não é elemento que possa ser desconsiderado, e que o agir técnico jamais será imune à pessoalidade (*lato sensu*) de quem o conduz.

Por fim, fica evidente que a grande herança *cartesiana* se concentra nesse protótipo filosófico de *sujeito* cujas premissas, se aceitas incondicionalmente, dão vazão à crença em uma *neutralidade* de onde transpira um quê de ingenuidade.[82]

Um sujeito-técnico plenamente apto a espelhar a proposição *d'As Paixões da Alma* que, em seu derradeiro artigo, estipula: "não existe alma tão fraca que não possa, sendo bem conduzida, adquirir poder absoluto sobre as suas paixões".[83] Um sujeito intangível pela emotividade[84] e por qualquer desmando que não provenha de sua consciente (e inquestionável) apreensão do mundo. Ou, em definição mais direta: um *sujeito* única e exclusivamente atrelado à ficção evidente da *tabula rasa* racionalista.[85]

1.3. Nietzsche, o *perspectivismo* e o "começo do fim": aforismos para um questionamento decisivo da neutralidade racional

> *Como Nietzsche apontou no século passado, derrubar a fé do lugar de instância última da verdade e ali colocar a reta Razão é, afinal de contas, conservar o principal, isto é, o lugar.*
> Agostinho Ramalho Marques Neto, *Sobre a Crise dos Paradigmas Jurídicos e a Questão do Direito Alternativo.*[86]

O pensador alemão Friedrich Nietzsche (1844 – 1900) foi um crítico voraz de muitos dos constructos que embasaram, solidificaram e procuraram justificar os elementos da cosmovisão *moderna* até agora trabalhados. Dentre alguns dos principais alvos da crítica *nietzscheana*, sem dúvida enquadrados, o dualismo *car-*

---

[82] "Um aspecto importante da concepção racionalista é o de que, para alcançar os melhores resultados, as emoções têm que ficar de fora. O processo racional não deve ser prejudicado pela paixão". DAMÁSIO, op. cit., p 203.

[83] DESCARTES, "Discurso do Método..." in *Os Pensadores...*, p. 247.

[84] "Ciosa de sua pretensa neutralidade objetiva, afirmando categoricamente sua independência em relação a qualquer subjetividade que não seja aquela do puramente formal, a ciência se deixa levar pelas malhas da alienação, fornecendo à tecnocracia não apenas camufladas justificativas ideológicas, mas ainda o apoio de um aval fundado no culto e na fidelidade à racionalidade humana". SEVERINO, Antônio Joaquim. "Prefácio à 2ª Edição" in JAPIASSU, Hilton. *O Mito da Neutralidade Científica*. Rio de Janeiro: Imago, 1981, 2ª ed. Revista e ampliada, p. 35.

[85] LYOTARD, Jean-François. *O Inumano: considerações sobre o tempo*. Trad. Ana Cristina Seabra e Elizabete Alexandre. Lisboa: Estampa, 1997. 2 ed, p. 27.

[86] MARQUES NETO, Agostinho Ramalho. "Sobre a Crise dos Paradigmas Jurídicos e a Questão do Direito Alternativo" in MARTINS, José Maria Ramos. MARQUES NETO, Agostinho Ramalho *Pluralismo Jurídico e Novos Paradigmas Teóricos*. Porto Alegre: Sergio Fabris, 2005, p. 51.

tesiano mente-matéria e as demais decorrências epistemológicas da *prima meditatio* de Descartes aqui investigada.

A ideia da neutralidade discursiva metodologicamente obtida, e, principalmente, os limites e possibilidades dessa neutralidade, representaram temas de constante abordagem em meio a seus escritos. Procuraremos, neste momento, utilizar fragmentos da obra de Nietzsche que sirvam para ilustrar a discussão e estabelecer seu pensamento como marco de visão filosófica antagônica à doutrina *cartesiana*.

A escolha, neste tópico, pelo trabalho com os conceitos relacionados à teoria *nietzscheana* do conhecimento perspectivo,[87] se faz, também, em virtude da inegável ligação conceitual que os mesmos vão possibilitar com aquele que é tido como o descentramento crucial da racionalidade *cartesiana* na caracterização do sujeito moderno: o saber psicológico profundo e sua noção de *inconsciente*, inicialmente abordada no viés *psicanalítico*.[88]

Igualmente, a influência exercida por Nietzsche possui grande vulto na elaboração teórica da Psicologia Analítica (consoante igualmente se verá no Capítulo 2), e só isso já pode demonstrar a pertinência e a relevância de um pequeno tangenciar da obra do filósofo. Não é necessário argumentar demasiadamente para salientar que sua extensa produção e as derivações da mesma não se esgotariam nem que fosse esse o único tema de toda o presente trabalho e, por isso mesmo, sua abordagem vai limitada apenas no rígido perímetro de pertinência do tema aqui percorrido.

Afirmamos, ainda, que a conveniência do estudo de Nietzsche diante do quadro apresentado faz com que deixemos de explorar outras inúmeras vertentes filosóficas que se prestam a um confronto igualmente fecundo com as ideias de uma filosofia *cartesiana* da consciência. Tendo-se em vista a linha que pretenderemos seguir a partir do Capítulo 2, há, inclusive, um critério histórico-temporal a ser ora observado para a condução de nossas hipóteses, o que tornaria sem sentido, nesse instante, o uso de doutrinas teórico-filosóficas contemporâneas ou posteriores à consolidação *psicanalítica* da noção de *inconsciente*. A ênfase em Nietzsche e nesse encadeamento de seu pensamento com as teorias psicológicas

---

[87] "O que deveria interessar-nos mais, afirma, não é se nossas interpretações do mundo são 'verdadeiras' ou 'falsas' (isso jamais poderemos saber com absoluta certeza) (...) Nietzsche aplica a mesma perspectiva a valores e juízos morais. Nossa análise destes, diz ele, não deve focalizar suas supostas 'pretensões de verdade', e sim a pergunta sobre se elas refletem normas de vida ricas, fortes e abundantes, ou fracas, esgotadas degenerescentes. Pensar desse modo sobre juízos é pensar em função de um 'perspectivismo' radical e de um ponto de vista que está 'além do bem e do mal', pois tal maneira de pensar reconhece a condicionalidade das formas humanas de conhecimento e não está preocupada com os absolutos, com a moral e tudo mais". ANSELL-PEARSON, op. cit., p. 30.

[88] "Com efeito, ele afirma longamente em sua obra (Além de Bem e de Mal, por exemplo) que o homem é mais complexo do que supõem as normas e convenções. Bem antes das modernas correntes da psicologia, analisou a força e a importância dos impulsos de domínio e submissão, concluindo que há, em nós um animal solto que também compõe a personalidade e influi na conduta. Naquela obra, insiste sobre a presença no tecido da vida humana, dessas componentes, que a moral e a convenção procuraram eliminar, depois de as haverem condenado". MELLO E SOUZA, Antônio Cândido de. "O Portador" in *Os Pensadores – Nietzsche, Obras incompletas*. Trad. Rubens Rodrigues Torres Filho. São Paulo: Abril, 1974, p. 420.

enfocadas (do ponto de vista de uma História das Ideias[89]) é inteiramente opcional e conveniente, pois.

Nossa ideia, no presente estágio, é assumir as conclusões da filosofia do *perspectivismo* para expor que é fundamental um olhar (ausente na concepção *cartesiana*) sobre o sujeito cognoscente e sobre a relação dele com o objeto cognoscível, que não é um mero receptor impressões e leituras racionais. O preenchimento dessa relação sujeito-objeto passa por inúmeros fatores, e nossa proposta posterior é justamente demonstrar como as motivações de ordem inconsciente atuam nesse aspecto. Por isso, a ênfase no *perspectivismo* nesse momento: o propósito do presente tópico reside em, simplesmente, desqualificar a "segurança" racionalista a partir dos conceitos trazidos por Nietzsche, sem olvidar de que a senda *nietzscheana* fora, posteriormente aprimorada (ou talvez superada) nesse aspecto, por concepções oriundas de construções filosóficas que lhe foram sucessivas.[90]

Nietzsche, dentro do presente contexto, igualmente pode ser visto como o mais prolífico e pertinente elo de ligação no estudo do descentramento da Razão no sujeito moderno (desde o "apogeu" *cartesiano* à "derrocada" proposta pela Psicologia Analítica). Sua filosofia é, quanto a esse aspecto, como que uma ponte de transição: em um primeiro momento, auxilia no desmonte do *cogito* de Descartes, identificando a insuficiência do modelo *cartesiano*, trazendo a não unicidade racional na apreensão cognitiva, destronando a concepção apartada entre sujeito e objeto, e afastando de uma vez por todas a inverossímil teorização quanto à pureza racionalista na relação do sujeito cognoscente com esse objeto.

Em um segundo momento, inspira fortemente os pensadores posteriores a uma guinada de volta à preocupação no estudo da esfera psíquica do indivíduo, entendida, agora, não como subjugada pela onipotência benéfica de uma razão que a tudo supera e tudo pode, mas, sim, sofrendo a influência[91] dos instintos, dos anseios oriundos do ressentimento, da vontade negativa de potência e do próprio corpo, que, teria seus meios próprios de se fazer entender.

Nietzsche, assim, entrega à posteridade a sua visão da racionalidade, onde, ao contrário do porto seguro *cartesiano*, enxerga o caos, um vórtice de múltiplas

---

[89] Para uma contextualização aprimorada de uma possível ligação das ideias de NIETZSCHE com as discussões evidenciadas pela Psicanálise, no viés da História das Ideias, imprescindível a consulta de BAUMER, Franklin Le Van. *O Pensamento Europeu Moderno. Volume II. Séculos XIX e XX*. Trad. Maria Manuela Alberty. Lisboa: Edições 70, 1977, p. 129-205.

[90] Aqui vai menção direta ao arcabouço teórico das escolas filosóficas posteriores, que igualmente abordaram (e mesmo ampliaram) a problematização da questão da *relação sujeito-objeto*. Sobretudo com os aportes fenomenológicos (em lições como as de HEIDEGGER e de MERLEAU-PONTY, por exemplo) e com a recepção do problema sob o ponto de vista de uma *ética da alteridade* no pensamento de LEVINAS (sobre esse tema específico, Cf. TIMM DE SOUZA, Ricardo. *Sentido e Alteridade – dez ensaios sobre o pensamento de Emmanuel Levinas*. Porto Alegre: Edipucrs, 2000).

[91] "A sua teoria da consciência como superfície, afloramento de obscuridades que não se pressentem, anuncia a psicanálise (...) Sob este ângulo, e apesar do desvirtuamento da expressão, o super-homem aparece como tipo superiormente humano, um ente que consegue manifestar certas forças da vida, mutiladas, em outros por causa da noção parcial que a psicologia e a moral convencionais oferecem de nós". MELLO E SOUZA, op. cit., idem.

DECISÃO JUDICIAL NOS CRIMES SEXUAIS

pulsões. Eis a raiz do conhecimento *perspectivo*: a apreensão dos fatos do mundo, pelo homem, mesmo aquela derivada de um racionalismo, jamais será inteiramente pétrea, *segura*, mansa e pacífica.

Cabe aqui, inicialmente, o destaque feito por Oliveira, de que teria sido Nietzsche (pioneiro mesmo ante a Frege e Husserl) o responsável pela concepção que introduz filosoficamente, de maneira indissociável os conceitos de significado (*sinn/bedeutubg*) e valor (*werr*)[92] apresentando o caráter imbricado e coatuante havido entre a linguagem e nossa experiência de mundo. Assumir isso é tresvalorar a epistemologia, é destronar o racionalismo e substituí-lo, definitivamente, por uma *teoria perspectiva dos afetos*.[93]

Falar sob essa óptica é assumir que nada pode ser analisado de modo neutralmente desvinculado, na medida em que as coisas não se desentranham da carga de interesse (afeto, ou ainda, perspectiva) que floresce em meio ao que delas apre(e)ndemos.[94] Uma carga de interesse que emerge dentre o conhecimento que delas cremos extrair, simplesmente, sem nos darmos conta, muitas vezes, da intensa movimentação do *sujeito* na composição do saber acerca do *objeto* (tido enquanto "aprisionado", em uma inverossímil situação epistemologicamente estática, passível de decomposição plena).

Machado expõe que, para um *conhecer* que não se demonstre em débito com a necessária assunção do perspectivismo (teorizando sobre a esteira da análise feita por Foucault), é necessário "neutralizar a idéia que faz da ciência um conhecimento em que o sujeito vence as limitações de suas condições particulares de existência, instalando-se na neutralidade objetiva do universal e da ideologia um conhecimento em que o sujeito tem sua relação com a verdade perturbada, obscurecida, velada pelas condições da existência".[95]

As condições limítrofes impostas por essa existência, pelo próprio *ser* do sujeito cognoscente, não são, pois, obstáculo a ser ultrapassado. São, sim, superfície onde se movimentam os afetos, onde *acontece* o *conhecer*: elas fertilizam a possi-

---

[92] "Como o próprio Gadamer já observara, em resposta aos ataques de Habermas, a nossa experiência da linguagem (inclusive seus aspectos sistemáticos de racionalidade) e a nossa experiência do mundo (inclusive do mundo da vida, Lebenswelt) são co-originárias e simplesmente não podem ser dissociadas". OLIVEIRA, Nythamar Fernandes de. *Tractatus Ethico-Politicus. Genealogia do Ethos Moderno*. Porto Alegre: EDIPUCRS. 1999, p. 106-107.

[93] OLIVEIRA, *Tractatus Ethico-Politicus...*, p. 126.

[94] "A noção de experiência (afeto, humor, disposição, patos) anda rigorosamente junto com a noção de começo, de origem, perfazendo uma mesma compreensão – um e o mesmo fenômeno. Isso porque, justamente, o começo, origem, se define como e a partir da experiência. Ao se falar de começo como súbito, imediato, o que se está falando é que, a rigor, no ou num (pois 'o' começo é sempre 'um' começo!) começo não se entra, mas nele abruptamente se cai, mesmo se 'de-cai', isto é, nele nos vemos súbita ou abruptamente caídos, jogados e, por isso, tomados, atravessados, perpassados – quer dizer: afetados (...) Daí que experiência (afeto, humor) e perspectiva digam o mesmo. Elas se implicam, ou se complicam! Uma 'doutrina perspectiva dos afetos' é uma doutrina que articula uma compreensão de realidade, de dinâmica, de realização de realidade, enquanto e como perspectiva-afeto ou afeto perspectiva". FOGEL, op. cit., p. 47-48.

[95] MACHADO, Roberto. "Introdução – Por uma Genealogia do Poder" in *Microfísica do Poder*. Rio de Janeiro: Graal, 2004. 20. ed., p. XXI.

bilidade de conhecer com a *experiência*, sem a qual ela não apenas se torna mais completa (como comumente se acredita), mais sim simplesmente não ocorreria.[96] Não há *conhecer* absolutamente liberto do sujeito que *conhece*. A lógica *cartesiana* opera tentando superar particularidades cognitivas inegáveis, em um objetivo forçoso de universalidade que teria como caminho a neutralidade racional.

Lastreado nessas premissas, Nietzsche fornece em um único aforismo, substrato para toda uma teorização contraparadigmática quanto ao tema: "Non ridere, non lugere, non detestari, sed intelligere! diz Espinosa, simples e sublime, como é seu modo. Entretanto, o que é intelligere, no último fundamento, senão a forma em que justamente esses três primeiros se fazem sentir a nós de uma só vez?".[97]

De maneira intencional, o filósofo trafega em meio às assunções da insegurança e da parcela de impotência com a qual a ciência se depara frente à complexidade de um *anticartesianismo*, como na alegoria dos tripulantes do barco, fascinados e ao mesmo tempo amedrontados diante da infinitude oceânica.[98] Negar a universalidade e a falácia da onipotência racional é uma verdadeira aventura rumo ao complexo e ao "desconhecido": uma aventura que Nietzsche aceita como necessária. É por isso que ele frisa que "*deixou de haver terra*": não há retorno para uma concepção puramente racionalista e carente de certezas, após a mesma ser desnudada e abandonada.

Incisivamente questionador dos valores que se impõem enquanto alicerces mais caros à *episteme* da Modernidade em sua vertente de ode à Razão, Nietzsche desdenha constantemente de lugares comuns teóricos basilares para o paradigma *cartesiano*. Ele desfralda "um pensamento antimoderno que concentra seus ataques contra a idéia de sujeito",[99] não se podendo olvidar que, na concepção *cartesiana* (conforme retoma Fogel), o enfoque decisivo informava a "pressuposição do 'eu', da 'razão pura', enfim, do cogito ou da 'consciência' como substância, isto é, como sub e 'pré-existente', ou seja, como sempre já dado e constituído, em suma, como sujeito!".[100]

---

[96] "Da afirmação segundo a qual há tantos modos de conhecer quanto os de ser (isto é, de afecções, de experiências, de 'verbos'), decorre que o conhecimento conceitual-representativo, identificado com 'o' conhecimento é um e apenas um modo possível de conhecer (...) O conceito é, na verdade, o que sempre já se tem, ou o que sempre já se sabe em relação àquilo que cabe apreender ou saber – isto é, conhecer. Em outros termos: o conceito é o que já se conhece para poder se conhecer!". FOGEL, op. cit., p. 53-54.

[97] NIETZSCHE, Friedrich. *A Gaia Ciência*. Trad. Paulo César de Souza. São Paulo: Companhia das Letras, 2005, p. 220.

[98] "Deixamos a terra, subimos a bordo! Destruímos a ponte atrás de nós, melhor destruímos a terra atrás de nós. E agora, barquinho, toma cuidado! Dos teus lados está o oceano; é verdade que nem sempre ruge; a sua toalha estende-se às vezes como seda e ouro, um sonho de bondade. Mas, virão as horas em que reconhecerás que ele é infinito e que não existe nada que seja mais terrível do que o infinito. Ah! pobre pássaro, que te sentias livre e que esbarras agora com as grades desta gaiola! Desgraçado de ti se fores dominado pela nostalgia da terra, como se lá em baixo tivesse havido mais liberdade,... agora que deixou de haver 'terra'!". NIETZSCHE. *A Gaia Ciência*..., p. 147.

[99] TOURAINE, op. cit., p. 123.

[100] FOGEL, op. cit., p. 97-98.

Uma de suas mais importantes contribuições para o desalojar dessa concepção típica de sujeito (racional) moderno foram os golpes constantes nos axiomas que informavam a ótica racionalista de definição desse mesmo sujeito. Afinal, para Nietzsche:

> A consciência é o último e derradeiro desenvolvimento do orgânico e, por conseguinte, também o que nele é menos acabado e menos forte; Não fosse tão mais forte o conservador vínculo dos instintos, não servisse no conjunto como regulador, a humanidade pereceria por seu juízo equivocado, por seu fantasiar de olhos abertos, por sua credulidade em profundidade, em suma, por sua consciência.[101]

Desde logo se vê que, para o filósofo, o elogio racionalista próprio do preceito de *cogito ergo sum* cartesiano padece, uma vez que a fonte consciencial-racional não só não se coloca como eixo gerenciador e inquestionável[102] da existência humana como também seria ela, não aquilo que tornaria o homem superior, mas, sim, aquilo que é responsável, na maioria das vezes, pela própria ruína do mesmo.

Dentre toda evolução orgânica do corpo humano, o pensador identifica na capacidade consciente para o raciocínio um aparelho novato e frágil na tarefa de esquivar-se de equívocos, se revelando pródigo, no entanto, no indesejável e constante sucumbir diante de percalços por ele imperceptíveis e invencíveis.[103] Uma acepção notadamente contrária à confiabilidade absoluta legada à racionalidade e à consciência da Razão pelo modelo *cartesiano*.

Pode-se arriscar que é, pelo mesmo motivo, que o filósofo, na voz de seu *Zaratustra*, apregoa a necessidade de não nos envergonharmos de "ouvir" nossas "vísceras", ao invés de procurar um conhecimento "imaculado" (puro, neutro, distante dos afetos), que não passa de uma ilusão destinada aos "hipócritas" e "lascivos", que crêem ter a capacidade de observar a vida "sem desejos, e não como um cão com a língua de fora".[104]

---

[101] NIETZSCHE, *A Gaia Ciência*..., p. 62.

[102] Lembremo-nos da crítica de FOUCAULT: a consciência quanto à existência de uma Razão, curiosamente, jamais é atacada ou perquirida por DESCARTES. A consciência pode ser facilmente ludibriada, mas aquela consciência que refere o uso da Razão não é – *cartesianamente* – colocada em dúvida, o que acarretaria em um completo desmonte dos pilares da teoria. Vide Nota n° 48, acima.

[103] "(...) *o ato mais autêntico é o que acontece de forma inconsciente, a partir de um livre fluir da saúde e força abundantes. O aparecimento da 'consciência' no animal humano deve ser entendido como um sinal de declínio, não necessariamente de progresso*". ANSELL-PEARSON, op. cit., p. 32.

[104] "Yo os dedico esta parábola a vosotros, hipócritas sentimentales que buscáis el conocimiento puro! Yo os llamo lascivos! Se os há predicado el desprecio a lo terrenal; pero no a vuestros intestinos, que es lo más poderoso que tenéis. Y ahora se avergüenza vuestro espíritu de estar a las órdenes de vuestros intestinos, y, huyendo de su propria vergüenza, camina por senderos apartados y engañadores. Vuestro espíritu falaz se dice a sí mismo: 'Lo más grande para mí seria poder mirar la vida sin codicias y no como los perros, con la lengua colgando'. Para mí seria una dicha comtemplar la vida sin concupiscencias, sin egoísmo, frío y gris todo el cuerpo, pero con ojos borrachos de luna. Esto es lo que más me gustaria – así se engaña el engañado –: amar la tierra como se ama la luna y tocar su belleza tan sólo con los ojos. Y esto es lo que yo llamo el puro conocimiento de las cosas, porque yo no quiero nada de las cosas, sino estar delante de ellas, como un espejo de cien ojos". NIETZSCHE, Friedrich. *Así Habló Zaratustra. Um libro para todos y para ninguno*. Traducción, Introducción y Notas de Eduardo Ovejero Y Maury. Buenos Aires: M. Aguillar Editor, 1947. p. 126-127.

Seu brado é para que tenhamos por bem assumida nossa condição de "cães" que absorvem a vida através de um prisma que, muitas vezes, não reflete mais do que nossos desejos, sem chance alguma de vigorar a idealização da pureza em nossas relações com o "objeto", como todos "objetos" que nos cercam.

O distante, para Nietzsche, não é o lugar contemplativo donde se extrai a objetividade. O distante (genuína condição do *intelligere*, na proposição de Spinoza), diz para com o apático, o cinzento, e, portanto, para com uma sabedoria que, ao negar sua condição de dependência afetiva, fracassa, imaginando, porém, triunfar na esteira da neutralidade e do conhecimento (*mais*) eficiente. Afinal, Nietzsche tinha bem presente que o conhecer não reside na assepsia ou na *a-patia* (buscando, de forma contemplativa e examinadora, uma *essência maior e transcendente* da coisa), mas sim em um "trans-por-se ou trans-portar-se à afecção (interesse, perspectiva) ou ao modo de ser que a 'coisa' propriamente é – ou, se se quer, o que a 'coisa' é nela mesma".[105]

Do racionalismo não pode ser decantada a única e suprema certeza, como proferira Descartes, mas sim, não raramente, para Nietzsche, uma alarmante incerteza e o erro. Termina, por fim, a humanidade, tendo de render confiança aos instintos primevos que, para o filósofo alemão, se traduzem no grande laço conservador que permanecia impedindo que ela fosse totalmente destruída. Sua premissa é a de que uma "*multidão de enganos*" provém de nosso racionalismo e de nossa esfera de consciência, sendo que a última não é a chave para algum tipo de libertação do homem, mas, ao contrário, renderia melhores frutos se fosse "*tiranizada*".[106]

Nietzsche mira seu ataque teórico diretamente contra a separação operada por Descartes entre a mente alimentada racionalmente e a matéria, que a ela seria inferior e por ela precisa ser subjugada. Afinal "nossos pensamentos, na verdade, são sempre as sombras dos nossos sentimentos; são sempre mais obscuros, mais vazios e muito mais simples do que estes".[107]

Interessante notar, quanto a esse aspecto, que Descartes não rejeita de todo a hipótese exarada, nem se mostra sempre um extremista rígido quanto à uma

---

[105] FOGEL, op. cit., p. 91.

[106] "Do consciente provém uma multidão de enganos, erros que fazem com que um animal, um homem, sucumbam mais cedo do que seria necessário, 'contrariando o destino', como dizia Homero (...) Antes que uma função esteja madura, enquanto não atingiu o seu desenvolvimento perfeito, é perigosa para o organismo: é uma grande sorte que durante esse tempo ela seja tiranizada! A consciência é tiranizada assim, e em boa parte do orgulho que se tem dela. Pensa-se que nela está o núcleo do ser humano; que é nele o seu elemento duradouro, eterno, supremo, primordial! Considera-se que o consciente é uma firme grandeza dada! Nega-se seu crescimento com as suas intermitências ! Consideram-no como a 'unidade do organismo'! Sobrestima-se, desconhece-se ridiculamente, aquilo que teve a conseqüência eminentemente útil de impedir o homem de realizar seu desenvolvimento com demasiada rapidez. Acreditando já possuir a consciência, os homens pouco se esforçaram por adquiri-la; e ainda hoje não é diferente. Trata-se de uma tarefa eminentemente atual, que o olho humano começa apenas a entrever: de se incorporar o saber, tornando-o instintivo no homem; uma tarefa que se dão conta somente aqueles que compreenderam que o homem só incorporou o erro, e que toda nossa consciência está incorporada a ele". NIETZSCHE. *A Gaia Ciência...*, p. 62.

[107] Idem, p. 107.

DECISÃO JUDICIAL NOS CRIMES SEXUAIS

doutrina de apartar entre alma (ideias) e corpo (físico). Uma passagem da *Sexta Meditação* ("Da Existência das Coisas Materiais e da Distinção Real entre a Alma e o Corpo do Homem") permite supor que o antagonismo maior não se verifica em um total demérito do *corpo* para a lógica *cartesiana*,[108] e sim na baixa hierarquização que o mesmo angaria (ou deveria angariar) frente à Razão.

Desde essa linha de raciocínio, pode-se facilmente passar a compreender de onde Nietzsche extrai o mote de seu aparato teórico de destruição da lógica *cartesiana* e da utopia de neutralidade discursiva dela proveniente: não existiria qualquer tipo de *dualismo*, a conferir primazia à Razão, nesta seara, motivo pelo qual jamais vai haver apreensão exclusivamente racionalista e calculadora de qualquer fato ou evento, bem como é impossível a transmissão discursiva de qualquer conteúdo de forma neutra. Não há sequer termo conceitual-linguístico "neutro" e não contraditório[109] por onde nossas expressões possam transitar, em sua opinião.

O elogio racionalista parte de postulados que, em uma última análise, sob a ótica do pensamento de Nietzsche, se mostra inverificável. Assim como não existe o *"lugar de pura observação"* tal qual se vê na lição de Foucault, igualmente não existe o *"olho voltado para nenhuma direção"* metaforizado por Nietzsche. Ver é (sempre) *ver algo* tal qual vai preconizado de forma incisiva: "De agora em diante, senhores filósofos, guardemo-nos bem contra a antiga, perigosa fábula conceitual que estabelece um 'puro sujeito do conhecimento', isento de vontade, alheio à dor e ao tempo".[110]

É nesse instante que Nietzsche promove um contundente apelo em prol do desapego quanto ao notado equívoco da crença na possibilidade de neutralidade discursiva, que, a seu ver, caracteriza, mais do que em uma senda epistemologicamente falaciosa, uma verdadeira postura de *negação da vida*. Não há como crer que a razão é a potência que triunfa sobre todas as forças e faz das influências que lhes são exteriores, meras espectadoras ausentes e sem voz:

> Guardemo-nos dos tentáculos de conceitos contraditórios como "razão pura", "espiritualidade absoluta", "conhecimento em si" – tudo isso pede que se imagine um olho que não pode absolutamente ser imaginado, um olho voltado para nenhuma direção, no qual as forças

---

[108] "A natureza me ensina, também, por esses sentimentos de dor, fome, sede, etc., que não somente estou alojado em meu corpo, como um piloto em seu navio, mas que, além disso, lhe estou conjugado muito estreitamente e de tal modo confundido e misturado que componho com ele um único todo". DESCARTES, René. "Meditações concernentes à Primeira Filosofia nas quais a existência de Deus e a distinção real entre a alma e o corpo do homem são demonstradas" in *Os Pensadores – XV*. Trad. J. Guinsburg e Bento Prado Júnior. São Paulo: Abril, 1973, p. 144.

[109] "Assim, como é certo que nunca uma folha é inteiramente igual a uma outra, é certo que o conceito de folha é formado por arbitrário abandono dessas diferenças individuais, por um esquecer do que é distintivo, e desperta então a representação, como se na natureza além das folhas houvesse algo que fosse 'folha', eventualmente uma folha primordial, segundo a qual todas as folhas fossem tecidas, desenhadas, recortadas, coloridas, frisadas, pintadas, mas por mãos inábeis, de tal modo que nenhum exemplar tivesse saído correto e fidedigno como cópia fiel da primordial". NIETZSCHE, Friedrich. "Sobre verdade e mentira no sentido extra-moral" in *Obras Incompletas*, p. 56.

[110] NIETZSCHE, Friedrich. *Genealogia da Moral. Uma polêmica*. Trad. Paulo César de Souza. São Paulo: Companhia das Letras, 2005, p. 109.

ativas e interpretativas, as que fazem com que ver seja ver-algo devem estar imobilizadas, ausentes .[111]

Em seu pensamento, só dentro um elaborado sofisma racionalista as forças "ativas e interpretativas" inerentes e imanentes ao ser podem ser superadas ou mesmo suprimidas.

De maneira mais resumida, com Machado tem-se que: "Conhecer não é explicar. É interpretar. Mas é uma ingenuidade pensar que uma única interpretação do mundo seja legítima. Não há interpretação justa, não há um único sentido. A vida implica em uma infinidade de interpretações, todas elas realizadas de uma perspectiva particular".[112]

Não há, assim, mais lugar cabível para a excessiva defesa da apreensão racional e filtrada do mundo, uma vez que a hipertrofia da consciência, seu suposto domínio sobre os demais "eventos" do ser, tal os instintos, não se configura, de fato.

A "verdade mais verdadeira" e "segura" atingida pelo racionalismo *cartesiano* não pode sequer ser cogitada enquanto atingível, nem a supremacia da Razão pode ser cabalmente constatada. Afinal, "a razão não é a luz que controla os instintos cegos. O domínio dos instintos se dá no nível dos próprios instintos; são eles que exercem sobre o conjunto uma ação reguladora".[113] A consciência, em Nietzsche, não é símbolo da evolução, senão mais um aparato corpóreo, tal e qual qualquer um dos outros órgãos, dotado de funcionalidades precisas e ao mesmo tempo limitadas. Não só não pode ser o epicentro de onde brota uma pretensa racionalidade tida por superior, como, inclusive sequer faz parte das condições tidas enquanto mais fundamentais para nossa existência individual.[114]

Nesse aspecto, coincidente e primorosamente, Nietzsche antecipa algumas das concepções neurobiológicas trazidas por Damásio,[115] uma vez que não haveria distinção cerebral fisiológica para os mecanismos que operam os processamentos tanto racional quanto emotivo: não há diferença efetiva, a não ser aquela que a

---

[111] NIETZSCHE, Friedrich. *Genealogia da Moral. Uma polêmica...*, p. 109

[112] MACHADO. *Nietzsche e a Verdade...*, p. 94.

[113] Idem, p. 92.

[114] "A consciência não é o grau superior da evolução orgânica, não é o critério, o valor nem o objetivo supremo da vida; é um órgão, 'como o estômago'; apenas um meio, um instrumento, entre outros, subordinado ao objetivo da vida que é extensão e intensificação de potência. A consciência não faz parte das condições mais fundamentais da existência individual; só existe em função da necessidade de comunicação, é um meio de comunicação desenvolvido na relação com o mundo exterior; sua natureza é comunitária e gregária". MACHADO, *idem*.

[115] "Os níveis mais baixos do edifício neurológico da razão são os mesmos que regulam o processamento das emoções e dos sentimentos e ainda as funções do corpo necessárias para a sobrevivência do organismo. Por sua vez, esses níveis mais baixos mantêm relações diretas e mútuas com praticamente todos os órgãos do corpo, colocando-o assim diretamente na cadeia de operações que dá origem aos desempenhos de mais alto nível da razão, da tomada de decisão e, por extensão, do comportamento social e da capacidade criadora. Todos esses aspectos, emoção, sentimento, e regulação biológica, desempenham um papel na razão humana. As ordens de nível inferior do nosso organismo fazem parte do mesmo circuito que assegura o nível superior da razão". DAMÁSIO, op. cit., p. 13.

própria ótica *racionalista* fornece, de forma notadamente exterior, sob a forma de impostura.

Assim, de maneira nem um pouco sutil, filosoficamente, Nietzsche vai desbastando os alicerces do *cartesianismo* a ponto de tornar-se possível pugnar pela sua incongruência de se crer na existência de um discurso neutro decantado de alicerces racionais. Se para Descartes a Razão era a pétrea fonte de conhecimento impassível de enganação (suplantando até mesmo os sentidos, entendidos como facilmente vítimas de traições ilusórias), para Nietzsche, o contrário se verifica, e a "falsidade" do produto dos sentidos é um efeito, uma fabricação da racionalização do mundo, e não algo desvelado, trazido à tona por essa racionalização, conforme Machado explica: "Os sentidos não nos enganam: 'É a razão que é a causa de falsificarmos o testemunho dos sentidos'".[116]

Klossowski vai encontrar essa acepção, no instante em que discorre acerca do fato de que a linguagem da consciência é sorrateira, na medida em que não faz mais do que decodificar de forma débil a linguagem que emana do corpo como um todo e apropriar-se da mesma para exibir uma pseudoapreensão do mundo que não é dela oriunda: "O corpo quer se fazer compreender por intermédio de uma linguagem de signos, falaciosamente decifrados pela consciência: esta constitui esse código de signos que inverte, falsifica, filtra aquilo que se exprime através do corpo".[117]

O apartar entre mente e matéria, entre o corpo sensível e a razão plena, entre a (impossível) cognição puramente racional dos elementos da vida e a *pessoalidade* do próprio sujeito é rechaçado por Nietzsche. A aquisição e a transmissão dos saberes é movimento do qual participam mais elementos corpóreos do que aqueles localizados e identificados pela consciência: a racionalidade é um aspecto corporal e não pode ser apreendida diferentemente disso. A Razão não se encontra "alheia à dor e ao tempo" e nem tem no seu agir uma espécie de salvo-conduto que a imunize das "forças ativas e interpretativas", conforme já se deixou saliente.

A Razão, para Nietzsche, não exprime dados mais autênticos e menos sujeitos ao engodo do que outros elementos ou estados corporais: pode-se se dizer que o modelo *cartesiano*, enraizado, pretendia uma hipótese de purificação epistemológica, intentando descobrir e destruir todo e qualquer entrave não credenciado racionalmente que se interpusesse no caminho para a descoberta do conhecimento "imaculado". Pode-se, mais, dizer que o paradigma irradiado do *cogito*, nesse aspecto, apregoava uma higiene racional-cognitiva. Era tudo o que Nietzsche combatia. Afinal, o *locus* da razão não possui motivo nenhum para ser estabelecido de forma privilegiada ante os demais dados e elementos corpóreos: é (tão somente) mais um deles funcionando.[118]

---

[116] MACHADO. *Nietzsche e a Verdade...*, p. 91-92.

[117] "A própria consciência não é outra coisa senão o código cifrado das mensagens transmitidas pelos impulsos: a decifração, em si, é a inversão da mensagem que o indivíduo se atribui (...)". KLOSSOWSKI, Pierre. *Nietzsche e o Círculo Vicioso*. Trad. Hortência S. Lencastre. Rio de Janeiro: Pazulin, 2000, p. 46.

[118] "Nietzsche não defende uma 'higiene' do corpo, estabelecida pela razão. Defende os estados corporais como dados autênticos que a consciência não pode deixar de escamotear, por ser um deles. Este ponto de vista vai

Extraindo do pensamento *nietzscheano* o sumo da discursividade no que diz para com o perspectivismo entrando em embate com a neutralidade *cartesianamente* considerada, temos que:

O conhecimento não é "imaculado": não se realiza libertando-se dos afetos, dos desejos, das paixões, das emoções, da vontade; na base do conhecimento se encontra a perspectiva da vida definida como vontade de potência, conceito que quando é produzido, é, em geral assimilado ao de instinto. "Só há visão perspectiva, só há 'conhecimento' perspectivo; e quanto mais deixamos os sentimentos entrarem em consideração a respeito de alguma coisa, quanto mais sabemos incorporar novos olhos, olhos diferentes para essa coisa, mais nosso 'conceito' desta coisa, nossa 'objetividade' será completa. Eliminar a vontade, afastar todos os sentimentos sem exceção, supondo que isso fosse possível, não seria castrar o intelecto?".[119]

Descartes parecia desconhecer, ou mesmo negar, a necessidade de levar o *perspectivismo* em conta, inteiramente calcado na mera expectativa de descomplexificação causal e estática dos objetos cognoscíveis e dos saberes correlatos em prol de uma otimização do conhecimento.[120] Diante da visão proposta pelo modelo *cartesiano*, o racionalismo pode ser tido enquanto a genuína arma utilizada para que a humanidade supere os obstáculos que poderiam obscurecer o saber.[121]

A doutrina *nietzscheana*, nesse ponto, é a própria antítese à tese *cartesiana* que se presta à justificação de uma *compartimentalização* do mundo em que a informação chega fragmentada para a análise e segue (em *feedback*) igualmente fragmentada: como se para simular cientificamente a complexidade das coisas fosse possível a mísera análise parcial, seguida por uma operação de adição e encaixe dos saberes. A complexidade, e bem como as dificuldades epistemológicas dela oriundas, não podem, em Nietzsche, serem propositalmente contornadas inteiramente para fins didáticos, senão, devem ser ao menos relevadas enquanto parte essencial e/ou, mesmo, condição de existência do conhecimento.[122]

---

muito além de uma concepção puramente fisiológica da vida. O corpo é o resultado do fortuito: ele nada mais é senão o lugar do encontro de um conjunto de impulsos individualizados para esse intervalo formado por uma vida humana, os quais só aspiram a perder a individualidade". KLOSSOWSKI, op. cit., p. 46-47.

[119] MACHADO. *Nietzsche e a Verdade...*, p. 95. Importante a ressalva de que o autor complementa a citação com referência ao próprio Nietzsche, transcrevendo trecho de *Genealogia da Moral*, mais especificamente da Terceira dissertação, o parágrafo décimo-segundo. Na edição que utilizamos neste trabalho, o mesmo trecho – ressaltadas ligeiras diferenças de tradução – pode ser encontrado em NIETZSCHE. *Genealogia da Moral...*, p. 109.

[120] "Dividir as dificuldades em tantas parcelas quantas possíveis e quantas necessárias fossem para melhor resolvê-las (...) conduzir por ordem meus pensamentos, começando pelos objetos mais simples e mais fáceis de conhecer, para subir, pouco a pouco, como por degraus, até o conhecimento dos mais compostos". DESCARTES. "Discurso do Método..." in *Os Pensadores...*, p. 45-46.

[121] TOURAINE, op. cit., p. 20.

[122] "A inteligência parcelar, compartimentada, mecânica, disjuntiva, reducionista, quebra o complexo do mundo, produz fragmentos, fraciona os problemas, separa o que é ligado, unidimensionaliza o multidimensional. Trata-se de uma inteligência ao mesmo tempo míope, presbita, daltônica, zarolha. Elimina na casca todas as possibilidades de compreensão e de reflexão, matando, assim, todas as chances de julgamento corretivo ou de visão a longo termo. Quanto mais os problemas se tornam multidimensionais, mais há incapacidade para pensar essa multidimensionalidade; quanto mais a crise avança, mais progride a incapacidade de pensá-la; quanto mais os problemas se tornam planetários, mais se tornam impensados. Incapaz de considerar o contexto e o complexo

---

DECISÃO JUDICIAL NOS CRIMES SEXUAIS

Não existe possibilidade de conhecimento que não se mostre, em última análise, particular, perspectivo: o filtro pelo qual sofrem clivagem os conhecimentos adquiridos, processados e transmitidos pelo ser humano não pertence unicamente à esfera dos limites da Razão. É um filtro múltiplo, corpóreo – inclusive – que permite voz mesmo aos mais obscuros sentimentos e aos mais básicos instintos. Conforme ensina Fogel, conhecer algo significa, no mínimo comungar do objeto, "participar" da coisa "conhecida".[123]

Já abrindo espaço para o enfrentamento do tema sob o viés psicológico (a ser abordado mais detidamente nos próximos Capítulos) Machado, embasado em Nietzsche, consagra que o conhecimento nunca é neutro,[124] eis que apanhá-lo "desinteressado" é subjugar a realidade inegável de que muito dele tem de implicações profundas e inconscientes. Atinge-se o ponto onde resta a admissão de que, muitas vezes, o conhecimento (e aquele envolvido pela decisão judicial, de maneira bastante peculiar como se verá no Capitulo 3 vindouro) não é apanhado racionalmente em meio à realidade fática, mas sim emerso, de dentro para fora do próprio sujeito que faz adequar o objeto à sua teia de intencionalidades instintivas, conhecidas ou não.[125]

Fica cabalmente evidenciado, sob esse enfoque, um profundo abalo na concepção que defende uma pressuposta pureza contemplativa (como nos lembra Foucault), que as *pessoalidades* e intervenções de nossa *afecção* em nosso *conhecer* fazem parte do conhecimento, não podendo as mesmas ser eleitas enquanto obstáculos a serem removidos (conforme pontua Machado), sempre ressaltando que a complexidade é *meio ambiente* do saber, e não terreno hostil a ser filtrado pela compartimentalização *cartesiana* (Morin, por todos).

Devemos, pois, prosseguir em uma indagação fundamental, que parte de nossa concordância com os termos de Fogel: "Todo sentir já é mostrar-se, revelar-se de um sentido, quer dizer, de uma configuração, de uma orientação. Isto quer dizer: todo sentir já é, de algum modo, estruturado, organizado e, por isso, revelador ou mostrador de um sentido, de uma significação, da qual ele é a concretização, a realização. 'Sentido' é a substantivação do particípio de sentir".[126]

Conforme os aportes apresentados, podemos claramente ter como hipótese o fato de que um *sentido* não surge em meio à análise racional-calculadora: ele é, fundamentalmente, relacional. Um produto, não da extração de caracteres do ob-

---

planetário, a inteligência cega produz inconsciência e irresponsabilidade". MORIN, Edgar. "Da necessidade de um pensamento complexo" in *Para navegar no Século XXI. Tecnologias do imaginário e da cibercultura*. MARTINS, Francisco Menezes. SILVA, Juremir Machado da. (org). Porto Alegre: EDIPUCRS/Editora Sulina, 2000, 2. ed., p. 31.

[123] "O que acontece, o que se passa comigo, quando digo 'eu conheço'? Levado pelo que foi dito acima, poder-se-ia dizer: ao conhecer, com o conhecimento eu participo das coisas. Eu 'comungo' delas". FOGEL, op. cit., p. 16.

[124] MACHADO, *Nietzsche e a Verdade...*, p. 95

[125] "(...) a partir dos impulsos, Nietzsche imagina, para além do intelecto (cerebral), um intelecto infinitamente mais vasto do que aquele que se confunde com a nossa consciência". KLOSSOWSKI, op. cit., p. 53.

[126] FOGEL, op. cit., p. 149-150.

jeto pelo sujeito analítico, mas sim um produto da intersecção, da interpenetração entre ambos, de modo que ele sempre se mostra previamente orientado, em graus que são incalculáveis, embora de existência nítida.

Assim, tanto o apre(e)nder de informações e *saberes*, quanto sua transmissão jamais se dão de forma *desorientada*. Mas, sim, sob alguma forma de estruturação ou organização, que, consoante todo o arcabouço acima explicitado, definitivamente, não reside pacifica e exclusivamente, em um domínio *cartesiano* que aguarda por um desvelar racional. Não é a Razão a grande coordenadora da discursividade, eis que ela é (reles) derivada de nossa consciência, que, por sua vez, é elemento corporal e como isso (como todos) age conjuntamente. A Razão não é a reguladora maior das forças somáticas, nem detém sobre os outros agentes corpóreos poder moderador.

Com tudo isso, o destronamento da esfera racional diante de seu lugar paradigmático como supremo agente responsável pela correta captação das informações do mundo que cerca o *sujeito* abre um leque formidável de indagações.

E a maioria dessas indagações adquire um vulto ainda mais interessante se retomadas após uma análise da vinculação clara que se pode fazer entre as imagens de julgador e a concepção de ato decisional com as quais nosso sistema está apto a lidar e a (enfraquecida) lógica racional-*cartesiana*.

1.4. Racionalismo, neutralidade e função jurisdicional: modelos falhos de julgador

> *Liberar-se, por um esforço de objetividade das pressuposições éticas, sociais ou políticas fundamentais do seu próprio pensamento é uma façanha que faz pensar na célebre história do Barão de Münchhausen, ou este herói picaresco que consegue, através de um golpe genial, escapar de um pântano, onde ele e seu cavalo estavam sendo tragados ao puxar a si próprio pelos cabelos (...) Sua pretensão à neutralidade é às vezes uma ilusão, às vezes um ocultamento deliberado, e freqüentemente uma mistura complexa dos dois.*
>
> Michael Löwy, *As aventuras de Karl Marx contra o Barão de Münchhausen*

1.4.1. Considerações iniciais

No presente tópico, iniciaremos a tangência daquele que virá a ser nosso tema de fundo no presente trabalho (ver Capítulo 3, infra). Nossa proposta, por ora, é promover um pequeno questionamento das propriedades da decisão judicial tendo em conta os alicerces filosóficos até então apresentados (tópicos anteriores).

Procuraremos problematizar a questão da prestação jurisdicional utilizando elementos de uma contenda dialética entre uma filosofia da consciência eminentemente *cartesiana* e a noção *perspectivista* da impossibilidade de neutralidade cognitiva.

Mister que, nesse instante, deixemos bastante claro que o alvo de nossas considerações é a *decisão judicial*. Utilizaremos aqui (bem como, a partir de agora, em todo o trabalho) o termo *decisão* para referir, na esteira de Aragoneses Alonso, "la forma de terminación de proceso penal" que supõe "un acto del juez o Tribunal el cual, después de realizar el juicio de hecho y el juicio de derecho, dicta el fallo como conclusión entre la relación de ambos juicios, suponiendo, además, una declaración de voluntad del juez o Tribunal".[127]

Usaremos o termo genérico *decisão*, em uma forma de abranger as duas espécies decisórias das quais sempre faremos menção dentre o Direito pátrio: a *sentença* e o *acórdão*. Dessa forma, deve ficar esclarecido que, quando referirmos *decisão judicial*, não estamos generalizando no sentido de toda e qualquer ordem emitida pelo Magistrado no curso processual, mas, sim, somente àquelas manifestações que se configuram enquanto "acto típico de terminación o finalización del proceso", e, mais, que, enfrentando o mérito processual, resolvam a "questão criminal" ali proposta, determinando "si el acusado es o no responsable penal, por tanto, si su actuación, que es precisamente lo que se juzga, merece la imposición de una pena o no".[128]

Com menção ao termo *decisão* (*decisum*), pois, estamos fazendo referido tanto a *sentença* como o *acórdão*, e necessariamente acompanhando o que Carnelutti abrigava sobre o conceito de *jurisdição de mérito*: manifestações jurisdicionais que versem sobre o cerne da demanda processual, tratando de julgar a existência do delito: ultrapassada a dúvida das questões "de ordem" (quando o juiz decide se "pode julgar") é chegado o momento de resolver o mérito (decidindo se "pode castigar' ou não).[129] Interessam-nos, pois, as decisões que se configurem enquanto forma de encerramento do processo de acordo com os ritos processuais previstos, que contenham, entre outras, a decisão do juiz sobre a questão de mérito da controvérsia.[130] Temos indícios de que nossas hipóteses bem poderiam ser aplicadas e testadas no estudo dos demais atos processuais do Magistrado que possuem alguma *carga decisória*, mas não se trata de questão que vá alinhada com nossos objetivos.

Cabe explicar, ainda, que, escorados em Carnelutti, não nos vemos obrigados a fazer qualquer distinção conceitual (no que diz para com a discussão aqui

---

[127] ARAGONESES ALONSO, Pedro. *Instituciones de Derecho Procesal*. Madrid: Editorial Rubí, 1976, p. 304.

[128] GIMENO SENDRA, Vicente. MORENO CATENA, Víctor. CORTÉS DOMINGUEZ, Valentín. *Derecho Procesal Penal*. Madrid: Colex, 1996, p. 60-602.

[129] CARNELUTTI, Francesco. *Lições sobre o Processo Penal*. Volume 2. Trad. Francisco José Galvão Bruno. Campinas: Bookseller, 2004, p. 238-239.

[130] ARAGONESES ALONSO, Pedro. *Sentencias congruentes. Pretensión, oposición, fallo*. Madrid: Aguilar, 1957, especialmente p. 197 e segs. No mesmo sentido: "Chiamiamo decisioni gli atti che compongono dei conflitti e una decisione è giuridica in quanto sai conforme ai rituali previsti". DE CATALDO NEUBURGER, Luisella. *La Psicologia per un Nuovo Processo Penale*. Padova: CEDAM, 1987, p. 183

proposta, logicamente) entre *sentença* e *acórdão*, e que se pode tratar de ambos, em um estudo como esse, sob a ótica da subjetividade do julgador. Afinal, como ensina o *maestro* italiano, qualquer *decisão judicial*, mesmo uma tomada de forma colegiada (a partir da deliberação de vários Magistrados), envolve um juízo *singular*: quando se fala, pois, na questão do estudo de fatores que gravitam sobre a neutralidade ou não da decisão pelo Magistrado, se vislumbra ele, o julgador, sempre de forma singular. O juízo colegiado nada mais é do que a soma dos juízos singulares de cada um dos componentes do colégio.[131]

1.4.2. Imparcialidade, neutralidade e formação técnica do magistrado: possibilidades e limites da abordagem dogmático-processual da questão

Muito se fala a respeito de assinalar uma notada "crise" do paradigma *cartesiano*, no que diz para com as insuficiências epistemológicas nas quais seus horizontes estão confinados.

No entanto, o direcionamento técnico-científico devoto de seus preceitos segue, nas Ciências Jurídicas, mais vivo do que nunca. Sobretudo no que diz para com o momento da decisão judicial: nela pode-se identificar um ponto de fricção máxima entre um cientificismo rigoroso e pretensamente impessoal, e o resvalar repleto de subjetividade. Entre a valoração dos elementos processuais disponíveis e o *decisum* há algo. Há alguém. E a abordagem eminentemente jurídica para lidar com essa realidade é notadamente insuficiente.

Quando o julgador "conhece de" um expediente processual, juntamente com uma singela apreensão fática e textual, ele, perspectivamente falando, "conhece" algo (Fogel), em uma proporção que não é marcada por disparidades tão grandes quanto se possa imaginar.

Assim sendo, é inegável que a transmissão desse "conhecer", processada invariavelmente de forma interna, subjetiva (no julgador, ao exarar uma decisão) já se mostra como a entrega de um produto novo: mais do que uma "versão subjetivada" de algo, uma decisão judicial é uma versão original, imagem (Cunha Martins) ali fundada do objeto, diversa de quaisquer outras que se poderia ter. É pueril crer que existam evidências ("verdades") que não sejam sequer em parte corroídas e alteradas pela sucessão de *recognições* efetuadas no Processo Penal até que se chegue à decisão de mérito (sendo ela própria uma recognição).[132]

---

[131] "Advirto o leitor, em primeiro lugar, que decisão singular e decisão do juiz singular não querem dizer a mesma coisa; ocorre decisão singular, com efeito, quando o juízo é colegiado, visto que, como veremos, a decisão colegiada resulta da combinação de tantas decisões singulares quantos forem os membros do colégio; a decisão singular, portanto, se não é a última etapa, é todavia uma etapa também do juízo colegiado". CARNELUTTI, Francesco. *Lições sobre o Processo Penal. Volume 4.* Trad. Francisco José Galvão Bruno. Campinas: Bookseller, 2004, p. 65.

[132] "O processo penal é uma máquina retrospectiva, onde, através do seu ritual, busca-se desenvolver uma atividade re-cognitiva dirigida ao julgador". LOPES JR., Aury. DI GESU, Cristina. "Prova Penal e Falsas Memórias: em busca da redução de danos". In *Boletim do Instituto Brasileiro de Ciências Criminais.* Ano 15, n. 175, Junho/2007. São Paulo: IBCCrim, p. 14.

Infelizmente, o modo como nossa doutrina maciça e a prática judiciária cotidiana se entrelaçam – escoradas nos moldes fornecidos pelo ensino jurídico praticado na esmagadora maioria das instituições universitárias pátrias – termina por (talvez) ser um dos (senão o) grande responsável pela formação de Magistrados que se verão muitas vezes inábeis para o enfrentamento da problemática da subjetividade no ato decisório: um direcionamento técnico exclusivamente acrítico, resultado de uma formação deficiente, para Morais da Rosa, é o que faz com que muitos Magistrados acabem sedimentando suas operações em uma simples reedição de "velhos e rançosos métodos".[133] O questionamento ora proposto sobre essa premissa é assumida e lamentavelmente breve diante da importância que gostaríamos de conferir à questão, a fim de não desvirtuar os rumos do trabalho ora desenvolvido. Para tanto pincelaremos alguns tópicos e fazemos remissão a um debate um pouco mais detido do tema, já por nós proposto em ocasião diversa.[134]

Enfocaremos, abaixo, dois modelos de visão quanto ao problema da subjetividade que impregna o ato jurisdicional: o modelo *silogístico* que se configura como elogio maior ao tecnicismo asséptico no que diz para com a *pessoalidade* do julgador; e a proposta do *controle* e do uso ponderado das "paixões". Em ambos, paradoxalmente, uma vinculação extrema à perspectiva (superada?) do molde *cartesiano* e uma visível univocidade, em que pese o declarado antagonismo demarcado entre ambos. Enquanto superações que nada realmente superam são postas em prática, a questão nuclear segue negligenciada em detrimento de pirotecnias argumentativas que obedecem a um padrão *urobórico*.[135]

Por isso, é com incontida apreensão que somos obrigados a problematizar a afirmação de Coutinho quando este expõe: "Com efeito, hoje, o isolamento kelseniano do direito é coisa do passado".[136] Parece-nos que, ao contrário do que o ilustre doutrinador, com muita propriedade, apregoa (em uma postura ideológica e opinativa que infelizmente tem difícil adesão no cotidiano forense), a constante

---

[133] MORAIS DA ROSA, Alexandre. *Decisão Penal: a Bricolage de significantes*. Rio de Janeiro: Lumen Juris, 2006, p. 45.

[134] "Assim, surgem os Magistrados que não são mais do que máquinas resolutoras de casos mirabolantes que costumam surgir em meio às apostilas, cuja aptidão para vir a se tornar um conciliador competente ou alguém com vocação dialogal restam próximas da nulidade. São operários frutos de uma inexplicável bifurcação metafísica que parece obrigatoriamente posta diante do jurista, para que ele escolha entre a indagação e a curiosidade de pesquisador e uma carreira pública séria e comprometida com a realidade, como se fossem possibilidades excludentes e como se houvesse de fato uma realidade mais real, ausente de perspectivismos vinculados a ideais moralistas disfarçados". DIVAN, Gabriel Antinolfi. "Informalização da Justiça Penal e formação técnica do Magistrado: questionamentos e contribuições para análises de viabilidade" in *A Crise do Processo Penal e as novas formas de Administração da Justiça Criminal*. AZEVEDO, Rodrigo Ghiringhelli de. CARVALHO, Salo de. Sapucaia do Sul: NOTADEZ, 2006, p. 38.

[135] "Heráclito dissera que na circunferência o princípio e o fim são um único ponto. Um amuleto grego do século III, conservado no Museu Britânico, dá-nos a imagem que melhor pode ilustrar essa infinidade: a serpente que morde a própria causa, ou, como primorosamente dirá Martinez Estrada, 'que começa no fim de sua cauda'. Uroboros (o que devora a própria cauda) é o nome técnico desse monstro, que depois os alquimistas prodigalizaram". BORGES, Jorge Luis. GUERRERO, Margarita. *O Livro dos Seres Imaginários*. Trad. Carmen Vera Cirne Lima. Rio de Janeiro: Globo, 2000, p. 165.

[136] COUTINHO, Jacinto Nelson de Miranda. "Glosas ao 'Verdade, Dúvida e Certeza' de Francesco Carnelutti, para os operadores do direito" in *Revista de Estudos Criminais*, ano IV, n. 14, 2004, p. 80.

lapidação institucional e doutrinária, velada (por vezes), sofrida pelos Magistrados, e seus efeitos nítidos, dão prova inconteste de que a ultrapassagem propugnada dos modelos mecanicistas atrelados a esse isolamento *"kelseniano"* ocorre, plenamente, apenas na esfera acadêmico-crítica. E quando muito, uma vez analisado qual o predomínio da vertente teórico-doutrinária geralmente adotada pelas Faculdades de Direito em seus programas.[137]

O desafio no combate ao tradicionalismo excessivo em meio ao ensino jurídico parece, de fato, cada vez mais solapado por uma órbita que exalta a (importantíssima) contribuição *kelseniana*, sem, contudo, procurar avançá-la. Torna-se a falar do ponto de apoio de Arquimedes: se Descartes o usava como metáfora para o eixo essencial (Razão) de sua construção filosófica, o *positivismo* se vale da mesma lógica para atrelar todo o seu edifício de premissas em uma sistemática que funda o Direito a partir dele próprio.[138]

Permitimo-nos elucubrar, diante de tais apontamentos, sobre o fato de que uma concepção de hierarquização do ordenamento jurídico (e uma ideia do próprio Direito, em última análise) advinda de uma ênfase desmedida nos aportes do referencial teórico do *positivismo* – especialmente na vertente *kelseniana*[139] – é um dos resultados da adoção de uma determinada concepção Estatal, que, por sua vez deriva em uma idealização bem delimitada de função jurisdicional decisória, redundando no primeiro modelo de julgador do qual pretendemos tratar (tópico 1.4.3, infra).

Do mesmo modo, o fanatismo que assola o saber jurídico, devoto de um *paradigma* científico que é movido (à moda *cartesiana*) pelo uso de *evidências* para o alcançar da *segurança* epistemológica, com o atingir de um estado de inexistência de variáveis que permita à formulação de uma "lei" (universal), é a razão pela qual se procura simplesmente contornar a maior de todas essas variáveis (a *pessoalidade* do julgador), admitindo sua existência, e tratando-a, contudo, como passível de ser subjugada por um ato volitivo: empresa fracassada, desde logo cabe dizer (tópico 1.4.4, infra).

A verdade é que já se discorreu maciçamente, sobre os problemas epistemológicos e funcionais imanentes ao protótipo de julgador e de atividade judicante hodiernos, que, se não caracterizam, esses, opções coercitivas e oficialmente impostas de filiação para a carreira, ao menos se mostram enquanto um notado *deli-*

---

[137] "El modelo jurídico clássico, que continúa sendo enseñado en las faculdades de Derecho y que mantiene las representaciones canónicas de los juristas, es el modelo de Derecho codificado (...) Tal Derecho codificado, reducido a la simplicidad de una obra única, se articula de forma jerárquica y piramidal. Los teóricos modernos y positivistas como Merkl y Kelsen, que se creian libres de toda mitologia, proponen la teoria bajo la forma de 'construción del Derecho por gradas' (Stufenbau)". OST, François. "Júpiter, Hércules, Hermes: Tres modelos de juez" in *Doxa. Cadernos de Filosofia del Derecho.* Alicante: Universidad de Alicante, n. 14, 1993, p. 172-173.

[138] BARZOTTO, Luis Fernando. *O Positivismo Jurídico Contemporâneo: uma introdução a Kelsen, Ross e Hart.* São Leopoldo: Editora Unisinos, 2004, p. 70.

[139] Ver BARZOTTO, op. cit., p. 33-71.

neamento fornecido para o exercício da Magistratura.[140] Não se está tratando aqui de obrigatoriedades, nem normas publicizadas de conduta dotadas de cogência absoluta, mas, sim, da influência no atuar jurisdicional praticado pelo Magistrado oriunda das naturais *"aspirações e tendências ideológicas de sua profissão"*.[141] É indubitável que esse panorama se mostra enquanto uma verdadeira combinação periclitante com, entre outros fatores, a própria influência imagética da instituição judiciária e das características comuns dos que costumam ser escolhidos para ocupar suas fileiras.[142]

Somado a isso, a condição atual do ensino jurídico *prêt-à-porter* que "instrumentaliza para o irrelevante, fazendo-nos fugir da realidade, tentando formar-nos para o obsoleto, evitando preparar-nos para o novo" e assim opera inevitavelmente "castigando a imaginação criadora e a independência da alma".[143]

Ao *instrumentalizar para o irrelevante*, majoritariamente, o currículo acadêmico "concursal" oferta ao futuro candidato à Magistratura um caminho praticamente idealizado conforme um brete intelectual que termina por coibir sua capacidade criativa em prol da adoção do perfil mais *adequado*.[144] Uma concepção que encontra encaixe funcional perfeito no modelo institucionalmente *almejado* de julgador, em uma formidável simbiose. Persiste-se, dentre o âmbito das Ciências Jurídicas, no equívoco de refrear aquilo que, novo, irrompe, em prol da já denunciada *fetichização* do *status quo* modelar ajudando a alimentar cada vez mais a "doxa" que como "Senso Comum Teórico", reside "no coração da episteme".[145]

Diante das premissas constituintes para uma definição da neutralidade cognitiva operante no sujeito eminentemente *cartesiano*, nos tópicos acima dispostos, em resumidas linhas, podemos passar à análise da forma pré-constituída de Magistrado com a qual as instituições trabalham e com a qual elas estão aptas a

---

[140] "O conjunto de disposições pessoais, criadas já na graduação em Direito, muitas vezes já preparadas por uma trajetória de vida ligada às carreiras jurídicas de familiares e complementadas nos primeiros anos de carreira, leva os juízes a desenvolverem profundamente um habitus judicial que envolve toda uma visão de mundo por meio de categorias jurídicas, criando um universo autônomo fechado a pressões externas, e imune a questionamentos que têm como ilegítimos, porque vêm de fora do campo jurídico, originando-se nos interesses e lógicas próprios aos demais campos". ROCHA, Álvaro Filipe Oxley da. *Sociologia do Direito. A magistratura no espelho*. São Leopoldo: Editora Unisinos, 2002, p. 41.

[141] WOLKMER, Antônio Carlos. "Aspectos ideológicos na criação jurisprudencial do Direito" in *Revista da AJURIS*. Porto Alegre: Ajuris, 1985, n° 34, ano XII, p. 100.

[142] WOLKMER, op. cit., p. 100.

[143] WARAT, Luis Alberto. "Sobre a impossibilidade de ensinar Direito. Notas polêmicas para a desescolarização do Direito" in *Epistemologia e Ensino do Direito: O sonho acabou. Volume II*. Florianópolis: Fundação Boiteux, 2004, p. 428.

[144] "Contribuem para a postura, até certo ponto omissiva, o arcaísmo na concepção de seu papel político, à luz da rígida separação das funções estatais; o conservantismo axiológico; uma certa visão corporativista e a falta de treino cívico, tudo alimentado por uma formação jurídica tradicional. Ainda vigora o postulado axiomático de que o Judiciário é órgão inerte, servil à lei, de cuja elaboração não deve participar, para não usurpar funções, e de que contrariá-la importa em desestruturação da segurança jurídica". NALINI, José Renato. *O Juiz e o acesso à justiça*. 2 ed, revista atualizada e ampliada. São Paulo: Revista dos Tribunais, 2000, p. 81.

[145] WARAT, Luis Alberto. *Introdução Geral ao Direito II. A epistemologia jurídica da Modernidade*. Porto Alegre: Sergio Fabris, 1995/Reimpressão 2002, p. 98-99.

conviver. Que é a mesma forma para a qual o ensino jurídico de nossos dias parece direcionar sua clientela e, assim, também, a forma com a qual os novéis Magistrados buscarão um movimento de adequação natural de acoplagem ideológica aos pares[146] (almeja-se aqui uma compreensão que leve em conta noção alijada no conceito *goffmaniano* de "seqüência semelhante de ajustamentos pessoais"[147]). Tudo parece funcionar como se de um encaixar de engrenagens estivéssemos tratando.[148]

Definitivamente não se está propondo aqui a hipótese de que há uma espécie de orientação *cartesiana* em espécie (assentida ou não pela instituição) no preparo e, fundamentalmente, na seleção dos candidatos à Magistratura, o que seria impensável.

Está-se hipoteticamente sugerindo, tão somente, um nítido coibir criativo e um poderoso contraestímulo[149] que levam, por vias reversas, a uma prática judicante que renega a existência dos impulsos emocionais, oculta (na medida do possível) o engajamento e as preferências ideológicas, visa (naturalmente em vão) suprimir nuanças psicológicas de direcionamento e almeja identificação com os círculos de poder já antepostos. Tudo culmina em fornecer à sociedade um estilo de julgador-científico que, mesmo sem saber, se mostra em sintonia constante e frenética com os preceitos racionalistas coligados a um *cartesianismo*, que parece impassível de abandono, por maiores que sejam suas chagas.

A prática judiciária de hoje (juntamente com a imagética fomentada em torno da atividade do julgador e o ensino jurídico que lhes é correlato) se encontra pródiga em fazer valer a ideia de uma compreensão que instala forçosamente o ofício do Magistrado dentre as atividades eminentemente técnicas,[150] procurando afastar de suas premissas (ou lançar cada vez menos mão) de qualquer necessidade de questionamento de ordem zetética, tanto em meio ao percurso preparação para o exercício da função quanto para a vivência judicante, voltando-se unicamente para a eminência dogmática e seus "determinados elementos" que "são de antemão subtraídos à dúvida".[151]

---

[146] "(...) da ausência de meios para um raciocínio teórico fora dos padrões fornecidos, até a assunção irrestrita do discurso institucionalmente imposto, é um passo muito curto (...)". DIVAN, op. cit., p. 33.

[147] GOFFMAN, Erving. *Estigma. Notas sobre a manipulação da identidade deteriorada*. Trad. Márcia Bandeira de Mello Leite Nunes. Rio de Janeiro: Zahar Editores, especialmente p. 41 e seguintes.

[148] "O juiz, além de possuir o domínio da linguagem jurídica escrita e falada, de demonstrar conhecimentos em Direito e de ter sido aprovado em concurso, só é reconhecido como membro do grupo se a ele se une em pensamento, compartilhando das opiniões e, antes de tudo, mostrando-se um submisso agente 'construtor' do campo (...)". ROCHA, op. cit., p. 43.

[149] "A regra geral é o recrutamento dos juízes dentre os egressos da mais conservadora dentre as escolas de nível superior do país: a faculdade de Direito. É decantada a deficiência da formação jurídica. Mais de trezentas escolas, gerando milhares de bacharéis, abastardam o ensino. (...) As técnicas de transmissão do conhecimento são empíricas. Ainda é comum a leitura da legislação, de alguma doutrina e alguma jurisprudência. Não se estimula a criatividade nem se explora o talento individual. Desconhece-se o pluralismo, valor acolhido de maneira explícita pela ordem fundante". NALINI, op. cit., p. 150-151.

[150] DIVAN, op. cit., p. 33. Sabemos, além de tudo, que mesmo um aporte rigorosamente científico dotado de – pretenso – extremismo tecnicista não se faz *neutro* sob todos os aspectos.

[151] FERRAZ JR, Tércio Sampaio. *Introdução ao estudo do Direito*. São Paulo, Editora Atlas, 1994, p. 40.

Do mesmo modo, sugere-se, também, que, em um dado momento, esses aspectos internalizados institucionalmente se transformam em verdadeiros condicionantes da fala, em uma espécie de fanatismo impessoal que vai procurar atrelar o ato judicial a qualquer coisa que possa ser desconectada de toda a gama de elementos particulares (ideologias, crenças, sentimentos) relativas ao sujeito que o profere. É a neutralidade, ou a *aparência de neutralidade*, legitimando o discurso e o sujeito que discursa (Japiassu), conforme já se analisou e vai bem ilustrado na crítica aduzida por Zaffaroni:

> Freqüentemente, para evitar conflitos e sobreviverem, seus operadores devem ocultar suas ideologias ou fazer alarde de que não a compartilham e, no fundo, quando tenham internalizado completamente as regras burocráticas e se encontrem em conflitos pessoais insustentáveis, acabam substituindo sua própria concepção do mundo por um puro sistema de racionalizações que lhes permite subsistirem dentro do âmbito de poder que se achem inseridos.[152]

Inolvidável a lição de Nalini quando expõe que "o mito da inércia do Judiciário, o dogma da imparcialidade e da neutralidade conferem-lhe uma aura de distanciamento".[153]

Verificamos, em meio a esse panorama, um âmbito noções teóricas que dão total e irrestrita vazão ao racionalismo como meio falacioso e *cartesiano* de superar o problema da incapacidade para a neutralidade no ofício jurisdicional.

A doutrina tradicionalista[154] silencia quanto a interfaces (ainda que superficiais) interdisciplinares, e se mantém acastelada dentre as fronteiras eminentemente legalistas do tema: a resolução/deslinde dos problemas, para as questões ora tratadas, se arriscam apenas até a proximidade com os curtos limites eminentemente jurídicos, lançando mão do arsenal dogmático condizente com o baluarte processual que é mais *afim* à neutralidade e ao tema da subjetividade, mas que nem de longe serviria para a espelhar: a imparcialidade.[155]

---

[152] ZAFFARONI, Eugenio Raúl. *Poder Judiciário. Crises, Acertos e Desacertos*. Trad. Juarez Tavares. São Paulo: Revista dos Tribunais, 1995, p. 159.

[153] NALINI, op. cit., p. 153.

[154] "A independência dos tribunais nos regimes ditatoriais não foi muito difícil de ser salvaguardada (...) à medida que esses regimes asseguravam a neutralização política, essa independência serviria, em muito, para atender os 'desígnios da ditadura'. Essa questão é trazida para abrir uma reflexão sobre a grande parte dos magistrados que ainda está na ativa e que teve sua adolescência e até sua formação acadêmica marcadas pelo regime militar no Brasil. Concretamente, o silêncio acerca de questões políticas era pressuposto para sua sobrevivência. Os professores das Faculdades de Direito, que, em sua maioria, eram profissionais em atividade – advogados, juízes, promotores –, imprimiram uma dinâmica de conteúdos baseados unicamente em textos legais, não havendo espaço para a discussão filosófica ou sociológica – muito menos política – do conteúdo dessas normas, restringindo-se à hermenêutica jurídica tradicional". ROCHA, op. cit., p. 33.

[155] A *imparcialidade* pode ser definida como "a qualidade de terceiro estranho ao conflito em causa" que seria "essencial à condição de juiz". CINTRA, Antônio Carlos de Araújo; GRINOVER, Ada Pellegrini; DINAMARCO, Cândido Rangel. *Teoria Geral do Processo*. São Paulo: Malheiros Editores, 2005, 22. ed., p. 313. Diz respeito ao fornecimento, pelo julgador, de "iguais oportunidades processuais às partes". DINAMARCO, Cândido Rangel. *Instrumentalidade do Processo*. 12. ed. São Paulo: Malheiros, 2005, p. 239.

Um real questionamento quanto à neutralidade do julgador vai banido (se é que alguma vez foi devidamente abrigado[156]), e a discussão gravita apenas ao redor da imparcialidade e dos meios constitucionais[157] e processuais[158] para seu resguardo, fugindo claramente do problema e contornando-o, geralmente, com o que Cordero vai tratar por "armadura meta-legislativa" (garantias legalmente fixadas *pretensamente* fixando um exercício "independente" do ofício jurisdicional, no sentido de não ser compromissado hierarquicamente sob nenhum aspecto – como no arcabouço constitucional referido)[159] ou com medidas que refreiem a possibilidade de coligação flagrante dos interesses do Magistrado com aqueles debatidos juridicamente sob seu condão (tal os exemplos do Código de Processo Penal pátrio citados).

É importante reforçar, neste momento, a distinção que fazemos entre *imparcialidade* e *neutralidade*.

Cremos a *neutralidade* como elemento anímico, subjetivo-psicológico da pessoa do julgador (absolutamente suprajurídico, portanto), enquanto que a *imparcialidade* tem caráter processual relativo ao *alheamento* do julgador em relação às partes da causa e ao que nela é debatido, fundamentalmente. Uma *terceridade* (no italiano, "terzietá")[160] processual que implica uma verdadeira

---

[156] "Por mais que o direito crie estruturas teóricas, um grave problema está noutra dimensão, para além do Direito. Está na figura humana do juiz". LOPES JR., Aury. "Introdução Crítica ao Processo Penal (Fundamentos da Instrumentalidade Garantista)". Rio de Janeiro: Lumen Juris, 2004, p. 75.

[157] O Artigo 95, seu Parágrafo Único, e respectivos incisos, todos da Constituição Federal da República Federativa do Brasil, de 1988, por exemplo, exibem garantias e imperativos funcionais para o livre e incondicionado exercício da jurisdição pelos Magistrados, dispostos a funcionar como mandados de otimização da *lisura* do exercício jurisdicional.

[158] No Código de Processo Penal Brasileiro (Decreto Lei n° 3.689 de 1941), a matéria vai abordada, especial e principalmente, quando se trata da necessidade de arguir, pela via da *Exceção* (Art. 96 e seguintes) ou da *Nulidade* (Art. 564, I), a *suspeição* ou o *impedimento* do julgador, e de igual modo a existência de quaisquer "incompatibilidades e impedimentos processuais", para o exercício judicante em dado processo como no caso da verificação das hipóteses dos Arts. 252 a 256.

[159] CORDERO, Franco. *Procedura Penale*. Milano: Giufré, 2000, 5 ed, p. 117. Nessa linha: RANGEL, Paulo. *Direito Processual Penal*. Rio de Janeiro: Lumen Juris, 2004, 8. ed. revista, ampliada e atualizada, p. 19.

[160] LOPES JR., Aury. *Sistemas de Investigação Preliminar no Processo Penal*. Rio de Janeiro: Lumen Juris, 2005, 3. ed. revista ampliada e atualizada, p. 74. UBERTIS, decompondo ainda mais o conceito, ainda vai sugerir uma diferenciação entre *imparcialidade* e *terzietá*, fundado no fato de que a Constituição Italiana, após a reforma de 1999, faz constar em seu Artigo 111 que: "*Ogni processo si svolge nel contraddittorio tra le parti, in condizioni di parità, davanti a giudice terzo e imparziale*". Para o autor, a exposição dos dois termos no texto legal ("*terzo e imparciale*") conduz a uma necessidade de distinção conceitual entre ambos: "La circonstanza, poi, che il legislatore costituzionale di 1999 abbia utilizzato una formula binaria induce a cercare di operare una distinzione tra gli attributi dell'imparcialitá e della terzietá in quanto riferiti al giudice, superando la tentazione di reputare trattarsi di una semplice endiadi, con la quale esprimere un único concetto attraverso l'impiego di termini tra loro coordinati". Em sua lição, a imparcialidade pode ser vista como: "operante in relazione al singolo processo, attiene peculiarmente alla funzione svolta, per la quale sono necessarie l'assenza di legami con le parti, l'indiferenza rispetto agli interessi in conflitto e quindi per il risultato della disputa, la mancanza di pregiudizi inerenti al thema decidendi". Já para uma definição da terzietá restaria necessária "la posizione di equidistanza tra le parti, e anzi super partes, del giudice, nell'ambito della struttura processuale, dovendo egli trovare in una situazione,che – pure per gli aspetti di ordinamento giudiziario – garantisca la sua estreneitá alle funzione sai dell'acusa che della difesa, senza confusione di ruoli tra parti e giudice". UBERTIS, Giulio. "Neutralitá Metodologica del Giudice e Principio di Aquisizione Processuale" in *Rivista Italiana di Diritto e Procedura Penale*. Nuova Serie – Anno L. Milano: Giuffrè, 2007, p. 16-18. Entendemos a bipartição promovida por UBERTIS como expositora de duas faces do mesmo elemento: a construção técnico-processual de uma necessária posição de alheamento quanto onde deve estar instalado o julgador.

estética de alheamento, uma aparência processual e procedimental de *imparcialidade.*[161]

Há, no entanto, entendimentos que se verificam nas mais variadas direções. Conforme explica Lopes Jr., para Werner Goldschmidt,[162] a noção de *"impartialidade"* diferiria da de *imparcialidade* (espelhando, essa última, grosso modo, nosso entendimento sobre o conceito de *neutralidade*). Nossa visão sobre a *neutralidade* também pode ser comparada àquilo que o Tribunal Europeu de Direitos Humanos demonstrou entender por "imparcialidade subjetiva", conforme as decisões dos emblemáticos casos Piersack, em 1982, e Cubber, em 1984.[163]

Preferimos, pois, adotar a *imparcialidade* enquanto caractere exclusivamente referente à operacionalidade do processo, relativo ao princípio processual da *Jurisdicionalidade*[164], destinado à sustentação da *estética* da condição de *terceridade* jurisdicional, funcionando em uma lógica igualmente apoiada pelas "armaduras" legais garantidoras da presunção do alheamento do julgador quanto a interesses imediatos ou mediatos relativos à prestação jurisdicional. Seja ela vislumbrada através de uma "independência" funcional e de fundo principiológico (trabalhada por Ferrajoli enquanto *garantia orgânica* do exercício da Magistratura, conforme comenta Lopes Jr.[165]), resguardada legalmente por comandos "meta" (Cordero),

---

Até porque, não vemos uma substancial distinção entre uma "equidistância" processual/funcional a ser resguardada pelo julgador frente às partes e uma "ausência de liames" dele para com os interesses respectivos delas, senão como elementos necessariamente complementares de uma mesma noção.

[161] LOPES JR. *Sistemas de Investigação...*, p. 77. Nesse sentido, feliz, em nosso ver, DINAMARCO, ao situar a questão no âmbito da gestão de iguais oportunidades processuais às partes, sem igualar ou associar o conceito com questões referentes à realidade anímica do julgador: "Imparcialidade não significa indiferença axiológica (...) A indiferença inicial do cientista, à qual se assimilou a postura psíquica do juiz, chega somente até o ponto de refletir sua Imparcialidade". DINAMARCO, op. cit., p. 41-42.

[162] "É importante estabelecer a distinção entre 'impartialidade' e 'imparcialidade', um imperativo lógico muitas vezes esquecido pela doutrina, que reflete duas situações diferentes: a partialidade e a parcialidade. Segundo W. Goldschmidt, o termo 'partial' expressa a condição de parte na relação jurídica processual, e, por isso, a 'impartialidade' do julgador constitui uma conseqüência lógica da adoção da heterocomposição, por meio do qual um terceiro imparcial substitui a autonomia das partes (...) Por outro lado, a 'parcialidade' significa um estado subjetivo, emocional, e tem como antítese a 'imparcialidade', que consiste em colocar entre parênteses todas as considerações subjetivas do julgador, que deve submergir no objeto, ser objetivo, olvidando sua própria personalidade". LOPES JR. *Sistemas de Investigação...*, p. 74.

[163] "Segundo o TEDH, a contaminação resultante da parcialidade pode ser fruto da imparcialidade subjetiva ou objetiva. Desde o caso Piersack, de 1982, entende-se que a imparcialidade subjetiva alude à convicção pessoal do juiz concreto, que conhece de um determinado assunto e, deste modo, à sua falta de pré-juicios. A imparcialidade objetiva diz respeito a se tal juiz encontra-se em uma situação dotada de garantias bastantes para dissipar qualquer dúvida razoável acerca de sua imparcialidade". LOPES JR. *Sistemas de Investigação...*, p. 76. Adotando a mesma classificação conceitual do Tribunal Europeu de Direitos Humanos, UBERTIS, op. cit., p. 17.

[164] "A garantia da jurisdição significa muito mais do que apenas 'ter um juiz', exige ter um juiz imparcial, natural e comprometido com a máxima eficácia da própria Constituição. Não só como necessidade do próprio processo penal, mas também em sentido amplo, como garantia orgânica da figura e do estatuto do juiz. Também representa a exclusividade do poder jurisdicional, direito ao juiz natural, independência da Magistratura e exclusiva submissão à lei". LOPES JR., Aury. *Direito Processual Penal e sua Conformidade Constitucional. Volume I.* Rio de Janeiro: Lumen Juris, 2007, p. 115.

[165] LOPES JR., *Direito Processual Penal e sua Conformidade Constitucional...*, p. 118 e seguintes.

seja por uma conjuntura processual que prime por policiar uma aparência de "estranhamento" do julgador frente à causa.[166]

E à *neutralidade*, conforme nos parece mais adequado, com Coutinho[167] e Cappelletti,[168] vai legada a discussão sobre influências anímicas, pessoais, préjudiciais, ideológicas e psicológicas do Magistrado, definição por onde também transita Brum.[169] Assim o fazemos para evitar recair no equívoco, por nós, ao menos, considerado, de procurar trabalhar com ferramentas jurídicas uma questão que se apresenta absolutamente distante do alcance das mesmas.

A tensão obviamente decorrente dos pontos de contato entre ambos conceitos (*imparcialidade* e *neutralidade*) torna sua análise, por vezes, perigosamente imbricada: tratando do sistema processual penal espanhol, Oliva Santos[170] aduz (comentando o posicionamento de doutrinadores como Alcala Zamora, Fenech e Gomez Orbaneja) que propostas como a da efetivação processual do princípio do *"juez no prevenido"* (que preconiza que "o juiz que conduz a instrução não deve ser o mesmo que vai julgar"[171]) são meios de coibir a "incompatibilidade psicológica" entre os dois exercícios referidos.

[166] "Ademais, compondo a relação processual, o juiz é sujeito de direitos, mas também se subordina aos interesses dos cidadãos enquanto partes, ou seja, possui direitos e deveres, a par do poder que é inerente à função jurisdicional. Sua posição na relação processual é de órgão super partes. Entretanto, deve-se ter em conta que tal situação não significa que ele está acima das partes, mas que está para além dos interesses delas". COUTINHO, Jacinto Nelson de Miranda. "O papel do novo juiz no processo penal" in *Crítica à Teoria Geral do Direito Processual Penal*. COUTINHO, Jacinto Nelson de Miranda (coord.). Rio de Janeiro: Renovar, 2001, p. 11. Na esteira da imparcialidade enquanto "aparência" ou "estética" processual do alheamento, TOURINHO FILHO, Fernando da Costa. *Processo Penal*. São Paulo: Saraiva, v. 1, 1998, 20. ed., p. 44-45.

[167] "Problema de essência que se enfrenta no âmbito do direito é o que se refere à neutralidade e à imparcialidade do juiz. Para que se possa analisar convenientemente esta questão, faz-se necessário buscar elementos basilares de crítica no arsenal teórico da epistemologia (...) Não por outro motivo as epistemologias contemporâneas, principalmente as críticas, vêem o sujeito do conhecimento como um agente participativo, construtor da realidade, que não tem mais motivos sua ideologia e escolhas diante do mundo. Torna-se, então, insustentável a tese da neutralidade do sujeito e vige, para todos os efeitos, a idéia da dialética da participação". COUTINHO. "O papel do novo juiz...", p. 13-14.

[168] "O 'sentimento' do Juiz: a simpatia, a antipatia por uma parte ou por uma testemunha; o interesse, o desinteresse por uma questão ou argumentação jurídica; a inclinação para um tipo evolutivo, histórico, sociológico de exegese das leis, antes que para uma interpretação rigidamente formal; o interesse ou o enfado frente a um conjunto de eventos – e assim ia ele discorrendo. Sentimentos: afetos, tendências, ódios, rancores, convicções, fanatismos; todas as variações desta realidade misteriosa, maravilhosa, terrível que é o espírito humano, refletidas com ou sem véus nas frias expressões dos repertórios de jurisprudência: paixões desencadeadas, paixões contidas, predileções mal reveladas, nas estantes emboloradas dos cartórios dos tribunais". CAPPELLETTI, Mauro. "A ideologia no Processo Civil" in *Revista da Ajuris*. N. 23, Ano VIII. Trad. Athos Gusmão Carneiro. Porto Alegre: Ajuris, 1981, p. 17.

[169] "A neutralidade do juiz é um mito concebido pelo direito romano e fortalecido pela Escola Exegética Francesa, por motivos históricos hoje bem conhecidos, pois o juiz, em sendo homem está mergulhado na formação social em que vive como produto culturalmente condicionado pelo seu meio social. Na sua sentença influirão sua formação jurídica, suas crenças políticas e religiosas, seu caráter e temperamento, sua condição econômica e os interesses dos grupos sociais com os quais se identifica". BRUM, Nilo Bairros de. *Requisitos retóricos da Sentença Penal*. São Paulo: Revista dos Tribunais, 1980, p. 9.

[170] OLIVA SANTOS, Andrés de la. *Jueces Imparciales, Fiscales 'investigadores' y Nueva Reforma para la Vieja Crisis de la Justicia Penal*. Barcelona: PPU, 1988, p. 18-19.

[171] OLIVA SANTOS, op. cit., p. 13. Deve ser ressaltada, aqui, logicamente, a peculiar diferença do sistema de "instrução preliminar" (fase pré-processual) que é utilizado na Espanha, e aquele adotado no Brasil. Como nosso país não possui uma sistemática que preveja uma verdadeira *fase* processual *pré*, de investigação presidida por

Para o autor hispânico, *instruir* e *decidir o mérito processual* não podem ser atividades exercidas por um mesmo julgador, uma vez que a segunda estará certamente "contaminada" por ideias pré-concebidas angariadas pelo Magistrado quando da atuação em meio à primeira. Sejam essas ideias "boas" ou "más", não é salutar, democraticamente falando, que o julgador a elas dê vazão no ato decisional e por isso a preocupação com a medida visando a um maior grau de imparcialidade e de garantia aos direitos individuais mínimos do acusado[172] (aliás, quanto à nefasta possibilidade de a decisão judicial ser, facilmente, de forma velada, transformada em um mecanismo paranóide de *teste de hipóteses* particulares e pré-concebidas pelo julgador *"prevenido"* em relação aos fatos e ao Réu, nos moldes da atividade patológica dos persecutores da Santa Inquisição, o alerta vem de bastante tempo, por Cordero[173]).

Falando juridicamente, e no que tange à *imparcialidade* (aparência, estética do *alheamento*) processualmente almejada, concordamos de forma integral com Oliva Santos na suma necessidade de efetivação de um procedimento em sintonia com o princípio do *"juez no prevenido"*.

Quanto à questão da *neutralidade*, entretanto, ousados supor que o autor termina embrenhado na contumaz armadilha já referida: cremos que a busca pela otimização de uma *imparcialidade* judicial deve reconhecer seus limites e operar dentre contornos estritamente jurídico-processuais. Pretender uma limitação psicológica dos pré-juízos do julgador, a partir de critérios legalistas que lhe confiram *terceridade* é procurar a solução extrapolando a capacidade de incidência ativa possível do instituto. Não há como.

A resposta (se é que existe) para o problema da *neutralidade* (subjetividade, caractere anímico) do julgador não pode ser simplesmente tutelada com o cabedal de instrumentos e procedimentos processuais. São linguagens que não se harmonizam. É uma hierarquização que não se configura: ranço *moderno* de pretender a abrangência do *todo* pela teoria, que atua como *lei universal* (Gauer). Dentre o formalismo processual mais rigorosamente voltado à efetivação dos princípios democráticos, sempre estaremos diante de um julgador que, a qualquer momento, pode inserir em seu *decisum* notas cruciais de subjetividade, mesmo de forma não tendenciosa nem intencional, em perigosas brechas de linguagem (ver, para tanto

---

juiz (instrutor), guardando, para nós o procedimento judicial substancial independência dos procedimentos de Inquérito/investigação movimentados pela autoridade policial, não há, pois, margem para que a problemática de um "julgamento pelo juiz instrutor" ocorra. Para um deslinde maior e exaustivo do tema, Cf. LOPES JR. *Sistemas de Investigação Preliminar no Processo Penal*, obra citada ao longo do presente trabalho.

[172] "En efecto, puede ocorrir que eses prejuicios, esas ideas preconcebidas sean, no ya correctas, sino admirabiles resultados de una especial perspicacia, de un juicio crítico excepcional y, en suma, de las mejores cualidades intelectuales. No se considera, empero, conveniente iniciar el juicio oral con tales prejuicios o ideas preconcebidas". OLIVA SANTOS, op. cit., p. 30.

[173] "Ne elabora finché vuole l'inquisitore, lavorando in segreto su animali confessanti: concepita un'ipotesi, vi edifica cabale induttive; l'assenza del contraddittorio apre un vuoto logico aperto al pensiero paranoide (...) Gioco pericoloso: l'elucubrante compone a mano libera, selettivamente attento o sordo ai datti, secondo che convalidino o no l'ipotesi (...) Viaggia nello spazio psichico l'inquisitore, esposto a qualche pericolo, come i confessori e gli esorcisti, perché nell'entretien ognuno dei due proietta e assorve qualcosa". CORDERO, op. cit., p. 25.

tópico 1.4.3, logo abaixo). A questão *ultrapassa* o Direito Processual tradicional. Abordando Oliva Santos de forma pessimista, pode-se propor que não existe maneira de "conter" psicologicamente o julgador em seus pré-juízos e a influência sorrateira dos mesmos (voltaremos à temática no Capítulo 3, infra).

Não raro, por tudo isso, ocorrer entre alguns doutrinadores uma (con)fusão proposital entre os conceitos, em uma tendenciosa simplificação do problema dentre os ditames jurídicos. Ignoram-se as brutais diferenças entre os conceitos, atacando, como "ausência de imparcialidade", qualquer manifestação que venha a macular a (ilusória) estabilidade "neutra" da função jurisdicional, como em artigo publicado por Müller, onde vai questionada ("pela imparcialidade"...) a opinião de Bueno de Carvalho (quando esse afirma a inexistência de *neutralidade* por parte do julgador).[174] Crer que a *imparcialidade* seja passível de "ofensa" por qualquer tipo de preferência anímica do julgador significa, mais do que, equivocadamente, situar ambas em uma mesma esfera, persistir na crença de que a sistemática jurídica possui meios de coibir ambas. A *imparcialidade* é focalizada dentre a construção dialética e mesmo estética do processo, e pode ser preservada e/ou submetida à tensão conforme haja o respeito ao princípio do *estranhamento*.[175] A *neutralidade* é questão pessoal, subjetiva, intangível pela construção do jogo processual e por qualquer conjunto de normas procedimentais.

Talvez seja por isso que a solução jurídico-doutrinária para tratar do problema costume oscilar entre a equiparação dos institutos (para ter meios de lida com ambos) ou o indiscriminado uso de sofismas e cortes epistemológicos reducionistas (à moda do método de *descomplexificação*) legando ao ensino jurídico noções idealizadas que, em prol da eficiência didática simplista se desconectam da complexidade.

Quando chamada ao debate, a cultura manualística que ganha vulto impressionante em meio à doutrina pátria aparece para confirmar suas premissas autistas destinadas à mera captação mnemônica dos futuros "operadores" do Direito, vazia de considerações de maior profundidade: "A sentença é uma manifestação lógica e formal", repete-se à exaustão, onde se opera "aplicando-se a lei ao caso concreto".[176]

---

[174] "Não deve, pois, o Juiz comprometer- se (e, com lisura e espírito aberto, reconhecendo o talento e o brilho do mesmo, expressa-se uma divergência com Amilton Bueno de Carvalho, ou melhor, com afirmação feita por este em trabalho publicado in AJURIS, 42/87, 'Jurista Orgânico, Uma Contribuição'). Sua imparcialidade é seu apanágio". MÜLLER, Sérgio J. D. "Pela Imparcialidade" in *Revista da Ajuris*. N. 45, Ano XVI. Porto Alegre: Ajuris, 1989, p. 120. Conferir também: CARVALHO, Amilton Bueno de. "Jurista Orgânico: uma contribuição" in *Revista da Ajuris*. n. 42, Ano XV. Porto Alegre: Ajuris, 1988.

[175] Um bom exemplo de como pode, realmente, haver ofensa à *imparcialidade* no processo é trazido por LOPES JR., quando comenta a manutenção de traços inquisitórios em meio à sistemática processual *acusatória*, ou, para alguns tida por *mista* no Processo Penal brasileiro: "Sempre que se atribuem poderes instrutórios ao juiz, destrói-se a estrutura dialética do processo, o contraditório, funda-se um sistema inquisitório e sepulta-se de vez qualquer esperança de imparcialidade (enquanto terzietá = alheamento)". LOPES JR. *Introdução Crítica ao Processo Penal...*, p. 173.

[176] CAPEZ, Fernando. *Curso de Processo Penal*. São Paulo: Saraiva, 2006, 13. ed. revista e atualizada, p. 419.

Melhor sorte não se angaria quando da ânálise de um dos mais argutos tratadistas pátrios: Tourinho Filho,[177] ao enfrentar a temática, defende que a decisão judicial (a *sentença*, no contexto) pode ser encarada enquanto uma "exteriorização do resultado de um juízo lógico, que consiste em uma operação mental do juiz e a declaração de vontade", sendo ela um "simples trabalho mental" que "busca a verdade".[178] Para o autor, a decisão é espelho de um "ato de inteligência" e a pormenorização e o rigor técnicos da *fundamentação* decisional é o que basta para demonstrar cabalmente que o *decisum* não foi fruto de um "ato irrefletido".[179]

Não pode ser tão difícil assim agregar à revisão dos conteúdos dogmático--processuais aportes que fomentem, ainda que suavemente, ponderações como a de Gulotta:

> É claro que a interferência da emotividade, sempre presente nas sentenças, tem um peso variável caso a caso, que foge de uma avaliação concreta. Isso indica, sobretudo, a necessidade de que o juiz saiba que, na formação dos seus juízos, subsiste a copresença de elementos emotivos e irracionais, junto com outros de ordem racional e jurídica. O juiz, por isso, deve ter consciência de que a pura racionalidade é um mito, embora elogiável, na medida em que representa uma tendência constante da personalidade no campo profissional.[180]

Diante de tal quadro, é possível até mesmo imaginar Couture em um brado suplicante: "A Sentença não é um pedaço de lógica (...) Como poderemos separar

---

[177] TOURINHO FILHO, Fernando da Costa. *Código de Processo Penal Comentado*. São Paulo: Saraiva, 2005, 9. ed., p. 832. Bom salientar que aqui se faz uma crítica ao *conceito-chave* adotado e à forma como ele vem posto, e não à totalidade da doutrina do pensador citado, que, aliás, exibe em outros momentos – faça-se justiça – aportes para uma própria crítica do simplismo ora debelado.

[178] "Está demonstrado empiricamente que o processo penal, sempre que buscou uma 'verdade mais material e consistente' e com menos limites na atividade de busca, produziu uma 'verdade' de menor qualidade e com pior trato para o imputado (...) Esse processo, que não conhecia a idéia de limites – admitindo inclusive a tortura – levou mais gente a confessar não só delitos não cometidos, mas também alguns impossíveis de serem realizados". LOPES JR. *Introdução Crítica ao Processo Penal...*, p. 262. Não se tratará, neste trabalho, sobre a inflamada questão do "mito" da busca da "verdade real" enquanto princípio (para alguns) basilar do Processo Penal. Oportuno, no entanto, referir, na esteira de LOPES JR., que o Princípio Dispositivo, raiz do Sistema Processual Acusatório, ou pelo menos de um sistema processual penal democraticamente afetado e coligado aos valores constitucionais vigorantes, não comporta uma busca desenfreada pela "verdade" dos fatos, uma vez que ela, por si só, é inatingível. A manifestação processual das partes deve ser o limite cognitivo da jurisdição democrática. Como pontua o autor, o lastro inquisitorial, especialmente, foi pródigo em instaurar uma busca jurídica incessante pela "verdade", suplantando todo e qualquer limite constitucional, ou, ainda, ético. Para uma visão mais completa da questão da busca/possibilidade de alcance da "verdade" no processo penal, ver CARNELUTTI, Francesco. "Verità, Dubbio, Certeza" in *Rivista di Diritto Processuale*". Padova: CEDAM, 1965, n° 1; bem como o artigo referente de COUTINHO aqui citado, "Glosas ao Verdade, Dúvida e Certeza de Francesco Carnelutti...". Para uma análise dos meandros processuais do Sistema Inquisitório e sua relação com a busca pela "verdade", Cf. CARVALHO, Salo de. "Revisita à Desconstrução do Modelo Jurídico Inquisitorial" in WOLKMER, Antônio Carlos. *Fundamentos de História do Direito*. Belo Horizonte, Del Rey. 3. ed. 2006. Para um estudo comparado entre os sistemas Inquisitório e Acusatório, as implicações teóricas da diferenciação no Processo Penal brasileiro e um comentário sobre as teses (de referência na temática) do processualista italiano FRANCO CORDERO, fazemos remissão à obra de COUTINHO, também aqui citada,"O papel do novo juiz no processo penal...".

[179] TOURINHO FILHO. *Código de Processo Penal Comentado*, p. 833-834.

[180] GULOTTA, Guglielmo. "Dinâmica Psicossocial da Decisão Judicial" in *Fascículos de Ciências Penais*. Ano 6, Volume 6, N.4. Trad. Jorge Trindade. Porto Alegre: Sergio Fabris, 1993, p. 18

a decisão do juiz de seus impulsos, de suas ambições, de suas paixões, de suas debilidades de homem?".[181]

1.4.3. O silogista asséptico de Beccaria

Não há como dar as costas à opinião de Wolkmer, quando se recorda que muito de nossa visão acerca da atuação judicial idealizada se mostra definitivamente impregnada, ainda, da tradição liberal-burguesa que quer crer em um julgador desprovido de *pessoalidade*, algo comparável a uma *"máquina de silogismos"*,[182] o que vai, surpreendentemente, referendado pela doutrina especializada, que simula (ou dissimula) uma "ultrapassagem" dessa mesma visão.

Confunde-se a subjetividade extraída de um *perspectivismo* necessário e incontornável (Nietzsche) com uma pessoalidade baixa, com um jogo de *préconceitos* nocivos, quando, definitivamente, não se está a tratar da mesma coisa. As soluções processuais utilizadas para o trato com a imparcialidade são inócuas nesse caso, e as críticas a uma possível "quebra da imparcialidade" igualmente atingem o alvo errado quando aqui utilizadas. O cerne da questão vai além e não há argumento eminentemente jurídico que o aprisione.

Não raro, ainda sob a sede do alarmismo liberal-burguês, procuram-se atrelar as noções *perspectivistas* a uma espécie de caos jurisdicional: uma decisão judicial que leve em conta e trabalhe lado a lado com os fatores humanos da pessoa que a profere estaria em desacordo manifesto com o ideal máximo de "segurança" no funcionamento jurídico estatal,[183] que diz (diria) para com as limitações e os "rígidos critérios de aplicação"[184] das leis.

Tudo isso parece, supostamente, fruto de um padrão doutrinário e técnico que, por mais que tenha avançado, não parece preparado nem ao menos disposto a abandonar a concepção de julgador e de ato decisional relativa à automaticidade silogística de sempre. A pessoa do julgador (sua *pessoalidade*, sua subjetividade) segue tal uma mera desconhecida para todo um arcabouço teórico que não parece ter meios para seu trato.

---

[181] COUTURE, Eduardo J. *Introdução ao estudo do Processo Civil*. Trad. Mozart Victor Russomano. Rio de Janeiro: Forense, 3. ed., 2004, p. 57-58.

[182] WOLKMER, op. cit., p. 92.

[183] "Embora correntes mais conservadoras do Direito ainda defendam a idéia de que o julgador, para que sua função seja cumprida de forma segura, deva ser neutro, um exame mais atencioso acerca dos elementos envolvidos no ato de julgar revela indicadores por meio dos quais é provável sustentar a impossibilidade de o juiz exercer sua função sem que seu julgamento seja determinado, em alguma medida, por elementos de sua subjetividade, tornando, dessa forma, improvável a neutralidade. O postulado da segurança e da certeza nos julgamentos judiciais, ancorado na idéia de neutralidade do juiz, parece, pois, ser insustentável". CRUSIUS, Gláucia Facchini. *O Juiz: da norma à vida. A aplicação do direito pelo Juiz*. Dissertação apresentada para a obtenção do título de Mestre em Direito. Pontifícia Universidade Católica do Rio Grande do Sul. Porto Alegre: 2002, p. 9.

[184] PORTANOVA, Rui. *Motivações ideológicas da sentença*. Porto Alegre: Livraria do Advogado, 2003, 5. ed., p. 30.

Estamos com Giacomolli e Duarte quando afirmam que a subjetividade jamais pode ser vista como empecilho, senão que é, mais do que mera constatação, uma condição de procedibilidade (que não pode ser suprimida) para o julgador no ato decisional:

> É um tributo do ser-no-mundo o entendimento de si mesmo. O entendimento de si na interação com o mundo existencial que o habita e lhe atribui sentido, sendo que o sentido conferido às coisas é uma projeção desse seu mundo interior. Esse entendimento é necessário e instrumentaliza o juiz no ato de julgar. Dessa forma, o juiz nunca decide de forma neutra. Será sempre sujeito da tradição, que lhe servirá de sustentáculo no ato de julgar, nunca parando de repor-se, e de superar-se, pois a sua realidade, como a de outros seres, é a transposição de sentido projetada pelo ser, contextualizado na sua percepção da existência e existindo nela.[185]

Os valores que segundo Beneti se exigem a um julgador, "os quais desenham a figura do magistrado ideal, introjetada no senso comum da população, como agente político, guardião das mais elevadas virtudes humanas"[186] prosseguem atrelados, para boa parte dos doutrinadores e dos próprios Magistrados, à concepção de juiz enquanto reles aplicador robótico no ofício judicante, distante de sua subjetividade e subserviente à sua própria caracterização enquanto "boca da lei", cujas operações, no exponencial ensinamento de Beccaria, são (devem ser) necessariamente limitadas e mecânicas para evitar a "incerteza".[187]

Sobre esse contexto, apenas para fins de situar a perspectiva histórica, sem um maior aprofundamento, e em rápidas linhas, poderíamos endossar a lição de Barzotto. Nesse mister, nos é de sumo interesse estudar a ideia de função jurisdicional oriunda do câmbio conceitual do Estado Absolutista para o Estado Liberal. Com a profunda alteração na concepção ocidental de mundo provocada pela Reforma protestante, o Estado ganha força tentando assumir as vezes de agregador valorativo comum a todos os cidadãos, e propositor de uma opção de universalidade ética, passando, isso, inegavelmente, por sua atuação jurídico-legislativa.[188] Posteriormente, com o declínio conceitual de Estado Absolutista, e a aurora do chamado Estado Liberal, fomentado pelos ideais liberal-burgueses,[189] um novo modo de pensar a fun-

---

[185] GIACOMOLLI, Nereu José. DUARTE, Liza Bastos. "O mito da neutralidade na motivação das decisões judiciais: aspectos epistemológicos" in *Revista da Ajuris. Ano XXXIII. n° 102.* Porto Alegre: Ajuris, 2006, p. 292.

[186] BENETI, Sidnei Augusto. *Da conduta do Juiz.* São Paulo: Saraiva, 2000, 2. ed. rev., p. 151.

[187] "Em cada delito, o juiz deve formular um silogismo perfeito: a premissa maior deve ser a lei geral; a menor, a ação em conformidade ou não com a lei: a conseqüência, a liberdade ou a pena. Quando o Juiz for coagido, ou quiser formular mesmo que só dois silogismos, estará aberta a porta da incerteza". BECCARIA, Cesare. *Dos delitos e das penas.* Trad. Lucia Guidicini. São Paulo: Martins Fontes, 2002, p. 46.

[188] "A principal função do Estado Moderno, na sua versão absolutista, foi precisamente esta: fornecer um padrão objetivo de resolução de conflitos, a lei, a uma sociedade cujo pluralismo poderia levar a uma dissolução. A lei é simplesmente um comando do soberano. Ela é identificada como jurídica pela sua origem, e não pelo conteúdo. Ou seja, ela pode ser 'justa' ou 'injusta' sem que isso afete a sua qualificação jurídica. O jus deixa de identificar-se com o justum e passa a ser identificado com o jussum (comando) do soberano". BARZOTTO, op. cit., p. 13-14.

[189] "Em um primeiro momento, a sociedade moderna teve necessidade de instituição de um poder absoluto, que sobre os escombros da sociedade feudal, garantisse a acumulação da propriedade num contexto essencialmente

ção jurídico-política desse mesmo Estado teve de ser concebido. A diferença mais marcante, nesse aspecto, entre ambas concepções, é a de que se o Estado Absolutista vinha para garantir segurança aos indivíduos (uns em relação aos outros), o Estado Liberal acoplava, a isto, o componente de possuir um ordenamento jurídico que garantisse, também a segurança do indivíduo quanto à ação desse próprio Estado.

Desse modo de perceber a atuação estatal, podemos crer oriunda uma chave fundamental para a compreensão de nossa proposta, bem como de nossa posterior crítica: a noção de *segurança jurídica*. Afinal, se "no Estado Absolutista, a determinação do jurídico realiza a segurança pela exclusão do subjetivismo dos juízos de valor, no Estado Liberal dá-se um passo adiante: garante-se que o poder estatal, em qualquer das suas manifestações, deve se curvar ao direito, sendo, portanto, previsível".[190]

Pela ânsia de *previsibilidade* e pela lógica tributária à *segurança* oriunda da mesma, o ofício dos Magistrados ganha, desde o Estado Liberal, uma modelagem de funcionamento tolhida (subjetivamente), e uma tonalidade de curvatura integral à legislação: não é por menos que a postura *exegética* apregoa um papel meramente decodificador-textual ao julgador. A lei está em defesa dos indivíduos e não seria admitido ao seu aplicador a ela mesclar valorações pessoais, em defesa da *segurança*, na aplicação do Direito.

Sabendo-se que a ideia liberal-burguesa de ordenamento jurídico (como um direito que *"regula o seu próprio processo de produção"*[191]) é a base temática do *positivismo* e sabendo, de maneira bastante clara, que o *positivismo* ainda é uma das mais influentes esteiras paradigmáticas em meio ao ensino jurídico (OST, por todos), podemos pré-concluir o quanto ainda resiste, em alta, a visão do juiz enquanto *exegeta*, "boca da Lei", por mais que o termo pareça antiquado ou *demodé*.

Tanto para Lafer[192] como para Alpa,[193] a visão liberal-burguesa e exegética do ofício judicial pode ser vista enquanto um conceito simbólico e reativo a res-

---

conflitivo, pela ausência de limites impostos pela tradição à ação social. Tendo cumprido esse papel, o Estado Absolutista se tornou obsoleto e até mesmo perigoso. O seu poder ilimitado tornou-se um risco para o beneficiário de mercado, a classe burguesa. Esta insegurança diante de um Estado que poderia utilizar seu poder para coagir a acumulação de propriedade e a troca de mercadorias, pôs-se a lutar para impor limites a ele. A vitória da burguesia teve como resultado a construção jurídico-política que ficou conhecida como Estado Liberal". BARZOTTO, op. cit., p. 14-15.

[190] Idem, p. 15-16.

[191] BARZOTTO, op. cit., p. 17.

[192] "É precisamente em nome da segurança, da certeza e da racionalidade do legislador que, com base na doutrina da separação de poderes, a Escola da Exegese afirmou o silogismo jurídico enquanto expressão de um juízo determinante, cabendo ao juiz ser, nas palavras de Montesqueu, '...la bouche qui prononce les paroles de la loi; des êtres inanimés qui n'em peuvent ni la force ni la rigueur'. Para isso, o juiz deverá formular um silogismo, cuja premissa maior será fornecida pela regra de Direito apropriada, a menor pela verificação de que as condições de fato, previstas na norma, ocorreram, decorrendo a sentença, logicamente, das conclusões do silogismo" LAFER, Celso. *A Reconstrução dos Direitos Humanos*. São Paulo: Companhia das letras, 1991, p. 280-281

[193] "Il giudice mero esecutore è il giudice che si dice piacesse a Federico, il Grande e a Napoleone: un solerte funzionário dello Stato, ligio alle leggi, portetore dei valori ufficiali, cauto esaminatore delle disposizioni, privo di

quícios de arbitrariedades jurisdicionais imperantes no período das monarquias absolutistas. A mesma opinião possui Azevedo.[194]

E Grau dá fechamento à ideia ora trazida, quando identifica a marcante influência do iluminismo-burguês-privatista no ordenamento jurídico, desde a modernidade, o que traz (ou procura trazer) para o cerne da lógica jurídica, elementos tributários ao modelo *cartesiano* de se operar "cientificamente": *confiabilidade*, *calculabilidade* e, logicamente *aversão* a qualquer indício (perigoso...) de subjetivismo no ofício jurisdicional.[195]

Antes de seguir (re)produzindo de maneira inquestionada ditames adequados à época e à concepção jurídico-política de Beccaria, no entanto, deveríamos atentar para o ensinamento de Warat,[196] que, alijado no estudo da Semiologia, demonstra que mesmo a simples escolha das palavras que vão compor o repertório do *decisum* já se encontra envolta em jogos linguísticos que afastam completamente a ideia de se pensar em uma *neutralidade* absoluta, escapando, assim, de uma morosa manutenção da discussão entre os ditames hierarquização jurídico-sistemática do *positivismo* e as consequências da mesma frente à atuação jurisdicional e seu modelo prescrito pela lógica *liberal-burguesa*.

---

vocazione creative, solido conservatore, tendenzialmente ottuso. È il modello passato alla storia come 'bouche de la loi' (...) Il suo compito, secondo la rigida ripartizione dei potere che si fa risalire a Charles-Louis de Secondat, barone di La Brède e di Montesquieu, consiste nell'applicare le disposizioni emanate dal monarca-legislatore, sussumendo nel dettato normativo il caso a lui sottoposto. Le sue operazioni debbono essere limitate e meccaniche". ALPA, Guido. *L'Arte di Giudicare*. Roma: Laterza, 1996, p. 3.

[194] "A burguesia, cristalizando sua visão do mundo, no Código de Napoleão, perde o ímpeto revolucionário. Inverte-se sua posição no processo social, passando a querer preservar suas conquistas sedimentadas na lei positiva. Daí a necessidade de atentar, antes de tudo, à intenção do legislador, afirmando-se ser o Estado a fonte única e o fundamento único do direito, sendo o método exclusivo o dedutivo, dogmático". AZEVEDO, Plauto Faraco de. "Juiz e Direito – rumo à uma hermenêutica material" in Revista da Ajuris. n. 43, Ano XV. Porto Alegre: Ajuris, 1988, p. 37.

[195] Para o autor, em se tratando de um modelo de ordem jurídica e legal que possui notada tonalidade de ênfase na função de regulação da circulação mercantil, especial tônica passa a gozar, na modernidade, a questão da *calculabilidade* da ação dos institutos jurídicos e, nessa tela, a própria "segurança" (tanto prática como científica) que a ele deve ser "imanente". GRAU, Eros Roberto. "Eqüidade, Proporcionalidade e Princípio da Moralidade" in *Crítica à Dogmática: dos bancos acadêmicos à prática dos Tribunais. Revista do Instituto de Hermenêutica Jurídica. Volume 1, n. 3.* Porto Alegre: Instituto de Hermenêutica Jurídica, 2005, p. 17-19.

[196] "Chamaremos modos diretos de redefinição às atividades definitórias dos juízes que explicitamente propõem nas sentenças mudanças dos critérios de relevância de certas palavras chaves contidas nas normas gerais. Ora, como antecipamos, consiste a tarefa definitória em uma seleção de notas que expressam critérios de relevância para determinar as situações ou coisas que integram uma classe. Quando se propõe uma mudança destes critérios está-se redefinindo. De outra parte, são imprecisões significativas da linguagem jurídica que permitem o processo direto de redefinição. Para realizar tal processo os juristas aproveitam-se da vagueza e da ambigüidade endêmicas das palavras da lei utilizando-as como recurso interpretativo. A linguagem natural é a linguagem em que se inscrevem as normas; possui características estruturais e situacionais que dificultam a transmissão clara das mensagens. Mas o caráter impreciso das expressões legais nem sempre é manifesto. Muitas vezes seus destinatários não percebem as mudanças de sentido propostas pelo emissor. Deste modo, os defeitos endêmicos das palavras da lei cumprem importante função retórica em relação às práticas tribunalícias. Constituem algumas linhas argumentativas utilizadas pelos juízes para alterar os critérios decisórios predominantes, sob a aparência de estarem aplicando conteúdos fixados pelo legislador". WARAT, Luis Alberto. *Introdução Geral ao Direito I. Interpretação da Lei. Temas para uma reformulação.* Porto Alegre: Sergio Antonio Fabris Editor, 1994. p. 38-39.

A pureza do exegeta mais rígido, mesmo ela, é propícia para combinações linguísticas pelas quais transbordam toda sua ausência de neutralidade racional: mesmo com todo o pretenso rigor técnico e clareza do texto normativo a ser aplicado, o próprio é organizado através da linguagem natural, e, por esta razão, portador, em muitos casos, de imperceptíveis falhas e brechas onde a subjetividade (por vezes) desavisada do Magistrado pode atuar, sob o disfarce de aplicação estrita, silogística e "não tendenciosa" da lei. O texto legal e a decisão são propícios, portanto, para serem convenientemente direcionados sem que as partes, e o próprio julgador, percebam.

Nota-se, pois, que como o próprio Beccaria profetizara, o ato da decisão judicial pode se transformar no "terreno da desordem",[197] mas, ao contrário do que ele pensava, a "desordem" não se manifesta fora da lógica silogística, e sim dentro da própria: muito maior vazão ganha essa "desordem" e muito mais meticulosos podem ser seus contornos se seguirmos idealizando o ato da decisão judicial enquanto possível portador de uma racionalidade estrita, a orientar uma exegese silogística "pura".[198] A "desordem" opera, sim, quando seguimos defendendo o ato da decisão judicial ingenuamente como o berço de uma operação meramente racional. No "jogo" da decisão processual, as palavras, como reflete Cordero, podem vir manipuladas como matéria plástica.[199]

E assim, diante desse quadro, o julgador, embora *demasiado humano*, termina por glorificar um dos aspectos visíveis do *sujeito cartesiano* e passa, o seu discurso, ao invés de ser compreendido enquanto perspectiva (substancialmente) subjetiva, a ganhar ares de apreensão técnico-científica, portadora da almejada *neutralidade* e entender a si mesmo como reflexo da *verdade* e das *evidências*.

Curiosa identidade das metáforas: se Nietzsche alertava para a impossibilidade de existência de um "olho voltado para nenhuma direção", onde as emoções humanas, em prol da neutralidade, se mostrariam subjugadas pela razão purificadora e a interpretação subjetiva estaria ausente, e se Foucault discorre sobre a impossibilidade de um "olhar de pura observação", Couture alerta para a falácia de se tratar o julgador como o portador de um "olho mecânico" que subsume os fatos e os tipos legais e racionalmente consegue exprimir uma decisão sem "contaminá-la" por sua subjetividade.[200]

---

[197] BECCARIA, op. cit., p. 46-47.

[198] "Determinar, por exemplo, que manter relações sexuais ininterruptas com uma mulher diferente da esposa é uma propriedade da expressão mancebia, prevista no Direito Argentino, possui consequência jurídica específica para a caracterização do adultério naquele país. Diversas serão as consequências quando se exige a concomitante manutenção econômica para o reconhecimento do delito. Em outras palavras, aqui, a segunda propriedade poderá alterar a definição de adultério. Generalizando, é possível afirmar ao se estabelecer que A, e não B é característica definitória de um termo contido na norma, está-se alterando as consequências jurídicas da mesma. Noutra perspectiva constata-se que nas definições jurídicas toda característica definitória é também uma característica decisória, isto é, forma parte da decisão". WARAT. *Introdução Geral ao Direito I...*, p. 39.

[199] " (...) l'elucubrante compone a mano libera, selettivamente attento o sordo ai dati, secondo che convalidono o no l'ipotesi; ed essendo le parole una materia plastica (gli inquisti ne emettono a fiumi), ogni conclusione risulta possibile". CORDERO, op. cit., p. 25.

[200] COUTURE, op. cit., p. 60.

Algo que, a nosso ver, representa um agir obscuro, um engajamento oculto e, não raro, não assumido, mesmo desconhecido, que vai permear o ato jurisdicional e, assim, vai miná-lo de perigos muito mais gravosos para a ordem democrática do que aqueles com os quais ela tradicionalmente se mostra preocupada: poderíamos dizer que *ninguém* é neutro e *todos* são engajados. Resta saber quanto *ao que* e *no que*.[201] É Ferrajoli quem denuncia, sobretudo, a ingenuidade[202] desse modo de pensar o atuar do julgador, como um alerta para os perigos da falácia dessa suposta neutralidade, que oculta suas forças internas sob a proposta de que elas não seguem agindo.[203] A mesma ingenuidade que, nesse aspecto, se identifica em Descartes, frise-se.

Evidentemente que não nos opomos, de todo, à opinião de autores que situam a obrigatoriedade Constitucional de exposição da motivação da decisão judicial[204] como um marco democrático inafastável, premissa da qual não se pode abrir mão.[205] É necessário lembrar, contudo, que a excessiva confiabilidade na lisura da fundamentação textual como meio de "evitar o arbítrio e o voluntarismo"[206] é forma perigosa de se ignorar a realidade de um amplo universo de brechas e imprecisões linguísticas e evidência maior de que a ideia exegética se atrela a um racionalismo que deve necessariamente ser mitigado.

Discordando, pois, de Tourinho Filho e Rigaux, pois, cremos que o fato de que o julgador seja obrigado pela Carta Magna a expor textual e solidamente sua

---

[201] LYRA FILHO, Roberto. *Por que estudar direito hoje?* Brasília: NAIR, 1984, p. 9.

[202] "Bastarían los dos límites hasta ahora descritos – el carácter irreductilmente probabilístico de la verdad fáctica y el inevitable opinable de la verdad jurídica de las tesis judiciales – para privar a la verdad procesal de la certidumbre de la verdad predicable de las proposiciones experimentales singulares. Pero hay un tercer factor de incertidumbre, también insuperable. Se tracte del caráter no impersonal de ese investigador particular legalmente cualificado que es el juez. Éste, por más que se esfuerce por ser objetivo, siempre esta condicionado por las circunstancias ambientales en las que actúa, por sus sentimientos, sus inclinaciones, sus emociones, sus valores ético-políticos. La imagen propuesta por Beccaria, del juez como 'indiferente indagador de la verdad' es bajo este aspecto fundamentalmente ingenua". FERRAJOLI, Luigi. *Derecho y Razón. Teoría del garantismo penal*. Trad. Perfecto Andres Ibáñez *et alii*. Madrid: Trotta, 2000, 4. ed., p. 56.

[203] "Cionostante è opinione diffusa, anche tra noi magistrati, che la sentenza sia um'espressione di pura razionalitá in cui l'astratezza della norma giuridica viene applicata in concreto attraverso un'attivitá di interpretazione di natura silogistica. Se cosí fosse il processo decisionale del magistrato potrebbe essere ridotto ad una pura formula matematica. In realtá, ricerche condotte nel campo della psicologia sociale, hanno accertato che il giudice tende ad operare un'interpretazione dei fatti giuridicamente rilevanti con altri di nessun rilevo giuridico, sottolineando come i secondi abbiano un notevole peso sulla decisione che viene ad apparire all'esterno come un construtto unitario". GORRA (intervenção) *in* DE CATALDO NEUBURGER. op. cit., p. 187.

[204] No caso brasileiro, Constituição Federal da República, Art. 93, inciso IX.

[205] ANDRÉS IBÁÑEZ salienta que nem sempre a obrigatoriedade do dever de motivar as decisões judiciais foi, ao longo da história, um instrumento com vistas a maiores publicidade e democratização do processo – se travestindo, tal na corte napolitana de Fernando IV, no século XVIII, por exemplo, como mera obrigatoriedade de exposição dos ditames legais aplicados ao caso, enquanto estratégia de controle centralizador da aplicação da lei, exercido pelo poder monárquico. Contudo, o autor assume como maior e mais emblemática função do instituto, a garantia democrática contra o arbítrio e saúda a inserção do dito dever em meio ao texto constitucional espanhol (em 1978) como uma "mudança de paradigma". ANDRÉS IBÁÑEZ, Perfecto. *Valoração da Prova e Sentença Penal*. Trad. Lédio Rosa de Andrade, Carmen Freitas e Wilson Demo. Rio de Janeiro: Lumen Juris, 2006, p. 61-63.

[206] RIGAUX, François. *A Lei dos Juízes*. Trad. Edmir Missio. São Paulo: Martins Fontes, 2000, p. 255.

motivação decisional só se configura como limite claro ao "voluntarismo" e só afasta a possibilidade de se dar voz a um "ato irrefletido" se trabalharmos dentre os ditames de uma Filosofia *cartesiana* da Consciência, onde a aplicação silogística de premissas se faz, sempre, confinada em meio aos muros de uma lógica coordenada racionalmente.

Tudo isso poderia ser resumido nos dizeres de Gomes Filho: há uma notável distinção a ser feita entre *decisão* e *motivação*, e, quando transposta para o plano da atividade prática "essa distinção permite entrever uma dissociação – ou mesmo autonomia, entre as tarefas de decidir e motivar".[207] Para o autor, o jogo de palavras transportar diretamente para dentro da decisão toda uma bagagem subjetiva e a motivação pode, por vezes, não representar mais do que "uma racionalização *ex post* de uma decisão muitas vezes determinada por motivos inconfessáveis".[208] Salienta, ainda, escorado em Francesco Iacoviello que não raras vezes a motivação não passa da representação "fria" de uma decisão "quente".[209]

1.4.4. O julgador (emotivamente) controlado de Ferrara

Mesmo quando parecem trafegar para além do (nitidamente insuficiente) procedimental *bouche de loi*, alguns doutrinadores se mantêm hermeticamente fixados na paradigmática racionalista e no esquema sujeito-objeto. Identificam o Julgador, e a pessoalidade dele, não enquanto um duto que visivelmente (e invariavelmente) acresce o discurso com elementos próprios e intrínsecos de diversas categorias (emocional, passional, ideológica, etc), mas, sim, como um filtro orientado pela Razão.

Um perfeito exemplo disso pode ser extraído da descrição feita por Ferrara quanto a um modelo idealizado de procedimento de atividade jurisdicional.[210]

Para Ferrara, muito embora a letra fria da lei não possa ser assentida enquanto sacramental,[211] com o que concordamos em muito, a função do Magistrado seria

---

[207] GOMES FILHO, Antônio Magalhães. *A motivação das decisões penais*. São Paulo: Revista dos Tribunais, 2001, p. 111.

[208] Idem, p. 113.

[209] "Ou, como sintetiza com espírito Iacoviello: 'decisione a caldo e motivazione a freddo'". GOMES FILHO, op. cit., idem.

[210] Em seu *Tratatto de Diritto Civille Italiano*, publicado em 1921, FRANCESCO FERRARA dedica extenso capítulo ao estudo da interpretação e aplicação legais pelo julgador. Uma compilação de suas concepções hermenêuticas e ideias sobre a atividade judicante, o capítulo, referido, foi publicado de forma avulsa no Brasil, sob a forma de excerto: FERRARA, Francesco. *Como aplicar e interpretar as leis*. Tradução do *Tratatto de Diritto Civille Italiano* por Joaquim Campos de Miranda. Belo Horizonte: Líder, 2002. Faremos remissões tendo em vista esta última obra referida.

[211] "A lei, porém, não se identifica coma letra da lei. Esta é apenas um meio de comunicação: as palavras são símbolos e portadores de um pensamento, mas podem ser defeituosas. Só nos sistemas jurídicos primitivos a letra da lei era decisiva, tendo um valor místico e sacramental. Pelo contrário, com o desenvolvimento da civilização, esta concepção é abandonada e procura-se a intenção legislativa. Relevante é o elemento espiritual, a voluntas legis, embora deduzida através das palavras do legislador". FERRARA, op. cit., p. 24.

DECISÃO JUDICIAL NOS CRIMES SEXUAIS

a de *decantar* do texto que se apresenta uma espécie de "espírito", uma espécie de "essência" volitiva do legislador, a fim de produzir uma interpretação e uma aplicação mais autênticas da norma.[212] Nos dizeres de Espínola e Espínola Filho, a interpretação e aplicação das normas, pelo julgador, pode ser conceituada, em Ferrara, como "atividade científica livre, investigação racional do sentido da lei".[213]

Esse ponto de vista parece tão eivado de ingenuidade quanto à premissa silogística por ele mesmo rechaçada, mantendo-se adstrito a um procedimentalismo atrelado à visão cognoscente investigativa pura e simples.[214]

Afinal, segundo a lição do mestre, as "preferências sentimentais" do Magistrado devem ser afastadas enquanto fonte originária de "fantasia" e contribuintes para que o Magistrado se deixe "apaixonar" equivocadamente: "A interpretação deve ser objetiva, equilibrada, sem paixão, arrojada por vezes, mas não revolucionária, aguda, mas sempre respeitadora da lei".[215] O quadro neste instante porta uma similitude exemplar com a lógica *cartesiana*: excluída e devidamente *controlada* a passionalidade e os elementos subjetivos mal-vindos no intelecto julgador-calculador, o Magistrado se mostraria apto a uma decisão mais correta, facilitado o encontro com as evidências ("verdades").

Ferrara procura *submeter* a gama instintiva (eminentemente não racional) pela Razão (como a esfera racional efetuasse uma espécie de controle otimizado mesmo daquilo que lhe é alheio ou externo – Machado) e como se o intelecto pudesse sempre agir enquanto neutro regulador de si próprio. Tal e qual nas bravatas da personagem folclórica recordada muito propriamente por Löwy,[216] a racionalidade do julgador de Ferrara consegue se "autofiscalizar". Algo em que a crença, com o avançar do tempo e da doutrina, torna-se cada vez menos plausível (não é à toa que o Barão de Münchhausen referido pelo autor é figura sempre lembrada na literatura europeia como exemplo singular de mentiroso[217]):

> Existe ainda uma capacidade espiritual, um sentimento próprio, e assim se explica como, ao lado da técnica na aplicação, há também uma aplicação instintiva do direito, por via da qual,

---

[212] "Realmente, só através do estudo sério, meticuloso, atento, desapaixonado, consegue o julgador surpreender o espírito da lei, que tantas vezes se esconde sob a roupagem enganosa das palavras". FIGUEIRA, Francisco Bernardo. "O Juiz. Sua conduta no Foro e na Sociedade" *in* Revista da Ajuris. n. 29, Ano X. Porto Alegre: Ajuris, 1983, p. 159.

[213] ESPÍNOLA, Eduardo; ESPÍNOLA FILHO, Eduardo. *A Lei de Introdução do Código Civil Brasileiro*. Vol 1°. Rio de Janeiro: Renovar, 1999, 3. ed., p. 144.

[214] "Entender uma lei, portanto, não é somente aferrar de modo mecânico o sentido aparente e imediato que resulta da conexão verbal; é indagar com profundeza o pensamento legislativo, descer da superfície verbal ao conceito íntimo que o texto encerra e desenvolvê-lo em todas suas direções possíveis (...) A missão do intérprete é justamente descobrir o conteúdo real da norma jurídica, determinar em toda a plenitude o seu valor, penetrar o mais possível (como dizia Windscheid) na alma do legislador, reconstruir o pensamento legislativo". FERRARA, idem.

[215] FERRARA, op. cit., p. 25.

[216] LÖWY, Michael. *As aventuras de Karl Marx contra o Barão de Münchhausen*. Trad. Juarez Guimarães e Suzanne Felicie Léwy. São Paulo: Cortez, 1998, p. 32-33

[217] Ver RASPE, Rudolf Erich; LESSA, Origenes. *Aventuras do Barao de Münchhausen*. Rio de Janeiro: Ediouro, 1970.

sem mais, o prático sente a decisão justa e a segue. Decerto que esse instinto jurídico é de extraordinário auxílio para o jurista, mas não basta, nem merece confiança cega. E porque o instinto muitas vezes pode enganar e a aplicação inconsciente oferece o perigo do erro e do arbítrio, e por isso o juiz deve controlar se a solução instintiva que à primeira vista lhe parece justa (...)[218]

O julgador do imaginário de Ferrara parece ser um supra-humano que, em contrariedade mesmo à própria realidade neurológica (Damásio), consegue distinguir entre concepções racionais e emotivas, e conter seguramente as últimas para serem liberadas apenas no "momento devido".

Para além, portanto, de um positivismo legalista de rigidez inaceitável e de uma lógica silogística, ainda há o problema da *assunção* da emotividade, da pessoalidade do julgador, enquanto fator de abalo da neutralidade: problema minimizado, frisa-se, enquanto for observado sob a ótica da mera assunção. O "assumir", nesse caso, não supera o modelo *cartesiano*, uma vez que simplesmente reconhece a força de elementos extra-racionais em meio ao ato de decidir, concedendo a eles, porém, o rótulo de acessórios e a característica falaciosa de serem "controláveis", tais e quais "ferramentas úteis". Pouco importa, portanto, que se reconheça o valor e a necessidade de se utilizar, no momento da decisão judicial, "conhecimentos extrajurídicos" para a resolução processual,[219] uma vez que, por trás de uma indolente e reles *simpatia* para com os mesmos, há também a falta de noção quanto às possibilidades parcas de controle e regulação racional da subjetividade relativa aos próprios: a Razão *pensa* ter tudo sob seu controle, inclusive a dosagem de elementos "irracionais" de que pode "por vezes" se valer.[220]

O julgador de Ferrara age tal um gestor consciente das analogias promovidas na aplicação da lei,[221] se mostrando sempre capaz de sopesar com parcimônia quaisquer pressões emotivas e psicológicas, reforçando a falácia da hierarquia consciencial-racional.

A lógica oscilante com a qual alguns doutrinadores (seguidores, ainda que não conscientes, de Ferrara) trabalham denota, por um lado, necessidade de desvinculação para com a hipótese silogística ("ultrapassada"), mas, por outro, apego desesperado à base: para Dinamarco, ainda que a sujeição do julgador à lei não

---

[218] FERRARA, op. cit., p. 78.

[219] Idem, p. 79.

[220] Ademais, cabe a ressalva de que apenas o termo "conhecimentos extrajurídicos" já poderia servir de pano de fundo para um amplo leque de considerações que, no entanto, não se coligam aos interesses da presente pesquisa e infelizmente não poderiam ser explorados na íntegra. Há uma notável noção de hierarquização (marcadamente racionalista) no uso corriqueiro do termo, de maneira que se depreende que outros "conhecimentos", de ordem subjetiva e/ou psíquica, principalmente, são "extra" enquanto gravitam na órbita do conhecimento preponderante e primordial, o "jurídico" propriamente dito. Os conhecimentos "extra" são vistos como mero "tempero" para dinamizar moderadamente a técnica jurídica, prevalente, na visão *ferrariana*: "Técnica jurídica é a habilidade de aplicar a lei, pela utilização, a priori, de aplicação instintiva do direito e, a posteriori, da subsunção dos fatos à norma, somada à aplicação dos conhecimentos extrajurídicos que constituem elementos ou pressupostos do raciocínio". FERREIRA, Éder. "A Hermenêutica Jurídica na obra de Francesco Ferrara: uma (re)leitura do *Tratatto di Diritto Civille Italiano*" in *Revista UNIJUS*. Uberaba: Universidade de Uberaba, 2004, v. 7, n. 1, p. 176.

[221] ESPÍNOLA e ESPÍNOLA FILHO, op. cit., p. 220.

configure "*culto servil*" nem sujeição à "literalidade desta" e por mais que o silogismo aplicado ao ato decisional não possa ser dito mecânico, é dever do Magistrado "coordenar" o nível de influência "externa" no momento da decisão, para que não se perca o fio condutor do "imperativo axiológico" que mantém o "clima de segurança" (jurídica) esperado na decisão.[222]

No caso de Dinamarco, inclusive, por ser defensor de uma ideia de *Teoria Geral do Processo*[223] que equipara (em nosso ver, perigosamente[224]) o estudo jurídico-processual em seus vários ramos (mesclando em uma única ramificação comum vários institutos de raiz díspar, como os princípios processuais das esferas Civis e Penais), a ideia aqui exposta ganha vazão dentre a "postura instrumentalista" que, para ele, deve ser assumida pelo julgador.[225] Mais do que uma aquisição de um papel de *movimentação* no exercício jurisdicional (mesmo em âmbito penal), o julgador, na óptica do autor citado, ganha ares de gestor social-democrático a partir do *locus* processual e dessa pleiteada postura eminentemente *ativa*, mal-vinda na seara do Processo Penal, primando por descaracterizar a lógica do *sistema*, pelo menos em âmbito processual penal,[226] que é estilo, para autorizada

---

[222] DINAMARCO, op. cit., p. 242-244.

[223] "Teoria Geral do Processo é, nessa perspectiva, um sistema de conceitos e princípios elevados ao grau máximo de generalização útil e condensados indutivamente a partir do confronto dos diversos ramos do direito processual. Ela transcende a dogmática processual, não lhe sendo própria a indagação ou formulação de regras de direito positivo. Por isso mesmo, tende à universalização, superadas as limitações espaço- temporais do direito positivo". DINAMARCO, op. cit., p. 69.

[224] Para uma visão eminentemente crítica dos prejuízos procedimentais e conceituais da aplicação irrestrita de elementos teoréticos relativos ao Processo Civil em meio ao trato com o Processo Penal (desvelando toda a insustentabilidade jurídico-constitucional e política de uma "teoria geral" que identifique uma "raiz comum" didática de ambos), ver COUTINHO, Jacinto Nelson de Miranda. *A Lide e o Conteúdo do processo penal*. Curitiba: Juruá, 1998, especialmente p. 123 e seguintes e, mais recentemente, LOPES JR., *Direito Processual Penal e sua Conformidade Constitucional...*, p. 33-36.

[225] DINAMARCO, op. cit., p. 41-42.

[226] "El sistema que históricamente aparece el primero, es el acusatorio, que e su esencia responde a la índole de todos los juicios, esto es, a la de ser una discusión entre dos partes opuestas, resuelta por el juez. Se funda en los princípios siguentes: a) el poder de decisión (jurisdicción) pertenece a un órgano estatal (magistrado); b) el poder de iniciativa, es decir, el poder de acusación – que teniendo contenido acusatorio, era algo distinto del derecho de acción en el sentido actual, del cual nos ocuparemos – competia a persona distinta del juez (...) c) el proceso penal no podía incoarse sin la acusación; lo cual importaba la imposibilidad absoluta, para el órgano estatal (magistrado), de intervenir sin la acusación privada; d) pero, una vez investido de la acusación, el magistrado no estaba ya condicionado, en el ulterior desarollo del proceso, por la iniciativa o la voluntad del acusador; de manera que, aun en el caso de voluntario abandono de la acusación, no decaía ésta, y las investigaciones continuaban; e) el juez no tenía libertad de investigación ni de selección de las pruebas, sino que estaba vinculado a examinar unicamente las pruebas alegadas por la acusación (iuxta allegata et probata); f) el proceso se desarrollaba según los princípios del contradictório (con evidente posición de igualdad entre ambos contendientes), de la oralidad y de la publicidad del debate; g) liberdad personal del acusado hasta la sentencia irrevocable. El sistema acusatório se concentraba, naturalmente, en una discusión entre las partes". LEONE, Giovanni. *Tratado de Derecho Procesal Penal. I – Doctrinas Generales*. Trad. Santiago Sentís Melendo. Buenos Aires: Ediciones Juridicas Europa-America, 1963, p. 21-22. Basta ver que na exposição de intenções de sua *Teoria Geral*, DINAMARCO professa, de forma emblemática: "O direito processual moderno procura também equilibrar a aplicação do principio inquisitivo e do dispositivo na instrução, tendo em vista as exigências opostas de imparcialidade e livre jogo de interesses de um lado (o modo de ser dos conflitos) e, de outro, as de uma instrução que conduza a decisão conforme o direito objetivo material, fazendo justiça" (op. cit., p. 63). Nos furtaremos, nesse momento, de tecer maiores considerações sobre a nefasta possibilidade de aplicação, no Processo Penal, da lógica binária que parece ser decantada das palavras do autor, onde tonalidades inquisitivas se mostram necessariamente coligadas à certidão dos "resultados" da atividade jurisdicional e

doutrina, abrigado pela leitura Constitucional do Processo Penal pátrio, após a promulgação da Carta de 1988.[227]

Analisando as implicações decorrentes da posição de Dinamarco, ora exposta, Morais da Rosa salienta que a mesma termina por conferir ao julgador um espectro de poderio maior do que o recomendável (ao menos em âmbito processual Penal), crendo que o mesmo age à imagem do *cientista racional* (preocupado, nesse instante, fundamental e exclusivamente com a aplicação dos ditames democráticos através de sua atuação no processo) e submergindo os conceitos, assim, no equívoco de se seguir trabalhando eminentemente à luz da Filosofia da Consciência.[228]

Silva igualmente discorre sobre uma hipotética imagem *ótima* de julgador, nos termos aqui tratados: "O Magistrado não deve ser frio, calculista, mas humano, acolhedor em tudo aquilo que for de direito e justiça. Não pode, todavia, ser excessivamente emotivo, apaixonado. Isso pode levar a partidarismo, ideologias radicais, o que pode comprometer os requisitos de isenção e imparcialidade nos julgamentos".[229]

O racionalismo consciente segue visto enquanto medida única e hierarquicamente superior, para o (tido enquanto possível) controle efetivo do subjetivismo (gestão emotiva).[230]

---

ao "fazer" da justiça (materialmente falando) como objetivo do processo. A "aceitação" de DINAMARCO quanto a uma postura dinâmico-investigativa por parte do julgador (ativa, inquisitiva), em que pese possa obter guarida de sucesso na concepção de Processo Civil (por exemplo), não pode ter vazão com ares de "elemento" de uma "Teoria Geral" em meio a um Processo Penal. Lembramos LOPES JR. e tantos outros (Ver Nota n. 175, acima), registrando que, o inquisitorialismo (e seu correlato papel ativo exacerbado conferido ao julgador) deságua em consequências antidemocráticas inaceitáveis do ponto de vista do desrespeito às garantias constitucionais que permeiam e imantam o Processo Penal e a seus próprios objetivos de garantia e *instrumentalidade* (que definitivamente não é a mesma *instrumentalidade* da qual fala DINAMARCO).

[227] "Se aceitarmos que a norma constitucional que assegura ao Ministério Público a privatividade no exercício da ação penal pública, na forma da lei, a que garante a todos os acusados o devido processo legal, com ampla defesa e contraditório, além de lhes referir, até o trânsito em julgado da sentença condenatória, a presunção de inocência, e a que, aderindo a tudo, assegura o julgamento por juiz competente e imparcial, pois que se excluem as jurisdições de exceção, com a plenitude do que isso significa, são elementares do princípio acusatório, chegaremos à conclusão de que, embora não o diga expressamente, a Constituição da República adotou-o". PRADO, Geraldo. *Sistema Acusatório. A conformidade constitucional das leis processuais penais.* Rio de Janeiro: Lumen Juris, 2006, 4. ed., p. 195.

[228] "Partindo da autonomia do Direito Processual, Dinamarco indica a necessidade de, a partir da razão, ter-se consciência da instrumentalidade do processo em face da conjuntura social e política do seu tempo, demandando um 'aspecto ético do processo, sua conotação deontológica'. Esse chamado exige que o juiz tenha os predicados de um homem do seu tempo, imbuído em reduzir as desigualdades sociais e cumprir os postulados processuais constitucionais, vinculando-se aos valores constitucionais, em especial ao valor Justiça. A proposta está baseada nas modificações do Estado Liberal rumo ao Estado Social, mas vinculada a uma posição especial do juiz no contexto democrático, dando-lhe poderes sobre-humanos, na linha da realização dos 'escopos processuais', com forte influência da superada Filosofia da Consciência, deslizando no Imaginário e facilitando o surgimento de Juízes Justiceiros da Sociedade". MORAIS DA ROSA, Alexandre. "O Processo (Penal) como Procedimento em Contraditório: Diálogo com Elio Fazzalari" in *Novos Estudos Jurídicos*. V. *11, n.* 2. Itajaí: Univali Editora, 2006, p. 223.

[229] SILVA, Octacílio Paula. *A Ética do Magistrado*. São Paulo: Revista dos Tribunais, 1989, p. 335.

[230] "Faz-se de conta que a subjetividade não existe, ou melhor, sua existência, quando admitida, encontra total controle no livre convencimento". COUTINHO, *A Lide e o conteúdo do Processo Penal...*, p. 139.

De fato, muito da ojeriza manifesta de grande parte da doutrina tradicionalista às manifestações flagrantes da subjetividade do julgador em meio ao ato decisional é fruto do culto à *neutralidade* e um inegável resquício da mais dura faceta da pretensão de universalidade atinente ao projeto moderno[231] em embate frontal à "caótica" *imprevisibilidade das pessoas*, que rompe como o *todo* harmônico formado pelo sistema do Direito e pela letra (fria) da lei: nesta visão, não pode ser o Julgador e sua subjetividade (mal-vinda) a friccionar a cadeia com a "perturbação" pessoal da neutralidade original do fluxo, garantida "cientificamente".[232]

Não custa aludir novamente a Grau e seu alerta de que a função jurisdicional ganhou notas de aversão à ação de subjetivismos, pela inserção, em meio ao repertório jurídico-científico, de baluartes epistemológicos *modernos* (e marcadamente *cartesianos*) como a "*calculabilidade*", como a necessidade de *previsibilidade* máxima (operando-se com "evidências" inquestionáveis), notadas derivações de uma "segurança jurídica"[233] matricial.

Sob a máscara de uma ficta aura neutra para as decisões, vai sustentado o estandarte da necessária "certeza jurídica", que adviria de julgados comprometidos única e exclusivamente com a *lei*, viabilizando a repetição de decisões "iguais" e assim, garantindo e respaldando a harmonia sistemática almejada.[234]

Nada mais simbólico do que isso em uma pretensão moderna e *cartesiana* visando o conhecimento seguro (Descartes) e a posterior objetivação desse conhecimento em função da cristalização e da "finitude" do mesmo (Gauer) com a soberba estipulação de "leis universais" (Santos): a "cientificidade" da lei e do sistema jurídico é geral, universal e impessoal, e deve ser, por isso e para isso, constantemente respeitada e autolegitimada.

Vamos mais longe: no *mundo mitômano* das ciências jurídicas,[235] a realidade *compartimentalizada* gera quimeras teóricas e doutrinárias só passíveis de aceitação falaciosa, como é o caso do completo apartar do julgador entre sua "esfera" racional e técnica e seu bojo emocional, sentimental, ideológico, etc. Conforme já apontado, um dos mais vistosos estandartes (e, igualmente, uma das mais sensí-

---

[231] Em um sentido muito mais amplo e em uma análise muito mais abrangente do que aqui seria cabível fazer, ROUANET estuda a *universalidade* e suas derivações enquanto característica fundamental do "projeto civilizatório" da modernidade, em "Iluminismo ou Barbárie?" in *Mal-estar na Modernidade*. São Paulo: Companhia das Letras, 2. ed., 1993, p. 9.

[232] PORTANOVA comenta os pilares da visão tradicionalista, quanto ao referido aspecto: "Enfim, a lei estrutura a ordem jurídica, traz segurança e paz social, da cientificidade ao Direito, é a base da imparcialidade do Juiz, fundamenta o estado de Direito e a função jurisdicional.. Ademais, com um sistema científico, a lei substitui a imprevisibilidade das pessoas, garantindo a segurança das relações através de um arcabouço suficiente e necessário para a solução dos conflitos. As leis consagram os avanços e as necessidades sociais, e, assim, organizam e orientam os interesses, preservando as vontades e as aspirações do povo. A concretização do desiderato legal impõe a necessidade de rígidos critérios de aplicação e indispensabilidade das decisões nos limites da ciência jurídica". PORTANOVA, op. cit., p. 30.

[233] GRAU, op. cit., p. 19.

[234] PORTANOVA, op. cit., p. 25.

[235] WARAT. *Sobre a impossibilidade de ensinar direito...*, p. 432.

veis falhas) do projeto *cartesiano* implicava na *decomposição* e na *compartimentalização* dos objetos analisados para "facilitar" seu estudo, e essa ode à apatia,[236] além de "castrar o intelecto" (Nietzsche), serve como fonte primordial de equívocos, eis que não se pode desconsiderar a complexidade nem a necessidade de um próprio pensamento complexo (Morin). Portanova leciona:

> Ao juiz, nessa concepção, não é dado adentrar em investigações políticas, econômicas culturais, sociais e ideológicas. Acusam as investigações jurídicas, que usam elementos extrajurídicos de exercícios de retórica pouco claros, ilógicos e acientíficos. Aqui o Direito é compreendido de forma isolada e restrita em nome da capacidade e autonomia do objeto e da ciência do Direito. Em suma, considerações de ordem sociológica e econômica, formuladas pelo julgador "não podem influir no julgamento, sob pena de generalizar-se o descumprimento da lei e a impunidade em todos os campos" (Julgados, v. 64, p. 49). Esta visão compartimentalizada da realidade não é privilégio do Direito (...) Além do argumento de cientificidade, embasa esta visão restrita de ver o jurídico também o fato da necessidade de contenção ao direito (ordem jurídica), para prevenir a discricionaridade judicial quando da sentença ("momento de criação não-controlável") (Ascensão, 1976, p. 30) (...) Em suma, é da tradição jurídica brasileira que o juiz deve decidir e motivar sua decisão nos limites da ciência jurídica. É que o trinômio "paz-segurança-imputação" projeta seus efeitos para dentro do poder judiciário e para a atividade jurisdicional do julgador.[237]

Assim, bem como no projeto *cartesiano* a tradição jurídica pátria ao analisar a questão da decisão judicial, estipula categorias "científicas" e de forma pretensamente onipotente, julga que a realidade passa a ser por elas disciplinada (Naffah Neto), e opera nos modelos internos que possui dos objetos como se neles, diretamente, estivesse provocando alterações (Merleau-Ponty). Trabalha-se com a improvável hipótese de que o rigor tecnicista aplicado na lógica *standard*[238] submete e afasta elementos subjetivos prejudiciais à necessária objetividade do ato jurisdicional. Ou melhor: simplesmente é, para os representantes dessa linha doutrinária, ignorada a realidade da questão, como se a "aparência" de filtragem objetiva provocada pela sistemática fosse uma verdade formal com força para se impor sobre a própria problemática e moldá-la.

A abalar o intuito de neutralidade da atividade jurisdicional, uma série incomensurável de fatores que, durante muito tempo foram tidos enquanto irrelevantes e/ou indignos de questionamento, ante à pretensa assepsia epistemológica imperante no discurso jurídico, falácia típica de um saber arraigado a um paradigma da completude científica atingível.[239] Talvez por se mostrar crente demais na neu-

---

[236] "O juiz não pode ser alguém 'neutro', porque não existe a neutralidade ideológica, salvo na forma de apatia, irracionalismo ou decadência do pensamento, que não são virtudes dignas de ninguém, e menos ainda de um juiz". ZAFFARONI, op. cit., p. 92.

[237] PORTANOVA, op. cit., p. 32-33.

[238] Idem, p. 46.

[239] "Muito embora seja natural atualmente o entrelaçamento das ciências, criando novos campos de saber e/ou o diálogo entre estas na tentativa de melhor conduzir os processos de conhecimento, a dificuldade em iniciar discussões de tal ordem no âmbito jurídico é real, parecendo estar sempre associada à ostentação, por parte dos operadores do direito (e, nesse caso, dos penalistas), de um saber 'puro', auto-suficiente, alheio das especulações mundanas". CARVALHO, Salo de. "A Ferida Narcísica do Direito Penal (primeiras observações sobre as

tralidade oriunda de um cientificismo que almeja um "saber seguro", pagando, ainda, velhos tributos para com os pilares da concepção *cartesiana*, grande parte da doutrina jurídica que estuda o tema da decisão judicial e do ato de julgar talvez, por vezes, parece ter ausente o fato de que, como bem analisa Couture: "O Direito pode criar um sistema perfeito, no tocante à justiça; mas se esse sistema for aplicado, em última instância, por homens, valerá o que valham esses homens".[240]

1.5. Fechamento (I)

Podemos, após toda essa digressão, perceber que, mesmo antes da irreversível viragem conceitual do *cogito*, nascente com a noção de manifestações psicológicas profundas (manifestações inconscientes – conforme se verá no Capítulo 2), que põe definitivamente em cheque os postulados *cartesianos*, a filosofia *perspectivista* de Nietzsche (escolha de referencial, dentre tantos outros possíveis e aqui cabíveis), já alertava de forma irrefutável, para uma completa defasagem da imagem de *sujeito* que espelha a imagem de julgador que ainda impera no âmbito institucional e no imaginário doutrinário.

O Magistrado eminentemente racionalista (seja o *silogista* de Beccaria, seja o *domador* emotivo de Ferrara) é um incrível sobrevivente teórico de uma concepção caduca que já fora absolutamente comprovada (academicamente) como insatisfatória, com base na linha que cruza o arcabouço filosófico disponível desde o século XIX, até nossa doutrina jurídica de viés crítico.

Uma análise exclusivamente filosófica e epistemológica já seria bastante para propor um questionamento avassalador da maioria das premissas que informam o modo como (ainda hoje) percebemos o ato da decisão judicial – padecendo a concepção em voga, por uma série de vícios típicos do *cartesianismo* tradicional. Mas nossa intenção, no presente trabalho, é ir além.

O Capítulo 2 logo mais apresentado será destinado a expor a necessária inversão que a proposta *cartesiana* sofre desde o advento da teoria *psicanalítica*. Tudo isso para, posteriormente, ainda, demonstrar algumas consequências visíveis do choque negligenciado entre o saber psicológico a partir de agora exposto e a insustentável manutenção conceitual do ato decisório (e do próprio papel do Julgador) dentre limites exclusivamente racionalistas.

(dis)funções do controle penal na sociedade contemporânea)" in *A qualidade do tempo: para além das aparências históricas*. GAUER, Ruth M. Chittó (org.). Rio de Janeiro: Lumen Juris, 2004, p. 181.
[240] COUTURE, op. cit., p. 58.

2. Psicologia analítica: o inconsciente como potência discursiva

2.1. O emergir do inconsciente: a psicanálise como o definitivo descentramento da razão no sujeito moderno

> *O elemento de verdade por trás disso tudo, elemento que as pessoas estão tão dispostas a repudiar, é que os homens não são criaturas gentis que desejam ser amadas e que, no máximo, podem defender-se quando atacadas; pelo contrário, são criaturas entre cujos dotes instintivos deve-se levar em conta uma poderosa quota de agressividade. Em resultado disso, o seu próximo é, para eles, não apenas um ajudante potencial ou um objeto sexual, mas também alguém que os tenta a satisfazer sobre ele a sua agressividade, a explorar sua capacidade de trabalho sem compensação, utilizá-lo sexualmente sem o seu consentimento, apoderar-se de suas posses, humilhá-lo, causar-lhe sofrimento, torturá-lo e matá-lo.*
> *Homo homini lupus.*
> Sigmund Freud, *O Mal-Estar na Civilização*

Segundo a lição de Hall, a derrocada do racionalismo enquanto alicerce máximo do pensamento moderno, e o declínio da filosofia da consciência que lhe prestigia devem ser atribuídas a um número inexato de aspectos cambiantes da visão de mundo que ganhou impulso com a própria modernidade.[241] Neste contexto, a própria crítica situada dentre à Modernidade, em âmbito filosófico, já ilustrava os ares de preparo para a recepção de concepções informadas por outras bases de sustentação (os escritos críticos de Nietzsche à lógica *cartesiana* são perfeito exemplo).

Inúmeros golpes de descentramento passaram a ser propagados frente ao sujeito *cartesiano* entendido como detentor da Razão tal e qual uma verdadeira *chave do universo*, de maneira a roubar-lhe o espaço e tornar-lhe incompatível a existência conceitual.

---

[241] HALL, op. cit., p. 25.

A teoria *darwinista* que biologicizou o sujeito[242] foi inegavelmente um deles, fornecendo a esse sujeito, uma Razão, mas a partir de um processo evolutivo eminentemente "animal": o homem era um organismo, e a racionalidade existia neurologicamente enquanto processo vital: "a razão tinha uma base na Natureza, e a mente um'fundamento' no desenvolvimento físico do cérebro humano".[243] A Razão idolatrada do período das *luzes* e o racionalismo imaculado de Descartes vão, paulatinamente, sendo desprovidos da aura que a eles era atribuída.

Os avanços nos estudos das ciências sociais se mostraram como outro importante marco que contribuiu para o questionamento da onipotência racionalista, principalmente na assunção de que as grandes estruturas sociais (noção que invoca a doutrina do *marxismo*[244]) e as expectativas de comportamento (referência às escolas sociológicas que posteriormente fomentaram a corrente do *interacionismo simbólico*[245]) poderiam vir a moldar esse sujeito de forma totalmente alheia ao seu espectro racional, em um verdadeiro processo de assujeitamento, ou, mais propriamente, *sujeição*. A concepção emergente ganhou inegável robustez com a contribuição fundamental de Saussure (para quem a própria "movimentação" do sujeito se dá dentro um universo de "regras linguísticas" e dos sistemas de significação já disponíveis em nossa cultura – um corte na "autonomia" da estampa moderna do sujeito[246]), Foucault (e sua visão da sociedade enquanto permeada por *estratégias* de *saber-poder* veiculadas pela noção de "poder-disciplinar"[247]), sem falar na emergência de novos movimentos sociais (como o feminismo) que foram pródigos em questionar a autonomia enquanto *marca* primordial do sujeito da cosmovisão moderna.[248]

---

[242] "O Darwinismo questiona implicitamente o posto privilegiado do sujeito pensante na ordem da evolução – como o fizeram espacialmente, no início da era moderna, as descobertas copernicanas – e, isto, apesar da insuficiência óbvia do conceito de ciência que celeremente se deslocou para as bases teóricas do Evolucionismo (embora tal tenha a ver muito mais com Haeckel ou Spencer do que com Darwin em sua reconhecida prudência de generalizações)". TIMM DE SOUZA, Ricardo. "O Século XX e a Desagregação da Totalidade. A composição do Século XX filosófico: aproximações" in *Totalidade & Desagregação. Sobre as fronteiras do pensamento e suas alternativas*. Porto Alegre: EDIPUCRS, 1996, p. 20.

[243] HALL, op. cit., p. 33.

[244] "O empreendedor individual da Riqueza das Nações de Adam Smith ou mesmo d'O Capital de Marx foi transformado nos conglomerados empresariais da economia moderna.O cidadão tornou-se enredado nas maquinarias burocráticas e administrativas do estado moderno. Emergiu, então, uma concepção mais social de sujeito. O indivíduo passou a ser visto como mais localizado e 'definido' no interior desas grandes estruturas e formações sustentadoras dessa sociedade moderna". HALL, idem.

[245] "Teóricos como Goffman estavam profundamente atentos ao modo como o 'eu' é apresentado em diferentes situações sociais e como os conflitos entre estes diferentes papéis sociais são negociados. Em um nível mais macrossociológico, Parsons estudou o 'ajuste' ou complementaridade entre o 'eu' e o sistema social". HALL, op. cit., p. 35.

[246] HALL, op. cit., 44.

[247] Inoportuna uma explicação mais detida dessa ideia central do pensador francês, dada a complexidade de suas ramificações que foge à esfera de preocupação da presente pesquisa. Distribuída por boa parte de sua obra, a noção de *saber-poder* e a concepção *subjetivante* do "Poder disciplinar" são encontradas, especialmente, em *Vigiar e Punir. História da violência nas prisões*. Trad. Raquel Ramalhete. Petrópolis: Vozes, 28. ed. 2004.

[248] HALL, op. cit., p. 48-50.

Temos, portanto, um sujeito que já não transita de modo exclusivamente racional(ista) pelas searas intelectuais: ligações bioquímicas cerebrais estariam a condicionar seu processo mental e a apreensão do mundo que a partir dela é própria. Direcionamentos coercitivos sócio-estruturais, ainda que "invisíveis", possuiriam força suficiente para guiar o sujeito e coordenar algumas de suas possibilidades de ação. O sujeito *cartesiano* passa a ser enfraquecido, pois, por um agrupamento de noções que emitem ataques às mais variadas frentes de seu núcleo essencial de definição. Começa se desenhar um novo *ambiente paradigmático*, onde a força da Razão já não é mais vista enquanto a grande marca que pode fazer do homem o *"senhor e possuidor da natureza"*: a ideia de que a Razão não só é falível como não é onipresente enquanto gestora da consciência ganha cada vez mais espaço.

O deslocamento definitivo da Razão enquanto ocupante perene de um local privilegiado de domínio sobre os demais *agentes* internos individuais para uma posição que muitas vezes é a de franca inferioridade se concretiza no saber psicológico inaugurado a partir do campo *psicanalítico*.

Com a noção de *inconsciente*[249] firmada pela Teoria da Psicanálise, desenvolvida pelo psiquiatra austríaco Sigmund Freud (1856-1939), o descentramento referido se verifica por completo. Destronada, definitivamente, vai a Razão exemplar do *cogito* de Descartes: "A Psicanálise, por sua vez, relativiza o domínio consciente dos atos humanos; suas descobertas, em verdade, são por demais significativas para permanecerem circunscritas ao modelo de ciência utilizado por Freud. As sistematizações freudianas, assim, acabam por contribuir para a própria implosão epistemológica então em curso. Para além da clínica e das individualidades, a própria cultura torna-se passível de um procedimento psicanalisante".[250]

Se para Touraine o saber psicanalítico se configura como "o ataque mais sistemático já dirigido contra a ideologia da modernidade",[251] Hall estabelece que "A teoria de Freud de que nossas identidades, nossa sexualidade e a estrutura de nossos desejos são formuladas com base em processos psíquicos e simbólicos do inconsciente, que funciona com uma lógica muito diferente daquela da razão, arrasa com o conceito de sujeito".[252]

O próprio Freud, quando desenvolveu a teorização da camada psíquica do inconsciente julgava ser sua descoberta o que ele próprio alcunhou de "uma das três maiores feridas no narcisismo da humanidade" afinal: "com a noção de inconsciente, o reduto da superioridade humana, a consciência, é destronado. A consciência deixa de ser soberana na estrutura psíquica do indivíduo e o eu, no

---

[249] "Descobrimos – isto é, fomos obrigados a presumir – que existem idéias ou processos mentais muito poderosos (...) que podem produzir na vida mental todos os efeitos que as idéias comuns produzem (inclusive certos efeitos que podem, por sua vez, tornar-se consciente como idéias)". FREUD, Sigmund. "O Ego e o Id" in *Obras completas de Sigmund Freud. Volume XIV*. Trad. Jayme Salomão. Rio de Janeiro: Imago, 1975, p. 24

[250] TIMM DE SOUZA, op. cit., p. 20.

[251] TOURAINE, op. cit., p. 126.

[252] HALL, op. cit., p. 36.

funcionamento psíquico é alijado de autonomia".[253] Não é exagero tomar a Teoria da Psicanálise como um divisor de águas desse vulto, como demonstra Hall: "Grande parte do pensamento moderno sobre a vida subjetiva e psíquica é 'pós-freudiana' no sentido de que toma o trabalho de Freud sobre o inconsciente como certo e dado, mesmo que rejeite algumas de suas hipóteses específicas".[254]

Freud evidenciou a primeira grande chaga nesse narcisismo humano no ensinamento de Copérnico quanto à inverdade da posição do planeta Terra como núcleo do sistema solar e do Universo; também enfatizou o citado relato de Darwin quanto ao não posicionamento do *homo-sapiens* em lugar de destaque frente aos outros organismos, se não como um mero degrau de uma escala evolutiva e, por fim, desvelou, com a Psicanálise, o declínio do domínio iluminista da razão, vergastado em prol da admissão do poderio de um campo psíquico extra-racional,[255] o *inconsciente*.[256]

Nada mais poderia restar para a manutenção e firmeza de um conceito de *sujeito* que tinha como base de superioridade e legitimação para figurar como o núcleo solar de todo universo a Razão, uma qualidade racional que, agora, se via esmorecida, vez em que "a psicanálise se recusa a considerar a consciência como formando a própria essência da vida, mas vê na consciência uma simples qualidade dessa vida".[257]

O impacto da Psicanálise enquanto instrumento de crítica macrossocial é quase tão polêmico e fecundo quanto dentre a própria seara médica e psicológica. Freud sustentava que a adaptação aos ditames sociais pré-ordenados se dá, exclusivamente, pela repressão do homem para com seus instintos agressivos, sexuais e violentos, componentes de todo ser humano, cujas funções giram em torno do máximo objetivo de busca de prazer. O conceito de *inconsciente* causa impacto na medida em que propõe que o psiquismo humano se faz obrigado a represar em outra esfera, que não a exterior (consciencial, racional-volitiva), uma série de impulsos e afetos não condizentes com a cultura e a moralidade impostas. Longe de serem eliminados do psiquismo por uma racionalidade que lhes é muitas vezes inferior energeticamente, esses elementos seguiriam agindo através de pulsões constantes que praticariam "assaltos" à consciência, atuando muitas vezes às raias do incontrolável. É o preço da civilização: mal-estar.[258]

---

[253] CARVALHO. "A Ferida Narcísica do Direito Penal"..., p. 202

[254] HALL, op. cit., p. 43.

[255] "O inconsciente não é o mais profundo, nem o mais instintivo, nem o mais tumultuado, nem o menos lógico, mas uma outra estrutura, diferente da consciência, mas igualmente inteligível". GARCIA-ROZA, Luis Alfredo. *Freud e o inconsciente.* Rio de Janeiro: Jorge Zahar, 1991, 6 ed, p. 173.

[256] FREUD, Sigmund. "Uma dificuldade no caminho da Psicanálise" in *Obras completas de Sigmund Freud. Volume XVII.* Trad. Eudoro Augusto Macieira de Souza Rio de Janeiro: Imago, 1976, p. 174-176.

[257] TOURAINE, op. cit., p. 127.

[258] "O elemento de verdade por trás disso tudo, elemento que as pessoas estão tão dispostas a repudiar, é que os homens não são criaturas gentis que desejam ser amadas e que, no máximo, podem defender-se quando atacadas; pelo contrário, são criaturas entre cujos dotes instintivos deve-se levar em conta uma poderosa quota de agressividade. Em resultado disso seu próximo é, para eles, não apenas um ajudante potencial ou um objeto sexual, mas alguém que os tenta a satisfazer sobre ele sua agressividade, a explorar sua capacidade de trabalho sem

Nas palavras do próprio Freud fica saliente esse caráter de inegável ruptura com o sujeito tipicamente derivado do *cogito cartesiano*: "Para muitas pessoas que foram educadas na filosofia, a idéia de algo psíquico que não seja também consciente é tão inconcebível que lhes parece absurda e refutável também pela lógica".[259]

A própria civilização e a existência do homem enquanto ser que vive em sociedade, só é possível, na concepção *freudiana*, pelo fato de que há um profundo dispêndio de energia em busca da supressão desses impulsos primevos de violência e satisfação de desejos prazerosos a qualquer custo. Para além do ser humano progressista, e iluminado pela Razão acima de tudo, Freud enxergou um outro *ser*, habitante de um campo dotado de poder de *fala*, e conceitualmente ignorado pela imagem subjetiva que se tinha até então. Nele, residiria um novo desenho de sujeito, afetado por um panorama sombrio.[260]

A civilização é construída sob a repressão psíquica, uma vez que "*o interesse pelo trabalho comum não há manteria unida: as paixões são mais fortes que os interesses razoáveis*".[261] Naufragam os conceitos de uma utopia que fixe sua teorização de fundação estatal em um hipotético e acordo de bases *racionalistas* e utilitárias: a hipótese *contratualista* ganha, em Freud, novos contornos. A sociedade se organiza em torno de um núcleo de repressão instintiva

A religião também é vista por Freud, nesse aspecto, como mera racionalização da impossibilidade de apreensão de toda a gama de fenômenos que cercam a natureza onde ele está inserido. Se para Descartes a natureza era "apreensível" racionalmente, para Freud ela não só não é passível de apreensão como teve que ser enxertada dentre um simulacro capaz de explicar-lhe as mais notáveis manifestações impossíveis de receberem justificativa plausível intelectualmente.[262]

O constructo científico abarcado por Descartes fora fomentado pela inegável existência de uma possibilidade fértil dentre a visão científica de mundo dominante à sua época (conforme salientou Foucault). É necessário dizer que Freud, igualmente, não fez brotar pura e simplesmente a existência de um *inconsciente*, mas,

---

compensação, utilizá-lo sexualmente sem o seu consentimento, apoderar-se de suas posses, humilhá-lo, causar-lhe sofrimento, torturá-lo e matá-lo. Homo homini lupus". FREUD, Sigmund. *O Mal-estar na civilização*. Trad. José Octávio de Aguiar Abreu. Rio de Janeiro: Imago, 2003. p. 67.

[259] FREUD, Sigmund. "O Ego e o Id"..., p. 23. A filosofia que FREUD menciona aqui, certamente seria uma "filosofia da consciência", nos moldes já situados. Ver Nota n. 57, acima.

[260] "De acordo com Freud, a inclinação para a agressão poderia ser encontrada em toda a humanidade, e se constituía no principal fator que perturbava o relacionamento com o próximo, forçando a civilização a um elevado dispêndio de energia para reprimir os instintos agressivos do homem. Por mais que Freud tentasse estabelecer uma certa disjunção entre a natureza agressiva do homem e a civilização, tentando poupá-la do mal-estar na cultura, suas palavras não parecem ecoar qualquer tipo de otimismo em relação à própria civilização". ARMANI, Carlos Henrique. "*O front* como experiência da temporalidade: crise da civilização, falência representacional e alteridade" in *Estudos Ibero-Americanos. Edição Especial.* n. 2. GAUER, Ruth M. Chittó (org). Porto Alegre: Edipucrs, 2006 p. 93.

[261] FREUD. *O Mal-estar na civilização*..., p. 68.

[262] FREUD, Sigmund. *O Futuro de uma ilusão*. Trad. José Octávio de Aguiar Abreu. Rio de Janeiro: Imago, 1997. p. 42.

sim, se valeu (ao mesmo tempo em que sedimentou) uma noção que, no fundo, densificava uma realidade filosófica e epistemológica que já se verificava latente. A ciência havia chegado em um momento onde não se podia negar algumas das contradições inescusáveis do paradigma racionalista e do modelo *cartesiano* exclusivista. Como já se viu, cada vez mais havia substratos teóricos para se sugerir uma insuficiência da concepção de *cartesiana* frente ao agir humano, e cada vez mais se dava crédito a visões que propunham limitações bastante estreitas para o poderio da Razão para com o domínio íntimo do sujeito.

Nesse ponto, a confluência entre as doutrinas extraídas dos escritos *freudianos* com as opiniões de Nietzsche é um aparte que merece indubitavelmente ser visitado. Trataremos do assunto sem procurar fixação quanto à polêmica existente entre o estudo/leitura ou não das obras de Nietzsche por Freud, tema constante de pesquisadores de ambas temáticas, dada a semelhança estreita existente entre as opiniões dos dois pensadores. Nossa intenção é propor um *encadeamento* entre as ideias dos autores, e as possibilidades recepção das linhas de pensamento entre um e outro, sem sugerir uma relação de "continuidade linear" entre os dois legados intelectuais, o que seria inoportuno e provavelmente errôneo.

Não nos interessa nesse instante uma maior perquirição quanto ao tema, ressaltando a existência de teses que advogam pela admiração de Freud por Nietzsche (que por ele teria sido inspirado[263] e de quem havia extraído ideias[264]), tanto quanto daquelas que defendem uma mera "coincidência" entre os sistemas de pensamento de ambos,[265] até mesmo focalizando a matriz *shopenhaueriana*[266] que ambos assumidamente possuiam, filosoficamente,[267] herdeiros inescusáveis que são da esteira do *Romantismo*[268] germânico.

---

[263] TORRES MACHADO, Jorge Antônio. "A presença dos filósofos na obra de Freud" in *Filosofia e Psicanálise. Um diálogo*. TORRES MACHADO, Jorge Antônio. (Org.). Porto Alegre: EDIPUCRS, 1999, p. 13.

[264] "Vejamos: dizer que algumas das teorias freudianas já tinham sido precedidas pelos escritos de Nietzsche não é mais novidade. Porém, a especulação acerca de um possível plágio, que circulou ainda há algumas décadas, está hoje descartada. Que Freud tenha tido contato com a obra de Nietzsche, contudo, é certo: na época de estudante, ele participou por cinco anos das reuniões do Círculo Literário dos Estudantes Alemães, em Viena, uma organização pangermanista onde se discutia entusiasticamente obras de Schopenhauer, Wagner e Nietzsche. Assim, em comum na gênese de suas reflexões temos que ambos os mestres da suspeita foram fortemente influenciados pela filosofia de Schopenhauer". ROSA, Ronel Alberti da. "O desconforto na moral. Freud, Nietzsche e a tresvaloração da consciência", intervenção apresentada no *Ciclo Freud e a Filosofia*, realizado em Porto Alegre, entre 15 e 17 de Maio de 2006, p. 3. (Texto disponível em http://www.pucrs.br/pgfilosofia/FreudNietzsche.pdf – Acesso em 20 de Maio de 2006).

[265] "Freud tinha noção da parecença de seu sistema com a filosofia de Nietzsche, o que o levou inclusive a não ler o autor de Zaratustra, para evitar influências perturbadoras. De fato, o pensador alemão concentrava, num 'flash' de intuição, muitas das observações que Freud laboriosamente pormenorizava e sistematizava". BITTENCOURT, Renato. *Freud & Jung. A correspondência e os conflitos*. Rio de Janeiro: Artenova, 1975, p. 138.

[266] "A vontade de Shopenhauer é reminiscente do id de Freud. Além disso, Shopenhauer continua a afirmar que os homens não são aquilo que fingem ser; 'são apenas máscaras'. Rasguem a máscara e olhem para o inconsciente (embora Shopenhauer não use realmente essa palavra) e o que se vê? Egoísmo e malícia sem limites, causando miséria a si próprio e aos outros, provocados pelo desejo dominador". BAUMER. *O Pensamento Europeu Moderno. Volume II...*, p. 42.

[267] Sobre a profunda influência de SHOPENHAUER na Psicanálise *freudiana*, ver TORRES MACHADO, op. cit.

[268] BAUMER, idem, p. 23-57.

O foco, aqui, está em ver a esfera *inconsciente* humana emergir enquanto espaço portador de uma carga de elementos que compõem o homem em igual (ou maior grau) do que seus elementos racionais-conscienciais, consideração essencial para um embate definitivo frente ao *cogito* de Descartes.

Nietzsche, nesse aspecto, foi um dos maiores fomentadores da noção de que todas as cargas impulsivas, psicológicas ou corpóreas, reprimidas em prol de um moralismo determinista, ou mesmo de uma normatividade social conscientemente apreendida, não tardavam a violentar internamente o indivíduo. Cobrariam, em energia contradirecionada e em ressentimento, a dívida de sua não concretização.

Partidário de uma noção que pode ser tida enquanto psicanaliticamente seminal, Nietzsche identificou, bem como Freud, o grande problema do sujeito da modernidade no fato de que sua concepção de mundo era essencialmente pródiga em tolher-lhe a consagração da maioria de suas impulsividades, em prol de um estilo de vida "civilizado" e fundamentalmente moral. E a contenção das forças naturais e instintivas trazia como contrapartida um direcionamento franco de toda sua violência reprimida de volta ao próprio indivíduo. O processo é, contudo, inestimável, vez em que seria a grande chave que possibilita a vida social, em última análise, sendo ela incapaz de comportar individualidades destinadas, ilimitadamente, à satisfação instintiva.

Profere Nietzsche: "Vejo a má-consciência como a profunda doença que o homem teve de contrair sob a pressão da mais radical das mudanças que viveu – a mudança que sobreveio quando ele se viu definitivamente encerrado no âmbito da sociedade e da paz".[269] Para ele, a glorificação de valores morais e ideais que remetem a um modo de vida ascético e sacerdotal como modelo de boa conduta são a causa do eterno ressentimento humano, residente na incapacidade do ser se totalizar instintiva e emocionalmente perante a própria vida. A sociedade (moderna) delimitadora de fronteiras como um entrave à realização plena do ser é encarada pelo filósofo como uma fábrica de ressentimentos.[270]

Bastante claro é que a ideia de um ser muito mais propenso e desejoso de uma vida anti-social, que teve de domar sua índole mais primitiva e poderosa em prol de uma realidade em comunhão social residiu em Nietzsche, antes mesmo do que em Freud. O trecho em que o filósofo alemão estabelece "todos os instintos que não se descarregam para fora voltam-se para dentro – isto é o que chamo de interiorização do

---

[269] NIETZSCHE. *Genealogia da Moral...*, p. 72.

[270] "O mesmo que deve ter sucedido aos animais aquáticos, quando foram obrigados a tornarem-se animais terrestres ou perecer, ocorreu a esses semi-animais adaptados de modo feliz à natureza selvagem, à vida errante, à guerra, à aventura – subitamente seus instintos ficaram sem valor e 'suspensos'. A partir de então deveriam andar com os pés e 'carregar a si mesmos', quando antes eram levados pela água: havia um terrível peso sobre eles (...) estavam reduzidos, infelizes, a pensar, inferir, calcular, combinar causas e efeitos, reduzidos à sua 'consciência', seu órgão mais frágil e falível!". NIETZSCHE. *Genealogia da Moral...*, p. 72-73.

homem"[271] se confunde com um resumo (a grosso modo) de uma própria linha básica *freudiana* (ver tópico 2.2 do presente Capítulo).

Em *Aurora* Nietzsche segue demonstrando um indisfarçável pioneirismo na tese psicanalítica, quando expõe que: "O mesmo instinto torna-se o penoso sentimento de covardia, sob o efeito da recriminação que os costumes lançaram sobre tal instinto; ou o agradável sentimento de humanidade, caso uma moral como a cristã o tenha encarecido e achado bom. Ou seja: ele é acompanhado de uma boa ou de uma má consciência!".[272]

Ou seja: a carga instintiva comum a todo o ser humano é necessariamente amoral e entra em choque inegável com o ambiente moralizante que a circunda assim que ela pretende se exteriorizar, já, tão logo, moldando-a para a aceitação conveniente ou expurgando-a quando do repúdio à incompatibilidade. Para Freud, eis a raiz de fundação do *inconsciente*.

Tanto em Nietzsche quanto em Freud, a racionalidade do sujeito se revela pífia eis que o jogo fisiológico, psíquico e instintivo que comanda o ser racional é constantemente palco para conflitos que o transcendem, em uma perspectiva inimaginável e completamente fora dos domínios primeiramente sugeridos por uma filosofia da consciência, que tomasse o racionalismo como base. A própria Psicologia tradicionalista cai por terra, eis que trabalha, ela própria, dentro de um esquema compartimental-*cartesiano*: "A psicologia clássica estudava, de um lado, o ego, de outro, os fatos psicológicos; a psicanálise passou a abordar o indivíduo como suporte de um elenco de acontecimentos únicos, o ator, se se preferir, de um drama (despindo-se o termo de conotações afetivas)".[273]

O que se sobressai, de fato, é que, com a ênfase dada a um campo de "não Razão" (não no sentido de "des-Razão", "perda da Razão" – loucura – mas no sentido de *para além* do racional), Freud e sua noção de *inconsciente*, tendo inspiração direta em Nietzsche ou não, pôs inequivocamente em xeque o modelo *cartesiano*. Ambos, os moldaram os contornos de uma construção crítica que forneceu ao racionalismo *cartesiano* um princípio irreversível de ruína conceitual.[274]

---

[271] NIETZSCHE. *Genealogia da Moral...*, p. 73.

[272] "Em si, como todo instinto, ele não possui isto nem um caráter ou denominação moral, nem mesmo uma determinada sensação concomitante de prazer e desprazer; adquire tudo isto, como sua segunda natureza, apenas quando entra em relação com instintos já batizados de bons ou maus". NIETZSCHE, Friederich. *Aurora*. Trad. Paulo César de Souza. São Paulo: Companhia das Letras, 2003. p. 36.

[273] BITTENCOURT, op. cit., p. 43.

[274] "A crítica da modernidade marcada por esses dois pensadores levou uma, a de Nietzsche, rumo a uma recusa da modernidade, e outra, a de Freud, rumo à procura de liberdade do indivíduo, oposição que não deve esconder seu comum pessimismo e sua rejeição das ilusões modernistas, sobretudo da perigosa pretensão de intensificar a liberdade pessoal com a integração social. Nietzsche faz reviver o mundo anterior ao cristianismo; Freud faz nascer o sujeito pessoal num mundo secularizado onde ele corre o risco de ser esmagado por sua culpabilidade ou por identificações sociais e políticas alienantes". TOURAINE, op. cit., p. 133.

2.2. O avesso do *cogito*: rudimentos da psicanálise *freudiana*

> *De acordo com os psicólogos, há momentos em que o desejo do pecado, ou do que os homens chamam de pecado, domina de tal modo a nossa natureza, que cada fibra do corpo e cada célula do cérebro parecem ser movidos por impulsos terríveis. Em tais momentos, os homens e as mulheres perdem sua liberdade e seu arbítrio. Dirigem-se como autômatos para seu fatal objetivo. O direito de escolher lhes é recusado e sua consciência está morta, ou, se ainda vive, é somente para emprestar atrativos à rebelião e encanto à desobediência".*
>
> Oscar Wilde, *O retrato de Dorian Gray*

Dado o fato de que nosso trabalho visa a um olhar sobre o ato da decisão processual envolvendo crimes contra a liberdade sexual, a partir de um local de fala alijado na Psicologia Analítica, é essencial que se apresente em alguns dados, ainda que rudimentares e brevemente abordados da Psicanálise *freudiana*, sem o que ficaria dificultada a compreensão daquela teoria, que em muitos aspectos se mostra enquanto crítica frente a esta e em outros tantos como uma espécie de "variação do tema".

Assim, passaremos a expor, de forma admitidamente limitada, alguns pontos-chave da construção de Freud, sumamente aqueles que serão afetados posteriormente pelos conceitos da Psicologia Analítica. Enfatizamos que nosso propósito neste tópico é mais fornecer linhas gerais e abarcar pontos da teoria em questão de forma abrangente do que uma análise mais minuciosa que não condiz com a proposta e que certamente vai além de nossas possibilidades.

O que devemos (tentar) compreender é a profunda mudança de enfoque que deve ser ponderada a partir dos ensinamentos psicanalíticos – um *novo sujeito* entra em cena: "Se o cogito cartesiano apresentava o Eu como o lugar da verdade, o cogito freudiano nos revela que ele é sobretudo o lugar do ocultamento" uma vez que o primeiro "na sua formulação original, afirmava 'penso, logo sou'" ao passo que o segundo comporta um formulismo semelhante a "Penso onde não sou, portanto sou onde não me penso".[275]

A Razão não mais é ente autorizado a descrever os processos do ser que não é por ela inteiramente conhecido e não é nela inteiramente apreensível. No lugar de uma organização volitiva passível de ser conscientemente descrita e coordenada, a Psicanálise oferece um ambiente psíquico inimaginável. Um *locus* fugidio à Razão e composto por curiosos processos, com os quais jamais entramos em contato diretamente, embora se prestem, assim como a racionalidade consciente, a conduzir e influenciar nosso repertório volitivo. Frente à própria definição racionalista *cartesiana*, é saliente a dificuldade da aceitação da ideia psicanalítica: um engenho surpreendente de elementos psíquicos geran-

---

[275] GARCIA-ROZA, op. cit., p. 196.

do consequências imperceptíveis em nossa esfera consciente, oriundos de uma esquematização que, avaliada pelas luzes racionais, corre o risco de não possuir qualquer sentido.

Inicialmente, podemos dizer que já se faz um lugar comum a assertiva de que a teoria de Freud dá primazia à sexualidade como grande vetor da *libido*,[276] e como essencialmente localizada, direta ou indiretamente, na causa das neuroses:[277] a dinâmica do fluxo e dos represamentos dessa energia pulsional[278] de caráter sexual vai ser a marca maior do discurso da Psicanálise. Para Freud, podemos ter um conceito de *libido* se pensarmos na existência de uma *pulsão sexual* em analogia ao instinto de nutrição: a *fome* em relação ao último seria o mesmo que a *libido* em relação ao primeiro.[279]

Segundo Touraine, "para uns Freud é um pessimista que julga indispensável a submissão das pulsões individuais às regras e às exigências da vida social; para outros, foi ele quem revelou, e portanto libertou, a sexualidade".[280]

De fato, o mérito de ter evidenciado a sexualidade e contribuído no caminho de tentar desvinculá-la, enquanto objeto de estudo, de qualquer tabu moralista, pode mesmo ser atribuído a Freud. Afinal, não se pode esquecer que o vienense partiu de um princípio que considera a existência de uma *pulsão sexual* motriz e a tendência à satisfação dessa necessidade habitante do aparelho psíquico nos seres humanos, desde a mais tenra infância. A *libido* é, segundo Freud, a mesma durante os primeiros anos de vida e após a puberdade. O que se alteraria é sua intensidade e as formas e objetos de sua manifestação.

---

[276] "O termo 'libido' designa uma energia postulada por Freud como substrato da pulsão sexual (...) A libido é essencialmente de natureza sexual, não sendo redutível a outras formas de energia mental não-especificadas" GARCIA-ROZA, op. cit., p. 108-109.

[277] "Devo primeiramente esclarecer, repetindo o que já disse em outras publicações, que essas psiconeuroses, até onde chegam minhas experiências, baseiam-se em forças pulsionais de cunho sexual. Não quero dizer com isso apenas que a energia da pulsão sexual faz uma contribuição para as forças que sustentam os fenômenos patológicos (os sintomas), e sim asseverar expressamente que essa contribuição é a única fonte energética constante da neurose e a mais importante de todas". FREUD, Sigmund. *Três ensaios sobre a Teoria da Sexualidade.* Trad. Paulo Dias Correia. Rio de Janeiro: Imago, 1997, p. 42.

[278] É necessário salientar que embora muitas traduções das obras de Freud igualem os termos "pulsão" (no alemão, *trieb*) e "instinto" (no alemão, *instinkt*), ambos definitivamente não possuem identidade conceitual: o instinto designa um comportamento hereditariamente fixado enquanto que a *pulsão* não implica em um impulso formatado naturalmente nem no direcionamento a um objeto específico (GARCIA-ROZA, op. cit., p. 116). O movimento instintivo é análogo à definição mais singela do termo e é relativo simplesmente às funções naturais de autoconservação, como a fome, o medo, etc. Já a *pulsão* é a motriz da energia libidinal que para Freud possuiria caráter eminentemente sexual (*idem*, p. 108): é fluxo rompante que não pode ser destruído e pende à necessária satisfação (*idem*, p. 126). É ela o que anima nosso "movimento" psíquico. Seguindo a linha de Freud, de forma bastante resumida, tem-se que a pulsão é o elemento "situado na fronteira entre o mental e o somático, como o representante psíquico dos estímulos que se original dentro do organismo e alcançam a mente" (*idem*, p. 118), e opera no sentido de movimentar o psiquismo frente a certas "exigências somáticas" (FREUD, Sigmund. "Esboço de Psicanálise" in *Obras completas de Sigmund Freud. Volume XXIII.* Trad. José Octávio de Aguiar Abreu. Rio de Janeiro: Imago, 1988, 2. ed., p. 161).

[279] FREUD. *Três Ensaios sobre a Teoria da Sexualidade...*, p. 3. Ressalvado, logicamente, o fato de que a *pulsão sexual* não tem destino específico fixo, e nem se manifestará sempre como busca de satisfação sexual *literal* (ver Nota anterior).

[280] TOURAINE, op. cit., p. 126.

Essas conclusões por si só simbolizam o desprendimento do pensador frente a algumas das tendências moralistas que mesmo em meio à prática científica médico-psicológica se mostravam influentes na época de suas pesquisas.[281]

Uma consideração a ganhar necessário destaque nesta breve abordagem é a de que Freud, como qualquer homem de ciência, trabalhava à luz de seu tempo:[282] não é de se estranhar que algumas de suas conclusões tenham em vista um tipo de ciência, de sociedade e de cultura absolutamente diversos daqueles que, dentre os quais, hoje vivemos. A crítica cultural *freudiana* (tal qual apresentada no tópico anterior), tomada exclusivamente e sem ressalvas só pode visar à Modernidade: focalizado nos dias atuais, na cultura e na subjetividade hodiernas o "mal-estar" certamente seria outro.[283] Saliente-se que, ao que parece, o problema (e a principal crítica que se pode fazer à Psicanálise) parece residir menos na ênfase da teoria em torno da questão sexual primordial (desejo sexual incestuoso inato[284]) do que na pretensão de que essa teoria fornecesse dados universais e invariavelmente aceitos no que diz para com o psiquismo de toda a humanidade, em todos os tempos.[285]

Podemos, pois, traçar um ligeiro perfil (sem a mínima pretensão de esgotar nem servir de base para opiniões e estudos *mais apurados* sobre o tema) de como a teoria *freudiana* se articula em torno de alguns de seus conceitos precípuos.

---

[281] "Quem quer que pretenda certificar-se de que as neuroses de seus pacientes estão ou não realmente ligadas à vida sexual deles não pode evitar interrogá-los sobre sua vida sexual e insistir em receber um depoimento verdadeiro sobre ela. Mas nisso, afirma-se, está o perigo para o indivíduo e para a sociedade. O médico, segundo ouço dizer, não tem o direito de se intrometer nos segredos sexuais de seus pacientes, nem de ferir grosseiramente seu recato (especialmente em se tratando de pacientes do sexo feminino) com interrogatórios desse tipo". FREUD, Sigmund. "A Sexualidade na etiologia das neuroses" in *Obras completas de Sigmund Freud. Volume III*. Trad. Margarida Salomão. Rio de Janeiro: Imago, 1994, 3. ed., p. 251.

[282] "(...) os pacientes de Freud sofriam, de um lado, as restrições da moral vitoriana vigente, prejudicial à vida instintiva, de outro lado, debatiam-se com um problema que a ciência médica da época não conseguia resolver, ou seja, como disassociar de uma procriação não necessariamente desejada o prazer do ato sexual. A clientela era composta dos elementos mais frágeis da sociedade, vítimas, se não diretas, pelo menos indiretas, dos conflitos provocados pelos métodos absurdos a que tinham de recorrer para saciar o desejo". BITTENCOURT, op. cit., p. 160.

[283] BIRMAN, Joel. *Mal-estar na atualidade. A psicanálise e as novas formas de subjetivação*. Rio de Janeiro: Civilização Brasileira, 2000, 2. ed., p. 17-18.

[284] "Afirmou-se, justificadamente, que o complexo de Édipo é o complexo nuclear das neuroses, representando a peça essencial no conteúdo delas. Nele culmina a sexualidade infantil, que, por seus efeitos posteriores, influencia de maneira decisiva a sexualidade do adulto. Cada novo ser humano confronta-se com a tarefa de dominar o complexo de Édipo, e aquele que não consegue realizá-la sucumbe à neurose". FREUD, Sigmund. *Três ensaios sobre a Teoria da Sexualidade...*, p. 103.

[285] "O reconhecimento do desejo físico pela mãe não bastaria para dar à auto-análise de Freud a importância que lhe atribuem os estudiosos. O caráter original da atitude de Freud foi ter ele imediatamente concluído, como informou a Fliess, que Édipo padecia exclusivamente do mesmo complexo, Hamlet, também, e com eles todos os homens, de todos os tempos (...) Tivesse ele se contentado em limitar o seu sistema explicativo ao tratamento dos neuróticos, e tivessem seus seguidores aderido a uma tal posição, os resultados hoje seriam diferentes. Mas, desde o início, Freud insistiu na tese de que estava desenvolvendo – ou 'descobrindo' – as leis que governam todo o comportamento humano, e não apenas as leis que governam, ou deixam de fazê-lo, a conduta dos indivíduos psiquicamente anormais". BITTENCOURT, op. cit., p. 14-17.

O complexo de *Édipo* tem relevância basilar na construção da Psicanálise. Vai demonstrar imbricação direta com outro elemento teórico crucial, o conceito de *castração*. Sua nomenclatura remete à lendária história de Édipo, o Rei de Tebas, cujos caminhos de um destino trágico o levaram a praticar o assassinato do pai e a esposar-se com a Mãe, conforme nos relata Sófocles[286] em sua famosa obra.[287]

Freud utilizou-se do exemplo mítico em tela para falar sobre um ponto nevrálgico de sua concepção de estrutura do psiquismo: seria, segundo ele, aspecto universal da natureza humana, nascer imbuído de um desejo sexual que tem como objeto a *Mãe*.[288]

Esse desejo inato de *posse* em relação à *Mãe* vai esbarrarem uma série de pressupostos que vão se verificar fundamentais na estrutura psíquica da criança. A proibição relativa à prática incestuosa (que serviria de realização material desse desejo originário) é a maior de todas as interdições interpostas frente ao psiquismo humano. Nela se embasa toda a construção de internalização *normativa* quanto à realidade de que existe uma gama de desejos inatos que não poderá ser abastecida/atendida em nome de *regras* cogentes de origem externa (cultural).[289]

---

[286] SÓFOCLES. *Édipo Rei*. Trad. Domingos Paschoal Cegalla. Rio de Janeiro: DIFEL, 1999.

[287] Ver "Édipo-Rei e complexo-de-Édipo" in MENEGHINI, L. C. *Freud e a Literatura e outros temas de psicanálise aplicada*. Porto Alegre: Editora da UFRGS, 1972, p. 41-44.

[288] "O Édipo Rei, porém, continua a comover o homem moderno tão profunda e intensamente como aos gregos contemporâneos de Sófocles, fato singular, cuja única explicação é talvez que o efeito trágico da obra grega não reside na própria oposição entre o destino e a vontade humana, mas sim no caráter peculiar da fábula em que é objetivada essa oposição. Há, sem dúvida, uma voz interior que nos impele a reconhecer o poder coactivo do destino em Édipo, ao passo que outras tragédias compostas sôbre a mesma base nos parecem inaceitavelmente arbitrárias. É que a lenda do rei tebano encerra alguma coisa que fere em todo homem uma essência natural e íntima. Se o destino de Édipo nos comove, é porque teria podido ser o nosso e porque o oráculo colocou igual maldição suspensa sôbre nossas cabeças antes de nascermos. Quiçá estivesse reservado a nós todos dirigirmos para nossa mãe o nosso primeiro impulso sexual e para nosso pai o primeiro sentimento de ódio e o primeiro desejo de destruição". FREUD, Sigmund. "Interpretação dos Sonhos. Tomo I" in *Obras Completas de Sigmund Freud. Volume III*. Trad. Walderedo Ismael de Oliveira. Rio de Janeiro: Editora Delta, 1978, p. 326.

[289] É importante esclarecer, igualmente, que o entendimento literal da questão pode ser prejudicial à correta compreensão da hipótese: salutar deixar claro que os termos *Mãe* e *Pai*, por exemplo, talvez sejam melhor definidos enquanto *figuras* materna e paterna, a despeito de utilizarmos, aqui, a terminologia *freudiana*. O modelo de visualização culturalmente plausível para FREUD, em sua época, era a família burguesa estruturada em seu estereótipo. O que ocorreria, em linhas gerais, é uma padronização que, para o pesquisador (sob as luzes do século XIX) se mostrava em relação ao seio familiar e seus personagens bem definidos; no entanto trata-se, no fundo, de um relato ideal de situação que enfoca um *corte* em uma relação dual vivenciada entre a criança, sua *Mãe* (ou quem exerça a função de cuidado nos moldes maternos) e o *Pai* (ou *alguém* ou *algo* que vá significar e evidenciar a separação entre essa criança e a *Mãe/figura materna*). As mudanças culturais e sociais de nosso tempo talvez não autorizem mais uma atribuição estanque de "papéis" na questão Edípica. *Pai* e *Mãe* não devem ganhar preenchimentos fixos, podendo, suas funções nesse ínterim, ser exercidas por elementos ou situações que igualmente se perfaçam enquanto objeto do desejo e fator proibitivo desse desejo. Ao "aplicar" a estrutura do Édipo indiscriminadamente, nos nossos dias, podemos estar recaindo no grave equívoco denunciado por RAUTER: fixar – de forma discriminatória – um conceito de padronizado de "família" e condicionar a análise da psique a um modelo que teve um "momento" cultural, mas que, sem dúvida, não é universal nem perene (RAUTER, Cristina. "Diagnóstico Psicológico do Criminoso – Tecnologia do Preconceito" in *Criminologia e Subjetividade no Brasil* Rio de Janeiro: REVAN, 2003).

Essa *proibição* ganha contornos fáticos, segundo Freud, através da figura do *Pai*: é ele quem estabelece o *corte* na possibilidade de realização da fantasia sexual primordial, uma vez que sua figura enquanto *homem-da-Mãe* evidenciaria para a psique da criança o caráter proibitivo da relação incestuosa. O "papel" do *Pai* seria apreendido psiquicamente pela criança enquanto fator proibitivo de relação com a *Mãe*, e mecanismo de evidência de que seu papel de *filho* é absolutamente outro, além de desfraldar a própria distinção existente entre a *Mãe* e a criança, uma vez que essa nasce com a ideia de integralização de um só ser junto à genitora, sendo o desejo sexual em relação a ela reflexo direto da necessidade de consubstanciação "originária" em que ambos viviam.

Diante do caráter sexual da *libido*, a dinâmica psíquica vai estar sempre atrelada à fricção gerada pelo movimento pulsional em busca de alguma satisfação ou compensação, sendo que o desejo sexual pela *Mãe* se traduz no maior de todos os exemplos dessa dinâmica e traduziria a marca maior da incompletude que habita o ser humano. Assim, para Freud, um verdadeiro sistema será formado psiquicamente e vai "orientar" a criança, a partir de vivificações e hipóteses inconscientemente trabalhadas, que possuem o *pênis* como centro gravitacional (muito embora seja imperioso frisar que a teoria enfoca esse *pênis* mais como elemento dotado de investidura *fálica*[290] do que enquanto membro genital). A importância do caráter fálico-simbólico do *pênis* se desdobra no esquema *edipiano* de forma diferente nos indivíduos do sexo masculino e feminino.

O que ocorre é que, segundo Freud, no momento em que a criança efetivamente se conscientiza da existe uma "diferença anatômica" entre homens e mulheres, todo um processo inconscientemente vivenciado dispara um mecanismo que vai ser identificado como *Complexo de Édipo*. Toda uma realidade psicologia estaria, segundo Freud, a funcionar inconscientemente, por trás da mera "constatação" corporal enfocada.

Antes de procurarmos explicar resumidamente a dinâmica *edipiana*, é muito importante salientar que é preciso ter cuidado com termos como "descobre", "percebe", "crê", relativos à criança e às suposições próprias da explicação *psicanalítica* das fases de constituição dos complexos de *Édipo* e da *castração*: todas as "etapas" e "percepções" da criança quanto aos aspectos tratados, bem como a "angústia" que lhes é consequente e correlata, segundo Nasio,[291] são verificados apenas e tão somente no plano inconsciente. Ressaltamos esse aspecto para enfatizar que, quando abaixo invocarmos termos situações similares, não estamos mencionando um "ter consciência" infantil sobre toda essa série de conjunturas, nem tratamos elas como suposições que a criança "imagina", mas sim um encade-

---

[290] "A primazia do falo não deve ser confundida com uma suposta primazia do pênis. Quando Freud insiste no caráter exclusivamente masculino da libido, não é de libido peniana que se trata, mas de libido fálica O elemento organizador da sexualidade humana não é, portanto, o órgão genital masculino, mas a representação construída com base nessa parte do corpo do homem". NASIO, Juan David. *Lições sobre os 7 conceitos cruciais da Psicanálise*. Trad. Vera Ribeiro. Rio de Janeiro: Jorge Zahar, 1995, p. 33.

[291] NASIO, op. cit., p. 16.

amento de processos (constatações, temores, angústia, sofrimentos, etc.) que são experimentados, para a Psicanálise, apenas no nível do *inconsciente* (sem excluir que, com isso, o plano da consciência sofra, igualmente, consequências neuróticas próprias de uma ressonância desses fatores inconscientes).

Vejamos: a evolução do complexo que informa a *castração* residiria primeiramente no que Freud alerta como uma fase do desenvolvimento psicológico em que o menino crê em seu corpo enquanto modelo universal. Dessa maneira, a imagem que a criança tem não considera a possibilidade de diferenças anatômicas entre os sexos, dado o fato da presumível inexistência – ainda – de contato visual com a genitália feminina. Esse contato visual ocorre geralmente quando o menino é muito novo, com a visualização, por exemplo, de uma irmã pequena nua durante o banho, ou, como situa Freud, quando as crianças entram em uma fase onde se tornam "*voyeurs* zelosos, espectadores da defecação e da micção de outrem".[292] Dada a experiência visual desvela a existência da mulher enquanto ser desprovido do pênis causa profundo abalo psíquico, fazendo fracassar a crença inicial da criança na universalidade anatômica ("todo mundo tem um pênis") e assim "abre o caminho para a angústia de um dia ficar, ela própria, similarmente despossuída".[293]

Já passível de ser psiquicamente representada, a perda do pênis passa a ser associada inconscientemente pelo menino às admoestações verbais (particularmente aquelas proferidas pelo *Pai* quanto a pequenos gestos que denotariam práticas autoeróticas), quando vem a sofrer o temor de que, sua desobediência, e, principalmente, o não reconhecimento do lugar do *Pai* e a mantença do desejo sexual direcionado à *Mãe* podem acarretar no "castigo" da perda do pênis:[294] o menino (inconscientemente) já tem posse da informação de que há seres desprovidos de *pênis*. A associação natural psiquicamente feita, segundo Freud, é a de que um "castigo" foi responsável pela extirpação do membro nas mulheres, castigo que se traduz inconscientemente em ameaça a ele próprio, de onde começam a emergir sensações de "dever" a cumprir, e da "pena" correspondente.

O processo atingiria o ápice quando ocorre a percepção pelo menino de que a própria *Mãe* é desprovida de um pênis: seu desejo inconsciente sofre um golpe na medida em que a "ameaça" da *castração* se faz mais próxima do que nunca. A percepção de que a *Mãe* é desprovida de *pênis* faz com que o menino adquira psiquicamente a noção de que seu desejo sexual por ela deve ser coibido: mescla-se o terror advindo das ameaças paternas estabelecendo regras comportamentais e o temor quanto à hipotética reprimenda mor ("retirada" do *pênis*). Assim, o menino simplesmente se vê obrigado a se investir libidinalmente em outro objeto. Há a constatação de que o rompimento da *regra* e o desejo incestuoso podem ter sido a causa da "castração" materna. O menino não deseja sofrer a mesma "punição". É

---

[292] FREUD, *Três Ensaios sobre a Teoria da Sexualidade...*, p. 70.
[293] NASIO, op. cit., p. 14.
[294] Idem, p. 15.

dada a hora de "abandonar" todo e qualquer desejo focado na *Mãe*, eis que (internalizada a regra da vedação ao incesto) essa passa a ser um objeto *proibido*.[295]

Nas crianças do sexo feminino, o processo envolvendo a *castração* e o complexo de *Édipo* obedeceria a um mecanismo similar, mas em situações diferentes: no princípio, organização psicológica da menina parte do mesmo aspecto (pretensa "universalidade" do formato dos aparelhos genitais suposta pela criança). Nesse estágio, a percepção da criança não identifica diferenças anatômicas, vivenciando psiquicamente a realidade fictícia de que o *clitóris* é também uma espécie de *pênis* passível de investimento libidinal e possuidor de caráter *fálico*.[296]

O segundo estágio da versão feminina do complexo se verificaria quando a diferença anatômica finalmente se mostra em seu real estado: a menina percebe que, verdadeiramente, não possui um pênis, e padece inconscientemente de angústia diversa daquela dos meninos: "Para melhor distinguir a castração feminina da castração masculina, devemos ter em mente que o menino vive a angústia da ameaça enquanto a menina vivencia a inveja de possuir aquilo que viu e do qual foi castrada".[297]

A visão da *Mãe* enquanto desprovida do *pênis* igualmente potencializa o efeito do complexo, mas, nas meninas, de forma antagônica: ao ver que a *Mãe* também é "castrada", a psique da menina lhe imbui de um *ódio primordial*, vez em que só pode ter sido ela (sua *igual*) a responsável por "não ter podido transmitir-lhe os atributos fálicos". A psique da menina constata que há "culpa" da *Mãe* por ela ter nascido "castrada" e passa a "acusar" a *Mãe* de fazer com que ela "pertença" ao mesmo gênero, daquelas que nasceram desprovidas. Isso faz com que ela desvie seu desejo e crie ligações com o *Pai*, escolhendo-o como novo objeto de amor.[298] Assim, se verificam os diferentes desfechos psíquicos do complexo de *castração* em relação à realidade *edipiana*: no menino, ele "encerra" a fase do Édipo; na menina ele "abre as portas" para o amor *edipiano* pelo *Pai*.[299] Interditado, igualmente esse amor pelo *Pai*, a busca *fálica* da mulher tende a tornar, psicanaliticamente, a feminilidade enquanto um "constante devir, tecido por uma multiplicidade de trocas", na busca eterna por um equivalente *fálico*.[300]

---

[295] "É sob o efeito da irrupção da angústia da castração que o menino aceita a lei da proibição e opta por salvar seu pênis, mesmo tendo de renunciar à mãe como parceira sexual. Com a renúncia da mãe e o reconhecimento da lei paterna, encerra-se a fase do amor edipiano; torna-se então possível a afirmação da identidade masculina. A crise que o menino teve que atravessar foi fecunda e estruturante, já que ele se tornou capaz de assumir sua falta e produzir seu próprio limite. Dito de outra maneira, o término do complexo de castração é também, para o menino, o término do complexo de Édipo". NASIO, op. cit., p. 17.

[296] NASIO, op. cit., p. 18.

[297] Idem, p. 19.

[298] Idem, p. 19-20.

[299] Idem, p. 18.

[300] Idem, p. 21.

DECISÃO JUDICIAL NOS CRIMES SEXUAIS

O importante, talvez, é a noção de que a interdição para com a relação de amor *edipiano* inicial é a mais profunda ruptura na esquematização pulsional para a Psicanálise.[301] Ela solidificaria a necessidade inconscientemente assentida de submissão normativa e caracterizaria de forma direta a impossibilidade de realização plena do *gozo*: o maior objetivo (desejo incestuoso pela *Mãe*) vai interditado, bloqueado, e esse impedimento mostra como o fator condicionante de nosso quadro psíquico. A internalização da norma proibitiva passará a integrar o núcleo da psique do indivíduo, e se revelará enquanto um fundamental condicionante da sua dinâmica *inconsciente*, reverberando, inevitavelmente no âmbito da *consciência*. Afinal, o que em um primeiro momento pode parecer um processo psíquico infantil e supostamente superado, dá conta, para a Psicanálise, de deixar profundos rastros em nossa vida anímica posterior.[302]

O predomínio da concepção de energia libidinal enquanto "pulsão sexual" é tamanho para a Psicanálise que diversos "investimentos" libidinais ao longo da vida do indivíduo podem ser explicados mediante uma espécie de motivação sexual mediata: é chamado de *sublimação* o processo psíquico através do qual se promove o mais elevado grau de desvio das pulsões de objetos propriamente sexuais, e a orientação do impulso para "*novas metas*".[303] Todos os impulsos psíquicos verificados estariam arraigados à pulsão sexual original e dela seriam derivações ou adaptações (que possuiriam na *sublimação* uma espécie de ponto ótimo). O que a Psicanálise propõe, nessa linha, é um incomensurável giro na concepção individual: longe de apreensões morais, e antes dos processos de subjetivação cultural, o homem *seria*, psiquicamente, moção de cariz sexual.

Verificado isso, podemos partir para uma análise um pouco mais sólida dos três elementos que configuram o sumo da teoria de Freud sobre o aparato psíquico humano.

O *Id* pode ser indicado como o "*grande reservatório da libido*".[304] É o componente da psique individual relacionado à instintividade somática e às pulsões

---

[301] O próprio FREUD explica que, embora seja correta e exemplar de um esquema geral, a explicação simplista do funcionamento do complexo de *Édipo* – tal e qual foi aqui adotada – não pode ser simplesmente generalizada sem a adoção de fatores variantes e complexos, alavancados, por exemplo, na teoria da Bissexualidade constitutiva de cada indivíduo. Os jogos e a movimentação psíquica entre amor e o ódio ao "pai castrador" e à "mãe-castrada" obedeceriam, ainda, a uma relação que também conteria caracteres de identificação e latência de desejo (homossexual) para com um e outro, dado o fato de que a sexualidade psíquica se revelaria muitas vezes desprovida de coligação de gênero. A hostilidade quanto à submissão do menino à proibição advinda do *Pai*, por exemplo, seria mesclada a um desejo de identificação com o mesmo, e não haveria um simples "obedecer resignado" à interdição do incesto, mas também um impulso de atender à ordem dado o desejo sexual que também é ao *Pai* direcionado. Cremos, contudo, que para os fins objetivados – os de situar um estágio de conceituação básica – a pormenorização psicanalítica desses (e de outros aspectos) não se mostra oportuna. Sobre a matéria, ver FREUD. *O Ego e o Id...*, p. 44-46.

[302] FREUD. *Três Ensaios sobre a Teoria da Sexualidade...*, p. 53.

[303] Idem, p. 56.

[304] A teoria *freudiana* termina por identificar assim o *Id*, sendo que, em vários escritos anteriores à existência de delimitação conceitual do *Id*, Freud usava o mesmo predicado para a definição do *Ego*, doutrina que perdurou para a Psicanálise durante muito tempo. Ao avançar em suas pesquisas, Freud reconheceu a coerência de estabelecer a função descrita ao *Id*, pelos próprios pressupostos conceituais que a estrutura possuía, embora ainda haja

inatas.[305] É responsabilidade do *Id* a anuência psíquica "*tão rapidamente quanto possível às exigências da libido não dessexualizada* – esforçando-se pela satisfação das tendências diretamente sexuais.[306] Em linhas gerais, pode se dizer que é "a parte inacessível do nosso psiquismo" que "em um de seus extremos está aberto às influências somáticas", e em seu interior "abriga representantes pulsionais que buscam satisfação (...) no Id não há negação, obediência à não-contradição, vontade coletiva, juízo de valor, bem, mal, moralidade, assim como não há temporalidade".[307]

O *Ego* pode ser conceituado como a instância na qual a consciência se vê ligada: "o ego tem sob seu comando o movimento voluntário. Ele tem a tarefa de autopreservação".[308] É a organização coerente (racional) de processos mentais pertencentes ao indivíduo,[309] não mais concebida como a plataforma do *cogito* racionalista, mas sim como mera "*superfície*"[310] do psiquismo. Pode ser sinteticamente atrelado à razão e ao senso comum.[311] Vejamos o requinte da elaboração discursiva *freudiana* em relação à concepção *cartesiana* de sujeito: naquilo em que Descartes depositava praticamente a integralidade subjetiva (senso racional), Freud, por sua vez, situa apenas uma ínfima parcela cuja autonomia, é notadamente enfraquecida e tem curto alcance limitativo-funcional.

A relação entre o *Id* e o *Ego* é delineada por Freud como um verdadeiro golpe de misericórdia na estrutura subjetiva racionalista-*cartesiana*. O *Ego*, na esperança de coordenar a psique, procura sujeitar a si o *Id*, obtendo como resultado, não raras vezes, uma sujeição própria ao *Id*, mascarada como adequação.[312]

Por fim, o *Superego* (também *Supereu* ou, em Freud, ainda, *ideal do Ego*) poderia ganhar contornos conceituais tendo-se em conta que, depois de ultrapassados os eventos relativos ao complexo de *Édipo* em si, "a proibição que os pais impõem ao filho edipiano de realizar seu desejo incestuoso torna-se, dentro do eu (Ego), um conjunto de exigências morais e de proibições que, dali por diante,

---

escritos posteriores à essa assunção teórica que, de forma confusa, remetem à teorização anterior do *Ego* como sendo portador dessa função. Sobre a polêmica: FREUD, "Apêndice B – O Grande Reservatório da Libido" in *O Ego e o Id...*, p. 78-81.

[305] FREUD. "Esboço de Psicanálise"..., p. 158.

[306] FREUD. *O Ego e o Id...*, p. 60-61.

[307] GARCIA-ROZA, op. cit., p. 207.

[308] FREUD. "Esboço de Psicanálise"..., idem.

[309] FREUD. *O Ego e o Id...*, p. 26.

[310] Idem, p. 30.

[311] Idem, p. 37.

[312] "As nossas idéias sobre o ego estão começando a clarear e os seus diversos relacionamentos ganham nitidez. Vemos agora o ego em sua força e suas fraquezas. Está encarregado de importantes funções. Em virtude de sua relação com o sistema perceptivo, ele dá aos processos mentais uma ordem temporal e submete-os ao 'teste da realidade'. Interpondo os processos de pensamento, assegura um adiamento das descargas motoras e controla o acesso à motilidade. Este último poder, com efeito, é mais uma questão de forma do que de fato; no assunto da ação, a posição do ego é semelhante à de um monarca constitucional, sem cuja sanção nenhuma lei pode ser aprovada, mas que hesita longo tempo antes de impor seu veto a qualquer medida apresentada pelo parlamento". FREUD. *O Ego e o Id...*, p. 70.

o sujeito imporá a si mesmo. É essa autoridade parental internalizada durante o Édipo, e diferenciada no seio do eu (Ego) como uma de suas partes que a psicanálise chamará de supereu".[313] Assim, poderíamos ter a imagem de que o *Superego* é espécie de resultado-vestígio da cena *edipiana*: é uma oposição dividida entre a lei que interdita e a suposta consumação do incesto.[314] É nuclearmente uma prolongação psíquica do episódio de influência parental.[315] Possui uma tríplice função *"de auto-observção, de consciência moral e de ideal do ego"*,[316] além de ser o arcabouço de nossa herança cultural interiorizada.

É imprescindível que se entenda o *Superego* não como instância que inicialmente pretende "exterminar" o desejo incestuoso da criança, e, posteriormente, se destina a "exterminar" quaisquer desejos da psique individual. Ele atua *proibindo o gozo*, ele é lei de impossibilidade de concretização do desejo; não inibe o impulso, mas, sim, veta o atingir de seu objetivo. O desejo (oriundo do amor *edipiano* materno primevo) seria submetido à proibição parental sob pena da "castração", conforme já se analisou. A resignação diante da existência de uma norma que tensiona a busca natural e incessante por *prazer*, contudo, não seria um símbolo da supressão desse canal de desejos, mas sim de uma aceitação que envolve amor e, sem dúvida um misto de medo e ódio frente ao ditame censor.[317] A "lei", pois, segue assimilada, e faz com que uma parte do *Ego* do indivíduo se sobressaia daquela que segue a desejar, e passe a se identificar com a figura paterna, com a *figura interditora*.

Dessa maneira, tem-se que o *Superego* "constitui, na vida psíquica do adulto, não apenas a marca permanente da lei da proibição do incesto, mas também a garantia da repetição, no curso da existência, dos três gestos fundamentais que marcaram, rara a criança, a saída de Édipo. Esses três gestos são: renunciar ao gozo proibido, preservar o desejo em relação a esse mesmo gozo considerado inacessível e salvar o pênis da castração".[318]

O *Superego* seria um mecanismo simbólico operando para evitar uma espécie de desmembramento psíquico que teria lugar no caso de a completude do desejo ser posta em prática com a relação incestuosa. A incompletude do *gozo* seria constitutiva psíquica do *ser* e a ligação estrutural entre o desejo, sua proibição, sua inacessibilidade e seu perigo seriam responsáveis pela organização psicológica individual. Eis a importante tarefa do *Superego* para a estrutura psíquica, segundo Freud.

---

[313] NASIO, op. cit., p. 129.

[314] Idem, p. 130.

[315] FREUD. "Esboço de Psicanálise"..., p. 159.

[316] GARCIA-ROZA, op. cit., p. 208.

[317] NASIO, op. cit., p. 130.

[318] Idem ibidem.

A dinâmica entre os três componentes psíquicos descritos será regida por peculiaridades que vão ocasionar e se constituir na própria irradiação *inconsciente* a atingir a esfera *consciente* do indivíduo. O embate entre a normatividade *superegóica* e a força amoral do *Id* podem aportar no *Ego*-consciente sob as mais determinadas formas. É certo para a Psicanálise que, assim como toda a complexidade da situação experimentada com o "evento" do complexo de *castração* reverbera na esfera consciente do indivíduo sem que o mesmo tenha conscientemente vivenciado a problemática descrita, uma série de outras consequências poderia afetar a saúde psíquica individual a partir de uma conflituosidade que não seria "experimentada" pelo *Ego*. Afinal, o *Superego* "sabe mais" sobre os "anseios" do *Id* do que o *Ego*.[319] O potencial conflitivo entre os desejos para os quais o *Id* empurra o sujeito e o *Superego* impositivo nem sempre possuem meios para a penetração direta na consciência (e nem sempre a consciência possui capacidade para abarcá-los sem profundos *choques* de conteúdo).

A partir da funcionalidade imbricada por esses três componentes psíquicos descritos – *Ego, Id, Superego* – e pelas forças motrizes que atuam nas origens e manutenção ativa dos mesmos, a teoria *freudiana* desenvolverá seus conceitos típicos e seus derivados teóricos, situando uma grande rede dogmática de axiomas cujo detalhamento infelizmente foge inteiramente dos limites possíveis para o presente trabalho, sendo o próprio tópico ora trabalhado assumido enquanto meramente introdutório e ilustrativo.

Incontáveis variações teóricas da construção *freudiana* e dos temas acima descritos vão se verificar até os dias atuais, sendo várias algumas delas extraídas do próprio seio dos ensinamentos psicanalíticos basilares. Em contrapartida, os anos presenciaram uma verdadeira multiplicação de tendências discursivas e construções doutrinárias na seara da Psicologia que optam por uma via de contrariedade e/ou crítica aos fundamentos lançados por Freud.

Um dos pesquisadores pioneiros na seara psicanalítica, Carl Jung, amigo pessoal de Freud e tido pelo próprio vienense como seu principal *discípulo* se tornaria célebre por romper com alguns dos conceitos basilares da Psicanálise e traçar os alicerces de uma nova escola psicológica, batizada posteriormente de Psicologia Analítica.[320] Seus aportes, sua visão diferenciada quanto a vários temas *freudianos* e algumas de suas *revisitas* a pontos da teoria original passarão, nesse instante, a ser nosso objeto de estudo, deixando a esteira preparada para o cotejo teórico a ser proposto no Capítulo 3.

---

[319] FREUD. *O Ego e o Id...*, p. 65.

[320] "O termo 'analítico' provém do fato de que esta corrente da Psicologia se desenvolveu a partir da 'psicanálise' originalmente formulada por Freud. Este último identifica a psicanálise com sua teoria do sexo e da repressão, fixando-a, assim, em um corpo doutrinário. Por esta razão, evito o termo 'psicanálise', quando discuto algo muito mais do que matérias de caráter meramente técnico". JUNG, Carl Gustav. "Psicologia Analítica e Cosmovisão" in *A Dinâmica do Inconsciente – Obras Completas de C. G. Jung – Volume VIII*. Trad. Matheus Ramalho Rocha. Petrópolis: Vozes, 1984, p. 378.

DECISÃO JUDICIAL NOS CRIMES SEXUAIS

2.3. Jung (contra) paradigmático: alguns dos principais conceitos da psicologia analítica

> *Freud teve um sonho cujo conteúdo não estou autorizado a expor. Eu o interpretei melhor do que supunha, mas acrescentei que se poderiam deduzir muito mais coisas se ele quisesse me contar alguns detalhes de sua vida particular. A estas palavras Freud me olhou surpreso – seu olhar estava cheio de desconfiança – e disse: 'O caso é que não posso arriscar minha autoridade'. Nesse instante, ele a perdeu. Esta frase ficou gravada em minha memória. Nela estava escrito o final de nossa relação. Freud colocava a autoridade pessoal por cima da verdade.*
>
> Carl Jung, *Memórias, sonhos e reflexões*

A trajetória teórica percorrida pelo psiquiatra suíço Carl Gustav Jung (1875-1961) é notável: de amigo íntimo e aliado de Freud durante a escalada inicial da Psicanálise, porta-voz da doutrina psicanalítica em conferências internacionais[321] e primeiro a ocupar o cargo de presidente da Associação Internacional de Psicanálise, passou após sua desvinculação científica com Freud, a ser visto como dissidente rancoroso pelos demais ex-companheiros de *Causa*.[322] Basta que se tenha em mente, com Birman, o famoso "episódio do anel".[323]

A divergência teórica sempre instigou Jung desde os primeiros contatos com as teses *freudianas*: o rompimento definitivo (concomitante ao fim da relação amistosa entre ambos pesquisadores) representou apenas o grau máximo de insuportabilidade de Jung para com a submissão científica a uma série de elementos sustentados de forma irredutível pelo mestre vienense, mas que nas ideias do discípulo não encontravam ressonância, a não ser às expensas de for-

---

[321] "Numa viagem a Paris, Jung rapidamente se dá conta de que as sumidades francesas estão atrasadas (...) Surge, então, uma oportunidade para que se torne publicamente o defensor oficial da psicanálise, ao receber um convite para participar do Congresso Internacional de Psiquiatria e Neurologia em Amsterdam. Freud declina: não está disposto a se medir na arena com Pierre Janet, conforme o público gostaria de ver. A idéia lhe causa horror, e Jung concorda, dizendo que o espetáculo só serviria para satisfazer a crueldade da assistência (...) Quando, finalmente, Jung foi a Amsterdam, Freud estava de férias, e com certo sentimento de culpa: '(...) parece-me um ato de covardia eu estar aqui catando champignons no bosque ou me banhando neste aprazível lago da Caríntia, em vez de estar combatendo pela minha causa, ou pelo menos formando ao seu lado'. Freud procurava se consolar e justificar dizendo que Jung era mais indicado para a propaganda: '(...) existe algo em minha personalidade, minhas idéias e minha maneira de falar que as pessoas acham repelente e estranho, enquanto para você se abrem todos os corações'". BITTENCOURT, op. cit., p. 56-59.

[322] "Na intimidade, a psicanálise era designada como 'die Sache', que, no contexto, deve ser traduzido como 'a Causa'. Freud, numa carta a Lou von Salomé a definiu como 'uma comunidade apolítica'". BITTENCOURT, op. cit., p. 19.

[323] "Jung foi então excluído do movimento psicanalítico, construindo então outra tradição teórica e outra comunidade internacional de referência. A psicanálise e a psicologia analítica se delinearam então como duas tradições diferentes no campo dos saberes sobre o psíquico, que existem até hoje. Em decorrência disso, os demais discípulos de Freud, que estavam no centro do movimento psicanalítico, estabeleceram um pacto pelo qual não se podia questionar os fundamentos do discurso freudiano. Tal pacto foi criado pelo uso de um anel, pelo qual o reconhecimento dos pressupostos destes era ao mesmo tempo o signo eloqüente da lealdade dos discípulos para com o mestre". BIRMAN, Joel. "O Arquivo da Psicanálise" in *Jung. A psicologia analítica e o resgate do sagrado. Revista Viver Mente & Cérebro. Coleção Memória da Psicanálise n° 2*. São Paulo: Ediouro, 2005, p. 29.

çosos encaixes conceituais[324] e de um tolhimento criativo/crítico a cada trabalho publicado.[325]

O caminho traçado por Jung com sua Psicologia Analítica, dessa forma, mostra-se desde logo repleto de dificuldades: a teoria *freudiana* já era marginalizada diante do discurso *oficial* da Psiquiatria e da epistemologia neurocientífica da época de seu surgimento, a ponto de o restrito círculo de seguidores de Freud primar por uma rígida coesão doutrinária e relacional, nos moldes de um exército que comemora com entusiasmo adesões às fileiras e rechaça/lamenta *"baixas"* ou *"deserções"*, tal e qual em um contexto de batalha.[326] Após o rompimento definitivo com Freud, a proposta *junguiana* é lançada à condição de uma espécie de *contraparadigmática* do (contra)*paradigma* representado pela Psicanálise: "Os primeiros tempos se mostraram bastante árduos. Longe, de um lado, da psiquiatria oficial, e, de outro, da psicanálise, Jung ficou no vazio".[327]

Não se faz pertinente nesse instante uma extensa digressão acerca da posição ocupada pelos discursos tanto da Psicanálise quanto da Psicologia Analítica em uma gradação paradigmática de estamentos como *ciência normal* (paradigma dominante) e/ou *ciência revolucionária*.[328] Ambas as construções desfrutam de variado status: se para muitos a Psicanálise carece (ainda) de possibilidades e autonomia epistemológica, para outros (dada a popularidade que o edifício *freudiano* angariou no século XX) já pode ser vista como um exemplo de discurso oficial. Empregamos remissão à obra de Japiassu quanto ao tema.[329]

Na esteira dessa última posição descrita, a Psicologia Analítica vem sendo entendida enquanto ponto de abertura do saber psicológico para uma realidade científica emergente, calcada, epistemologicamente, em uma noção de necessário diálogo interdisciplinar.

Em confronto à "rigidez" *freudiana*, a multiplicidade de focos das pesquisas de Jung (principalmente a partir das obras do final de sua carreira), tem sido utilizada como baliza para tangências epistemológicas bastante profícuas: sobre as possibilidades de diálogo entre os saberes da Psicologia Analítica (fundamentalmente em se tratando do rompimento da mecânica causalista por ela proposto) e as

---

[324] Ver o ensaio "Tentativa de apresentação da teoria psicanalítica", onde JUNG, em meio ao seu período de ligação à Psicanálise *freudiana*, já procura introduzir a teoria de FREUD, mas com notados toques proto-divergentes, especialmente quanto à questão da *psicossexualidade* (e não simplesmente *sexualidade*) da manifestação da *libido* na criança. "Tentativa de apresentação da teoria psicanalítica" in *Freud e a Psicanálise*. Trad. Lúcia Mathilde Endlich Orth. Petrópolis: Vozes, 1990, 2. ed., p. 124).

[325] "Impressionado pela personalidade de Freud, eu havia, tanto quanto possível, renunciado ao meu próprio julgamento e recalcado minha crítica. Era a condição de minha colaboração. Dizia a mim mesmo: 'Freud é muito mais inteligente do que você e tem uma experiência muito mais ampla. No momento você deve se contentar em ouvir o que ele diz, instruindo-se com ele'". JUNG, Carl Gustav. *Memórias, Sonhos, Reflexões*. Trad. Dora Ferreira da Silva Rio de Janeiro: Editora Nova Fronteira, 2004, 22ª reimp., p. 147.

[326] BITTENCOURT, op. cit., p. 22.

[327] Idem, p. 33.

[328] KUHN, op. cit., p. 144.

[329] JAPIASSU, Hilton. *Psicanálise : ciência , ou, Contraciência?*. Rio de Janeiro: Imago, 1989.

categorias da *física quântica* discorrem, entre inúmeros nomes, Capra,[330] Santos[331] e Rocha Filho.[332] Do mesmo modo, o lastro de Jung se faz sempre presente na análise de Maffesoli.[333] sobre as sociedades pós-modernas, firmando a Psicologia Analítica como ferramenta para um frutífero elo sociológico-psicológico contemporâneo. Os exemplos se estendem à exaustão, inclusive aportando em propostas que distorcem os conceitos *junguianos* e aliam o conhecimento decantado dos resultados de Jung a variações de uma espécie de *misticismo* que ele próprio veementemente rejeitou e do qual fora erroneamente acusado.[334]

Como dissemos, são fragmentos de uma discussão que o fio condutor da presente digressão não nos permite travar detalhadamente, ainda que houvesse resquício de intenção nesse sentido.

Não negamos, nem haveria como fazer, também, a suma importância e os visíveis reflexos teóricos que brotam exclusivamente de eventos relacionados à tempestuosa relação de amizade (e posterior desavença) entre Freud e Jung: no entanto, o presente trabalho não perderá tempo específico tratando dessa problemática, restringindo-se a pontuar algumas dessas questões em meio às definições teóricas que a partir de agora serão apresentadas. Abordagem rica e exaustiva dessa temática pode ser obtida na leitura integral de Bittencourt,[335] bem como ao extenso material epistolar entre ambos os pesquisadores, de ampla publicação e difusão, para maior especificidade no assunto.[336]

Passaremos a expor agora, um singelo rol de categorias conceituais que serve de base para nosso trabalho, de forma a assumir a Psicologia Analítica como referencial teórico a ser trabalhado em nossa investigação de fundo (Capítulo 3).

É dever anunciar que utilizaremos o global da obra de Jung como referência, não nos preocupando em fazer menção a conceituações cronologicamente

---

[330] CAPRA, op. cit., p. 351-355.

[331] SANTOS, op. cit., p. 39.

[332] ROCHA FILHO, João Bernardes da. *Física e Psicologia. As fronteiras do conhecimento científico aproximando a Física e a Psicologia Junguiana.* Porto Alegre: Edipucrs, 2004, 3. ed.

[333] MAFFESOLI, Michel. *O instante eterno. O retorno do trágico nas sociedades pós-modernas.* Trad. Rogério de Almeida e Alexandre Dias. São Paulo: Zouk, 2003.

[334] "Nós, modernos, estamos predestinados a viver novamente o espírito, isto é, a fazer uma experiência primitiva. Esta é a única possibilidade de romper o círculo vicioso dos eventos biológicos (...) E por isso me acusam de misticismo. Contudo, não sou responsável pelo fato de o homem espontaneamente ter desenvolvido, sempre e em toda parte, uma função religiosa e que, por isso, a psique humana está imbuída e trançada de sentimentos e idéias religiosos desde os tempos imemoriais. Quem não enxerga esse aspecto da psique humana é cego, e quem quiser recusá-lo ou explicá-lo racionalmente não tem senso de realidade. Ou será que, por exemplo, o complexo de pai que perpassa toda a escola de Freud desde seu fundador até seu último membro, trouxe alguma libertação notável dessa fatalidade do romance familiar? Este complexo de pai, com sua rigidez e hipersensibilidade fanáticas, é uma função religiosa mal compreendida, um misticismo que se apoderou do biológico e do familiar. Com seu conceito de 'superego', Freud tenta introduzir furtivamente sua antiga imagem de Jeová na teoria psicológica". JUNG, Carl Gustav. "A divergência entre Freud e Jung" in *Freud e a Psicanálise.* Trad. Lúcia Mathilde Endlich Orth.Petrópolis: Vozes, 1990, 2. ed., p. 329.

[335] BITENCOURT, op. cit.

[336] McGUIRE, William. *A Correspondência completa de Freud e Jung.* Trad. Leonardo de Frós e Eudoro Augusto Macieira de Souza. Rio de Janeiro: Imago, 1993.

hierarquizadas nesse instante. Valeremos-nos da (tentativa de) sistematização da teoria *junguiana* proposta por Stein[337] como fio condutor, uma vez que os escritos do pensador suíço são marcados por uma notada dispersão, além de que muitos dos conceitos assumem característica cambiante ao longo de vários períodos da extensa produção bibliográfica de Jung. E como o próprio estudioso norte-americano da obra *junguiana* deixa claro, a ausência de sistematização "fechada" nos escritos analisados, em vários aspectos, é correlata à postura de Jung em não encerrar jamais suas concepções dentre uma pétrea dogmática. Isso faz dele um pesquisador que não é *"compulsivamente coerente"*,[338] agregando dificuldades ao estudo de sua teoria, por certo, mas, sobretudo, riqueza e ampliação de hipóteses.

2.3.1. Energia psíquica: a concepção finalista

Tido como o ponto crucial que marca a independência teórica de Jung quanto aos alicerces da Psicanálise *freudiana*, sua diferenciada concepção da libido é conceito essencial para que se inicie uma observação das proposituras da Psicologia Analítica.

O próprio Jung, mesmo após o rompimento com Freud se embrenha em um número incontável de ressalvas para que suas premissas não sejam puramente entendidas como simples negação dos ditames da Psicanálise, teoria que serve de ponto de partida para a maioria de suas conclusões. O que o suíço procura evidenciar é que sua visão da dinâmica psíquica engloba a substancial contribuição *freudiana*,[339] sem nela ficar restrito ao limitado, como pareciam crer alguns partidários d'*a Causa*: "Não sou um opositor de Freud, ainda que a visão míope dele próprio e de sua escola insistam em qualificar-me dessa forma".[340]

A polêmica parece residir especialmente no instante em que Jung, condizente com seu próprio arcabouço teórico,[341] não apenas não se esforça para separar *sujeito* e *discurso* como faz questão de melindrar essa inseparabilidade, suscitando que a ênfase sexual na questão das pulsões primárias e da *libido* seria apenas um dos pontos da teoria *freudiana* que pautou uma visão pretensamente *universal* partindo de um caractere que seria exclusivo de seu criador: para Jung, a importância da sexualidade no núcleo das divagações de Freud seria um nítido exemplo da pró-

---

[337] STEIN, Murray. *Jung. O Mapa da Alma. Uma Introdução*. Trad. Álvaro Cabral. São Paulo: Cultrix, 2005. 4. ed.

[338] STEIN, op. cit., p. 18.

[339] "Nossas considerações mostram que o termo 'libido', introduzido por FREUD, de modo algum está isento de conotação sexual, mas que uma definição exclusiva e unilateralmente sexual deste conceito deve ser rejeitada. Appetitus e Compulsio são propriedades de todos os instintos e automatismos. Assim como não podem ser tomadas ao pé da letra as metáforas sexuais da linguagem, também não o podem as analogias correspondentes em processos, sintomas e sonhos instintivos. A teoria sexual dos automatismos psíquicos é um preconceito inaceitável". JUNG, Carl Gustav. *Símbolos da Transformação*. Trad. Eva Stern. Petrópolis: Vozes, 1989, 2. ed., p. 116.

[340] JUNG. "A divergência entre Freud e Jung" ..., p. 324.

[341] "Sei muito bem que toda palavra que pronuncio traz consigo algo de mim mesmo – do meu eu especial e único, com sua história particular e seu mundo todo próprio". JUNG. "A divergência entre Freud e Jung"..., p. 325.

pria psicologia pessoal do mestre vienense,[342] que, na verdade, fora erroneamente delineada como uma espécie de modelo psíquico humano padronizado, conforme já vimos. Afinal, "a psicanálise está intimamente ligada a Freud, como raramente ocorre com as doutrinas científicas em relação aos seus fundadores".[343]

Quando se desvencilha da teoria de tonalidade exclusivamente sexual para o conteúdo da libido, Jung utiliza uma terminologia diferenciada, mas adequada inclusive, para afastar a carga já condicionada que o termo "libido" possuía, fruto de seu uso psicanalítico.[344] Cunha, para tanto, a expressão *Energia Psíquica*:

> Na minha concepção de mundo há um grande exterior e um grande interior; entre esses dois pólos está o homem que se volta ora para um, ora para outro e, de acordo com seu temperamento e disposição, toma um ou outro como verdade absoluta e, conseqüentemente, nega e/ou sacrifica um pelo outro (...) Em tudo o que acontece no mundo vejo o jogo dos opostos e dessa concepção derivo minha idéia de energia psíquica. Acho que a energia psíquica envolve o jogo dos opostos de modo semelhante como o a energia física envolve uma diferença de potencial, isto é, a existência de opostos como calor-frio, alto-baixo, etc. Freud começou por considerar como única força propulsora psíquica a sexualidade e, somente após minha ruptura com ele, levou também outros fatores em consideração (...) Com isso não pretendo negar a importância da sexualidade na vida psíquica, conforme Freud me acusa de fazê-lo. O que pretendo é colocar limites à terminologia avassaladora do sexo que vicia toda a discussão da psique humana e também colocar a própria sexualidade em seu lugar.[345]

Jung procurava aliar seu estudo psicológico, quanto ao tema, a conceitos estabelecidos epistemologicamente pela Física: para ele, a fixação na esteira sexual da *libido* era reflexo inegável da visão científica causal-mecanicista[346] pela qual Freud se via englobado.[347]

---

[342] JUNG. "A divergência entre Freud e Jung"..., p. 324.

[343] BITTENCOURT, op. cit., p. 11.

[344] "Aquilo a que Schopenhauer chamou de Vontade e apresentou como o motivador primordial da atividade e do pensamento humanos, Freud preferiu chamar-lhe libido. Com essa escolha de terminologia, ele enfatizou o elemento sensual, de busca de prazer, na natureza humana. A alma, para Freud, está essencialmente restrita e condicionada pela energia sexual. A palavra latina libido é perfeitamente adequada para esse fim, por causa de sua convicção de que a pulsão sexual está na base da vida psíquica e é a fonte primária do movimento da psique". STEIN, op. cit., p. 61.

[345] JUNG. "A divergência entre Freud e Jung"..., p. 327.

[346] "É fato universalmente conhecido que os fenômenos físicos podem ser considerados sob dois pontos de vista distintos, a saber: do ponto de vista mecanicista e do ponto de vista energético. A concepção mecanicista é meramente causal, e compreende o fenômeno como sendo o efeito resultante de uma causa, no sentido de que as substâncias imutáveis alteram as relações de umas para com as outras segundo determinadas leis físicas. A consideração energética é essencialmente de caráter finalista, e entende os fenômenos partindo do efeito para a causa, no sentido de que na raiz das mutações ocorridas nos fenômenos há uma energia que se mantém constante, produzindo, entropicamente, um estado de equilíbrio geral no seio dessas mutações". JUNG, Carl Gustav. *A Energia Psíquica*. Trad. Matheus Ramalho Rocha. Petrópolis: Vozes, 2002, 8. ed. corrigida, p. 13.

[347] "De acordo com a concepção causal de Freud, trata-se sempre das mesmas substâncias imutáveis, a saber, as componentes sexuais, cuja eficácia é apontada pela interpenetração, com monótona regularidade, como o próprio Freud observou certa vez. É evidente que o espírito da reductio ad causam (redução à causa) ou in primam figuram (à primeira figura) jamais conseguirá fazer justiça à idéia de evolução finalista, de tanta importância sob o ponto de vista psicológico, pois qualquer mudança de estado nada mais é do que uma 'sublimação' das subs-

Cumpre ressaltar, antes de prosseguir, que Jung não é definitivo quanto ao tema: primeiramente porque jamais se preocupou em estipular, de plano, uma origem para esse fluxo de energia que anima a psique. Sua teoria simplesmente admite a existência dessa espécie de força vital à moda de vários filósofos predecessores (como a "vontade" de Schopenhauer ou mesmo a "vontade de poder" em Nietzsche[348]); em segundo lugar, quando fala em "finalismo" movimentando a psique e buscando um equilíbrio, não está considerando uma perspectiva teológica em um sentido religioso, de uma espécie de senda espiritual "oportuna" a ser traçada, mas apenas falando, em termos de física, de transferência de energia entre estados mais e menos prováveis.[349]

Para Jung, conceitos como o de *sublimação* são vistos como tentativas reducionistas empobrecidas que representam métodos de compressão da complexidade do assunto dentre as paredes da teoria sexual da libido *freudiana*, e terminam por (tentar) contradizer o fato de que a *Energia Psíquica* é um fluxo que "tem numerosos ramos, e na história da evolução humana alguns desses ramos são mais salientes do que outros em certos pontos. Em algumas etapas do desenvolvimento humano, coletivo e individual, a libido sexual é mais saliente e fundamental; em outras, é-o menos".[350]

A teoria sexual não vai de todo rejeitada, mas Jung se destaca dela no instante em que não admite a existência única de um arsenal de *sublimações* de um impulso sexual originário: movimentos que poderiam, psiquicamente remeter a uma significação originariamente sexual poderiam, sim, adquirir motivação cultural posterior para se constituírem enquanto animadores da *Energia Psíquica* por si sós, sem precisarem se caracterizar enquanto "substitutos" ocultando eternamente uma raiz sexual intrínseca exclusiva em sua importância.[351]

Para Jung, *libido é "energia do processo vital em geral"*[352] que em um determinado momento vai assumir a conotação sexual tão cara a Freud, mas não se resume a ela.

Diante da concepção *energética* (entrópica) da libido, a manutenção de uma única fonte motriz libidinal (sexual, em Freud), significaria a estagnação psíquica: "A causa não possibilita uma evolução. Para a alma, a reductio ad causam (redução à causa) é o contrário da evolução ela vincula a libido aos fatos·elementares (...) Com isto, não pretendemos, naturalmente negar que a ligação da libido aos

---

tâncias básicas e, conseqüentemente, uma expressão inapropriada deste mesmo antigo fato". JUNG, *A Energia Psíquica*, p. 31.

[348] STEIN, op. cit., p. 60-61.

[349] "Interrogações tais como: Existe um planificador por trás do plano? Deus controla e guia a energia, e a conduz para conclusões e metas predeterminadas? São metafisicamente interessantes, mas Jung não desejou abordar aqui tais questões. Ele está meramente falando da transferência de energia de um nível para outro". STEIN, op. cit., p. 71.

[350] Idem, p. 64.

[351] Idem, p. 65

[352] JUNG. "Tentativa de apresentação da teoria psicanalítica"..., p. 134.

fatos elementares seja absolutamente necessária. Uma vez, porém, satisfeita essa exigência, a alma não pode ficar parada nesse estágio, mas deve evoluir, convertendo-se as 'causae', para ela, em meios ordenados a um fim, em expressões simbólicas de um caminho a ser percorrido".[353]

Enquanto Freud com seu conceito de *apoio* (*Aniehnung*) identifica a forma como a pulsão libidinal (sexual) caracteriza uma ambivalência com alguns processos instintivos (como a sucção do seio materno pela criança lactante,[354] por exemplo), Jung parte para outro olhar, descaracterizando o foco eminentemente sexual.[355] A direção libidinal, para JUNG, não se vale do ato alimentar como *apoio* para uma satisfação sexual (ou psicossexual), mas está, sim, voltada em um dado momento à necessidade de alimentação, bem como em outro momento será dirigida, sim, a fins de satisfação sexual.[356]

A colisão de concepções só poderia causar uma ruptura brutal, uma vez que, se entendermos a Psicanálise conectada à Modernidade ocidental e representante feroz de um discurso crítico quanto ao modo que o homem se comportava dentro dos moldes dela (Birman), é fácil perceber que a teoria sexual é um alicerce deveras interessante, uma vez que "o propósito de insistir na centralidade da sexualidade era reter a acuidade e a penetração do insight psicanalítico sobre o modo como o ser humano civilizado evita a verdade e sofre por ter que lidar com a sexualidade de uma forma tão dissimilada e tortuosa".[357]

Ao implodir a primazia do discurso libidinal-sexual (sem afastá-lo inteiramente) e relegá-lo à categoria de *elemento* (não elemento-chave), Jung, ao mesmo tempo, corrói o pilar maior da Psicanálise: a sexualidade não teria a tamanha relação com o *incesto* imaginada por Freud e nem o *Complexo de Édipo* poderia seguir sendo visto da mesma forma.

A libido, em se tratando de *energia* desapossada de um cunho específico,[358] não está apontada inicialmente para a *Mãe* enquanto objeto de desejo sexual. O incesto seria simbolicamente significante, e não biologicamente desejado. A *Mãe* desejada – literalmente, para Freud – era na verdade um símbolo de "anseio geral de permanência no paraíso da infância",[359] uma espécie de resistência infantilizada à realização de um movimento psíquico necessário: a troca (simbólica) de

---

[353] JUNG. *A Energia Psíquica*, p. 33.

[354] GARCIA-ROZA, op. cit., p. 99-100.

[355] "Se o lactante sente prazer ao mamar, isto não prova em absoluto que se trata de prazer sexual, pois o prazer pode se originar de várias fontes (...) O beijo, por exemplo, provém muito mais do ato de alimentação do que da sexualidade". JUNG. *Simbolos da Transformação*, p. 402.

[356] JUNG. "Tentativa de apresentação da teoria psicanalítica"..., p. 135.

[357] STEIN, op. cit., p. 69.

[358] "Um conceito qualitativo usado para significar a energia seria inadmissível, pois seria uma especificação da energia que é, precisamente, uma força. Em Biologia isto seria vitalismo, em Psicologia isso seria sexualismo (Freud), ou outro 'ismo', enquanto que seria preciso demonstrar que os pesquizadores reduzem a energética da psique total a uma determinada força a um impulso. Os impulsos, porém, já dissemos, são formas específicas. A energia coloca-se acima deles". JUNG. *A Energia Psíquica*, p. 36.

[359] STEIN, op. cit., p. 66-67

uma confortável e aninhada "infância psíquica" por uma adaptação à realidade "adulta". O deslinde do *Édipo*, em verdade, seria, psiquicamente, o abandono de um pensamento fantasioso infantil para que se passe a exercer uma postura ativa em relação à realidade. A *Mãe* significaria uma "atitude infantil passiva".[360] Como salienta Pieri, a "fixação na mãe" seria, para Jung, uma espécie de "nostalgia regressiva".[361]

Acuado entre a fidelidade[362] a Freud, e sua indomável necessidade de guinada teórica, Jung optou pela segunda, não sem ponderar com receio das sabidas consequências de sua atitude: "Para mim, o incesto só em casos extremamente raros, constitui uma complicação pessoal. Na maior parte dos casos, representa um conteúdo altamente religioso e é por esse motivo que desempenha um papel decisivo em quase todas as cosmogonias e em inúmeros mitos. Mas Freud, atendo-se ao sentido literal do texto, não podia compreender o significado psíquico do incesto como símbolo. E eu sabia que ele jamais o aceitaria".[363]

Jung descaracteriza, assim, a clivagem principal da teoria *freudiana* operada no corte do desejo incestuoso, na medida em que percebe o movimento com outra característica. A *libido* em sua concepção não seria destinada (sexualmente) à posse efetiva da *Mãe* enquanto objeto de desejo, mas sim representaria, em geral, uma necessidade *simbólica*.

A concepção *finalista* defendida por Jung vai se organizar a partir da noção de que a psique possui um fluxo energético trafegando entre seus elementos, de modo a distribuir-se entropicamente, de forma a nivelar relativamente seus opostos e se destinar a um fim. Esse fim, conforme veremos, pode ser hipoteticamente explicado como um equilíbrio psíquico de modo a dar aos conteúdos da camada inconsciente espaço para manifestação:

> Mas se a tensão dos opostos aumenta, em conseqüência de uma unilateralidade demasiado grande, a tendência oposta irrompe na consciência, e isto quase sempre precisamente no momento em que é mais importante manter a direção consciente (...) Nossa vida civilizada exige uma atividade concentrada e dirigida da nossa consciência, acarretando, deste modo, o risco de um considerável distanciamento do inconsciente. Quanto mais capazes formos de nos afastar do inconsciente por um funcionamento dirigido, tanto maior é a possibilidade

---

[360] STEIN, op. cit., p. 86.

[361] "Dessa forma o 'incesto' seria fundamentalmente representação da involução libídica e o 'desejo de incesto' seria expressão do sentimento de estreita comunhão e até de assemelhação com a psique coletiva, que a psique individual experimenta ao chocar-se contra a alteridade". PIERI, Paolo Francesco (dir.). *Dicionário Junguiano*. Trad. Ivo Storniolo. São Paulo: Paulus. (Co-ed.: Vozes), 2002, p. 239-240.

[362] "Tenho ainda uma viva lembrança de Freud me dizendo 'Meu caro Jung, prometa-me nunca abandonar a teoria sexual. É o que importa, essencialmente! Olha, devemos fazer dela um dogma, um baluarte inabalável. Ele me dizia isso cheio de ardor, como um pai que diz ao filho: 'Prometa-me uma coisa, meu caro filho: vá todos os domingos à igreja'. Um tanto espantado, perguntei-lhe: 'Um baluarte – contra o quê?' Ele respondeu-me: 'Contra a onda de lodo negro do...' Aqui ele hesitou por um momento e então acrescentou '...do ocultismo!'. O que me alarmou foi o 'baluarte' e o 'dogma';um dogma, isto é, uma profissão de fé indiscutível surge apenas quando se pretende esmagar uma dúvida, de uma vez por todas. Não se trata mais de um julgamento científico, mas revela somente uma vontade de poder pessoal". JUNG. *Memórias, Sonhos, Reflexões*, p. 136.

[363] JUNG. *Memórias, Sonhos, Reflexões*, p. 149-150.

de surgir uma forte contraposição, a qual, quando irrompe, pode ter conseqüências desagradáveis.[364]

A variação entre os graus energéticos dos elementos da psique, quando se destina a equilibrá-los, geralmente é *racionalizada*, apreendida pela consciência, como se uma mera espécie de *perturbação* fosse. Ocorre que uma leitura mais detida do fenômeno pode vir carregada de outros significados, dado que se conseguirmos superar o interesse "parcial" da consciência podemos captar nas eclosões inconscientes uma *"função informativo-transformativa"* repleta de fatores que podem ser úteis à própria consciência.[365] Essa é a ideia por trás da concepção finalista da *Energia Psíquica*: compreender as variações entre a distribuição da energia motriz como força entrópica tendente ao equilíbrio da psique, da qual algumas manifestações (ou mesmo alguns distúrbios psíquicos correlatos) podem, muitas vezes, ser entendidos como sintomas da ausência dessa equanimidade. A fixação individual dentre um caractere psíquico pode levar à erupção drástica e desordenada (racionalmente falando) de outro, em mesma medida, como meio de equalização.[366]

Com seu conceito "aberto" de *Energia Psíquica*, JUNG rompe com a primazia libidinal que, para a Psicanálise, representa a busca eterna por elementos "substitutivos" e/ou remotamente derivados de um desejo intrinsecamente sexual. A movimentação psíquica se dá pela sucessão de investimento energético na direção de *símbolos*, dos quais a *Mãe* é exemplo, e representante de um estágio que, em indivíduos psiquicamente saudáveis, tende a ser superado com a efetiva destinação de energia para outros focos. A generalização da *sublimação* é, para JUNG, o maior dos equívocos reducionistas. A *castração* idealizada por FREUD, em JUNG, ganha linhas de *superação* de um obstáculo, "atitude psíquica" destinada à progressão e à busca de investimento energético em novos símbolos.

2.3.2. O Si-Mesmo, o Ego e a Função Transcendente

A concepção do mapa psíquico para a Psicologia Analítica de Jung não foi pensada com o objetivo de encarecer o papel da consciência frente à demanda do inconsciente.[367]

Talvez seja essa uma das grandes viravoltas proporcionadas pela doutrina *junguiana*: o afastamento de uma hierarquização apriorística entre a consciência e a porção inconsciente da psique, e uma revigoração desse inconsciente enquanto portador de um potencial indispensável para o desenvolvimento psicológico

---

[364] JUNG, Carl Gustav. "A Função Transcendente" *in A Dinâmica do Inconsciente – Obras Completas de C. G. Jung – Volume VIII*. Trad. Matheus Ramalho Rocha. Petrópolis: Vozes, 1984, p. 71.

[365] PIERI, op. cit., p. 127.

[366] O assunto será retomado e constantemente abordado nos tópicos e Capítulo seguintes.

[367] CLONINGER, Susan C. *Teorias da Personalidade*. Trad. Claudia Berliner. São Paulo: Martins Fontes, 1999, p. 80.

humano:[368] "Sem dúvida alguma, a consciência originou-se do inconsciente. No entanto, quase não pensamos nesse fato, e daí nossa tendência constante de identificar a psique com a consciência, ou pelo menos, a considerar o inconsciente como um derivado ou efeito da consciência (por exemplo, lembramos a teoria freudiana da repressão)".[369]

Jung constatou o funcionamento psíquico enquanto uma integração de elementos[370] e que o trânsito da *Energia Psíquica* se dá em vista de uma necessidade de equilíbrio entre os mesmos: quando estamos por demais "investidos" em um aspecto de nossa personalidade, a erupção dos opostos tende a se manifestar com proporcional intensidade.[371]

Dessa forma, mais do que uma verdadeira "batalha" contra a influência e a eclosão de elementos inconscientes, o trabalho feito em análise clínica deveria pender para a *integração* desses conteúdos ocultos. Uma "rejeição" dos mesmos apenas faz com que eles sejam imbuídos de investimento energético maior, uma vez que a qualidade entrópica da *energia* opera no sentido de equiparar os entes psíquicos. Essa seria a razão de fatores inconscientes opostos a aqueles conscientemente valorizados possuírem tendência a manifestação inesperada (e por vezes imperceptível) em nosso agir cotidiano: o represar dos mesmos e a ausência de busca por integração deles os tornam passíveis de emersão desenfreada às portas da consciência.

A consciência possui um filtro muito menos potente do que se pode imaginar quanto à contenção das manifestações inconscientes. Se durante o sono a consciência parece não ter ingerência nenhuma sobre o destaque dado pela psique aos conteúdos oriundos de nossa camada inconsciente, isso pode muito bem ocorrer também em períodos de vigília. O homem é propenso a ter, mesmo que de forma imperceptível, "quedas de nível mental" que provocam uma relativa inversão dos valores (consciente-inconsciente).[372]

---

[368] CLONINGER, op. cit., p. 77.

[369] JUNG, Carl Gustav. WILHELM, Richard. *O Segredo da Flor de Ouro. Um livro de vida chinês.* Trad. Dora Ferreira da Silva e Maria Luíza Appy. Petrópolis: Vozes, 1990, 6. ed., p. 55.

[370] "É absolutamente necessário para o processo consciente que a atitude seja dirigida, mas isto, como vimos, acarreta inevitavelmente, uma certa unilateralidade. Visto que a psique é um sistema auto-regulador, como o corpo vivo, é no inconsciente que se desenvolve a contra-reação reguladora. Se a função consciente não fosse dirigida, as influências opostas do inconsciente poderiam manifestar-se desimpedidamente. Mas é precisamente o fato de ser dirigida que as elimina. Isto, naturalmente, não inibe a contra-reação, que se verifica apesar de tudo. Mas sua influência auto-reguladora é eliminada pela atenção crítica e pela vontade orientada para determinado fim, porque a contra-reação como tal parece incompatível com a direção da atitude. Por isso, a psique do homem civilizado não é mais um sistema auto-regulador, mas pode ser comparado a um aparelho cujo processo de regulagem automático da própria velocidade é tão imperceptível, que pode desenvolver sua atividade ao ponto de danificar-se a si mesma, enquanto, por outro lado, está sujeita às interferências arbitrárias de uma vontade orientada unilateralmente". JUNG. "A Função Transcendente"..., p. 79-80.

[371] "Quando não se reconhece a dignidade dos fatores atuantes e espontâneos das figuras do inconsciente, é possível sucumbir à crença unilateral no poder da consciência, que conduz à uma tensão aguda". JUNG e WILHELM, op. cit., p. 56.

[372] JUNG, Carl Gustav. *Aion – estudos sobre o simbolismo do Si-Mesmo.* Trad. Matheus Ramalho Rocha. Petrópolis: Vozes, 1998, 5. ed, p. 27.

DECISÃO JUDICIAL NOS CRIMES SEXUAIS

A esse direcionamento nos rumos psíquicos finalistas, movimentados pela *energia* imanente que almeja à integração dos opostos, Jung deu o nome de *Função Transcendente*.[373] A *Função Transcendente* representa o choque dialético entre a consciência e os conteúdos inconscientes da psique em um movimento direcionado para um encontro do *Ego* com o *Si-mesmo* (*self*).

Como salienta Stein, "Para Jung, o si-mesmo não se refere, paradoxalmente, a si mesmo. É mais do que a subjetividade da pessoa, e sua essência se situa além do domínio subjetivo".[374] O *Si-mesmo* seria o verdadeiro centro organizador de todos os componentes de nossa psique, representando uma "convivência dos opostos"[375] ou a "personalidade total e integrada".[376] Sua função primordial seria a de indutor do máximo equilíbrio possível entre o universo inconsciente e a realidade da consciência do *Ego*. Mais um foco de divergência se desvela entre Jung e Freud. Enquanto o pioneiro vienense confere primazia à tentativa de domesticar o emergir do inconsciente (visto sempre como perturbador e propenso ao fomento de patologias), procurando trazer sua raiz para o campo do *Ego*, Jung pondera que uma pessoa deve obedecer à voz de seus impulsos interiores, sem que isso seja visto sempre como algo errôneo ou inaceitável.[377]

Como pontua Cloninger, há dois fluxos naturais da *Energia Psíquica*, sendo ambos como o movimento das marés: o fluxo exterior (com destino aos objetos – adaptação ao mundo externo) e o refluxo interior (com destino às necessidades internas – relação com o "mundo interno" psíquico); viver em "plena consciência" significaria procurar construir um dique no oceano, ao passo que deixar toda a energia investida no inconsciente seria como uma destrutiva inundação.[378]

Por "necessidades internas" podemos entender o *Si-mesmo*, ou sua intencionalidade[379] com vistas à integração da psique e ao equilíbrio de todos os elementos dela componentes. Pelo *Ego* consciente se caracterizar como *um* desses elementos, ele está atrelado ao "projeto" e sua funcionalidade se desdobra em regular a demanda consciente, bem como assimilar gradativamente os elementos do inconsciente para dirigir-se ao *Si-mesmo* e possibilitar o movimento do refluxo.

Vejamos: a questão do *Ego* em Jung reverbera a inversão polar do *cogito cartesiano* promovida pelo saber psicanalítico, envolvendo alguns aspectos ainda mais relevantes.

---

[373] "Que espécie de atitude espiritual e moral é necessário adotar frente às influências perturbadoras, e como se pode comunicá-la ao paciente? A resposta, evidentemente, consiste em suprimir a separação vigente entre a consciência e o inconsciente. Não se pode fazer isto, condenando unilateralmente os conteúdos do inconsciente, mas, pelo contrário, reconhecendo sua importância para a compensação da unilateralidade da consciência e levando em conta esta importância". JUNG, "A Função Transcendente"..., p. 73-74.

[374] STEIN, op. cit., p. 138.

[375] JUNG. *Aion*..., p. 215.

[376] CLONINGER, op. cit., p. 81.

[377] BITTENCOURT, op. cit., p. 19.

[378] CLONINGER, op. cit., p. 145.

[379] STEIN, op. cit., 145.

O *Ego*, para Jung, carrega a função ponto central do "campo" da consciência, sem jamais poder ser identificado com a totalidade dele.[380] Jung aparta, definitivamente, *consciência* e *Ego*, situando uma escala a mais de distância entre a totalização evidenciada pela fórmula *cartesiana* e a premissa de Freud. Mesmo o *"sou onde não me penso"* da Psicanálise[381] é ultrapassado quando se assume que, para além de uma divisão entre o *eu* consciente e a banda inconsciente, há a realidade de um *Ego* que se estrutura como uma ilha de consciência-comando que não representa a totalidade consciente e cuja faculdade é a de estar não *no* comando da psique, mas sim no comando *suposto*.

Faz parte da realidade *egóica*, inclusive, a crença na possibilidade de subjugar e/ou ignorar a existência de outros agentes psíquicos, que igualmente podem a ocupar o controle (conforme perceberemos com os tópicos seguintes). Quando o julgador modelar de Ferrara crê que pode "afastar" a emotividade (inconsciente) com o uso da "consciência" está dando mais vida do que nunca à metáfora do Barão de Münchhausen (Löwy), e agindo de forma a promover um verdadeiro elogio do *Ego*. O *Ego* é nossa estrutura psíquica que representa identificação: por estar o *Ego* intimamente ligado à consciência (Razão) cremos que o que somos, somos *nele*. É sua posição originária defender-se desse modo.

Assim como temos elementos de nossa psique que se constroem e se desenvolvem como uma espécie de "negativo" de nossa autoimagem (ver a *Sombra*, tópico 2.3.4, abaixo), temos um *Ego* que é parte de uma totalidade psíquica, na qual configura a função de nos fornecer uma imagem de "o que somos" enquanto "identidade". É um elemento psíquico tão enigmático quanto os demais, com a diferença que, se aliar à consciência e rejeitar aquilo que não vem do seu próprio âmago faz parte de seu ofício. O *Ego* é, nesse prisma, uma espécie de seletor e diretor das atividades volitivas, autônomo até uma certa medida: é o fator que age em meio à consciência humana com função individualizante.[382] Assim ele não se posiciona como um bastião da consciência no enfrentamento de um rompante inconsciente municiado por desejos obscuros de raiz instintiva e pulsional. Ele tem fundamentos inconscientes complexos, embora por sua própria matriz esteja prédisposto a se vislumbrar como identitário à consciência e indócil a assimilações de conteúdos alheios.

Seria incorreto, portanto, aliar indiscriminadamente *consciência* e *Ego*, dado o fato de que nossa esfera consciente pode ser, anteriormente à possibilidade de existência ou "aquisição" de um *Ego*, compreendida como "o estado de conhecimento e entendimento de eventos externos e internos. É o estar desperto e atento, observando e registrando o que acontece no mundo em torno e dentro de cada um de nós".[383]

---

[380] JUNG. *Aion – estudos sobre o simbolismo do Si-Mesmo*, p. 3.

[381] Ver Nota n° 199, acima.

[382] STEIN, op. cit., p. 27.

[383] Idem, p. 24.

O papel desempenhado pelo *Ego* reside justamente em crer-se portador de uma essência dotada de caráter perene,[384] e sua estrutura superior é justamente "orientada" para uma apreensão cognitiva da realidade circundante.[385] É um componente-ator da psique, como os outros que ora serão analisados, que possui como característica principal um certo raio de atuação em *"livre-arbítrio"*[386] e se mostra programado justamente para exercer um "primado" (ainda que esse primado seja mais limitado do que se possa imaginar, e que ele seja mais suscetível de direcionamentos inconscientes do que poderia supor).

Descartes resumia a evidência indubitável de sua existência a uma constatação *egóica* – *(Ego) cogito, ergo sum*. Quem *"pensa"* e *"logo, existe"*? Um *eu* *(Ego)*. De um ponto de vista que não poderia, historicamente, levar em conta os elementos da psicologia profunda, em sendo representante de uma filosofia dita *da Consciência*, a máxima *cartesiana* se mostra por demais adequada. O horizonte – psíquico – do pensamento *cartesiano* estava (sobretudo na esfera jurídica, onde *ainda* parece estar) resumido à "consciência-de-si-do-pensamento-pensante".[387]

A problemática não opera em meio ao *cogito cartesiano* em si, a imacular (artificialmente) a Razão-consciente e pensar unicamente a partir de portos seguros evidentes desvelados por esse racionalismo. Identificamos, atrelados ao nosso tema de fundo, em meio à discursividade técnico-científica contemporânea (sumamente àquela ligada à prolação de decisões jurisdicionais) uma extrema dificuldade na superação dessa filosofia *da Consciência* (poderíamos nomeá-la, igualmente, na perspectiva da Psicologia Analítica, de *Egóica*), correlata à manutenção de parâmetros que, mais do que defender uma autossuficiente da Razão e uma ignorância quanto à estruturação inconsciente da psique (e sua atuação), trabalha sobre bases que informam um sorrateiro igualitarismo *Ego-consciência*.

O *Ego*, em Jung, é apenas uma engrenagem do esquema funcional psíquico, e a (nossa) conferência (racional) de primado a ele e de cognição a partir dele, exclusivamente, habita precisamente o fato de que sua função não é outra senão "a consciência de si mesmo do corpo como entidade atuante, individual, limitada e ímpar".[388]

A força energética que busca a equiparação dos conteúdos psíquicos não faz mais do que, por vezes, a "serviço" do *Si-mesmo*, movimentar, e, em casos mais extremos, deslocar completamente a primazia do *Ego* sobre a consciência, como forma de alertar para a necessidade de "escuta" de algumas das vozes interiores que estão padecendo por negligência.

---

[384] STEIN, op. cit., p. 28.

[385] Idem, p. 33.

[386] JUNG. *Aion – estudos sobre o simbolismo do Si-Mesmo...*, p. 4.

[387] STRECK, Lenio Luiz. *Verdade e Consenso. Constituição, Hermenêutica e Teorias Discursivas*. Rio de Janeiro: Lumen Juris, 2006, p. 165.

[388] STEIN, op. cit., p. 30.

Muito embora o *Ego* se caracterize por crer-se solitário no controle (exclusivamente) volitivo do indivíduo, JUNG ensina que os "comandos" do *Si-mesmo* focados na conjunção dos opostos psíquicos são como a *"vontade de Deus"*.[389] Dizer isso não significa falar em termos literalmente análogos aos de uma "vontade arbitrária", mas, sim, entender esses impulsos como "dados absolutos com os quais é preciso, por assim dizer, saber conviver de maneira correta. A vontade só consegue dominá-los parcialmente".[390]

2.3.3. Inconsciente pessoal, inconsciente coletivo e arquétipos: mito e psique

A estruturação psicanalítica confere primazia ao *recalcamento* como o grande fator responsável pela *clivagem* da subjetividade, marcando a divisão entre as esferas psíquicas consciente e inconsciente.[391] Para Freud, em sua lógica causal-mecanicista, a negação de acesso à consciência pelos representantes pulsionais seria o momento de fratura entre as perspectivas, sendo esse represamento pulsional o momento da *clivagem originária*.[392]

Posteriormente, alijado em sua teoria do *trauma* e observando, em clínica, o fenômeno da *resistência* (através do qual o paciente promove uma espécie de reação patológica quanto ao enfrentamento de certos temas de conteúdo traumático – por exemplo: esquecimento completo quanto ao evento gerador do trauma), definiu as bases do conceito de *recalcamento*, abarcando o material psíquico confinado inconscientemente como meio de defesa.[393] O *recalcamento* é justamente a impossibilidade de simples eliminação pelo *Ego* consciente desse material psíquico "contido". Daí a célebre assertiva funcional da clínica *freudiana*: "Através da investigação psicanalítica, é possível tornar consciente o esquecido e, desse modo, eliminar uma compulsão que provém do material psíquico inconsciente".[394]

Sem negar, mais uma vez, essa fundamental assertiva das hipóteses *freudianas* iniciais, Jung conferia outra dimensão à questão. O *recalcado* se constitui apenas como uma parte do conteúdo inconsciente, o que faz com que Jung assuma a conclusão primeira, sem, no entanto, enxergar o mesmo nexo de causalidade traumática delineado por Freud.[395] A visão parcialmente atrelada à teoria *freudia-*

---

[389] JUNG. *Aion...*, p. 24.

[390] Idem, p. 25.

[391] GARCIA-ROZA, op. cit., p. 152-153.

[392] Idem, p. 194-195.

[393] Idem, p. 152-153.

[394] FREUD. *Três ensaios sobre a Teoria da Sexualidade...*, p. 67.

[395] "A inconsciência dos impulsos instintivos baseia-se em duas razões: uma é a inconsciência geral, da qual todos participam em maior ou menor grau; a segunda é uma inconsciência secundária, conseqüente à repressão de conteúdos incompatíveis. Este fenômeno não é causa, mas já sintoma de uma atitude neurótica que prefere ignorar certos fatos desagradáveis e não hesita em trocar uma pequena vantagem no presente por toda uma cadeia de sintomas doentios". JUNG. *Símbolos da Transformação...*, p. 165.

na vai permanecer na construção de Jung, ganhando atenção sob a nomenclatura de *Inconsciente Pessoal.*[396]

Nessa esfera *pessoal* da banda inconsciente, poderiam ser encontrados, para Jung, os vestígios de material psíquico não assimilado pela consciência *egóica*. As colisões verificadas entre a psique e o mundo,[397] como tão bem vão estudadas no sistema *freudiano*, se não demasiadas, ajudam na aquisição de maior autonomia e no desenvolvimento do *Ego*. Ocorrendo, ao invés, em demasia traumática, fomentam a absorção inconsciente desse material, e o incuba tal uma espécie de núcleo energético de manifestação latente. A essas pequenas "ilhas" de material psíquico não assimilado que povoam a camada dita *pessoal* do inconsciente, Jung deu o nome de *complexos*.

Conforme destaca Silveira, o termo foi absorvido pela linguagem técnico-psicológica e pelo próprio senso comum, para designar manifestações exprimidas por reações emotivas de notável intensidade, explicáveis em razão do armazenar inconscientemente dinâmico de situações traumáticas e/ou experiências marcantes vividas (ex: "Complexo Materno" para designar alguma dificuldade psíquica referente a algum entrave de relacionamento, por exemplo, com a mãe, ou "Complexo de Inferioridade", para designar a constante busca, pelo indivíduo, de um padrão de situações em que seus desígnios íntimos fracassem, etc).[398] Os *complexos* são "agrupamentos de conteúdos psíquicos carregados de afetividade".[399] Caracterizam-se por sua manifestação tais quais "fatores de perturbação que escapam ao controle da consciência".[400] Diante da manifestação de um *complexo* a pessoa tem sua racionalidade consciente deslocada, e pode vir a dizer ou fazer algo que, posteriormente, julgue inteiramente incompatível com sua vontade ou com motivações inteligíveis: "o roteiro desenrola-se como previsto, e as palavras são ditas, os atos são realizados".[401] O *Ego* vai afastado do comando central das atitudes.

A questão certamente guarda cara similitude com a hipótese *freudiana* da repressão das manifestações psíquicas eminentemente sexuais culturalmente incompatíveis, delineadoras de uma esfera inconsciente e capazes de iguais erupções e iguais deslocamentos da racionalidade.[402] Contudo, uma sólida gama de argumentos faz com que não seja possível a demasiada fixação nesse patamar teórico. A questão dos *traumas* geradores de apreensão e incubação de material psíquico, e das próprias erupções desse material inconsciente (*pessoal*) em meio aos atos conscientes deve ganhar um necessário contorno adicional através de uma ótica que leve em conta a realidade *arquetípica*, como abaixo veremos.

---

[396] "Esta denominação refere-se às camadas mais superficiais do inconsciente, cujas fronteiras com o consciente são bastante imprecisas". SILVEIRA, Nise da. *Jung. Vida e Obra.* Rio de Janeiro: Paz e Terra, 1997, 16. ed. rev., p. 64.

[397] STEIN, op. cit., p. 40.

[398] SILVEIRA, op. cit., p. 30.

[399] Idem ibidem.

[400] JUNG, Carl Gustav. *O Eu e o Inconsciente.* Trad. Dora Ferreira da Silva. Petrópolis: 2004, Vozes, 2. ed., p. 107.

[401] STEIN, op. cit., p. 47.

[402] Idem, p. 57.

Para além de uma noção de inconsciente que abarque simplesmente vestígios de um trauma primordial de incompletude remetente à separação da *Mãe* no momento do nascimento,[403] e dos posteriores represamentos pulsionais (sexuais) incompatíveis com a realidade exterior relativa ao *Ego* (Freud), e para além de sua própria concepção inicial de inconsciente reduzida ao esquema trauma-formação de complexos, Jung concebeu a ideia de *Inconsciente Coletivo*, inaugurando um olhar inteiramente novo para o tema.[404]

O *Inconsciente Coletivo* seria a camada mais profunda da psique humana, detentora de estruturas gerais comuns a todas as pessoas.

Essa hipótese – de que um inconsciente *pessoal* abrigando os conteúdos psíquicos represados (à moda *psicanalítica*) era apenas a parte superior de um arcabouço mais profundo e genérico – começou a se desenhar para Jung em um sonho, que, como o próprio pesquisador relata, retratou-o percorrendo os níveis de uma grande mansão, onde cada pavimento descido representava (nas particularidades de seu ambiente) uma realidade histórica mais ancestral do que a anterior.[405] Os andares mais inferiores, um a um, demonstravam etapas do desenvolvimento da humanidade. No último e mais baixo nível, em uma câmara acessível por uma escada sob um alçapão, embaixo ainda do porão, Jung se deparou com ossadas humanas, o que interpretou como uma representação simbólica de uma espécie de pilar primordial. Foi o *insight* definitivo para que nele florescesse a ideia de que o material culturalmente represado é, em realidade, apenas um dos estratos de nossa esfera inconsciente.

A partir daí, o interesse de Jung se volta para o estudo das possibilidades de existência de um componente arcaico comum a toda psique humana: passou a fazer bastante sentido a notável correspondência entre vários temas alucinatórios manifestados por alguns de seus pacientes da clínica Burghölzli,[406] com conteúdos imagéticos impressionantemente similares a motivos míticos relativos a elementos de religiões ancestrais. Esses motivos seriam representações de elementos inerentes à existência psíquica humana, e não explicáveis pela teoria singela que estabelece as relações consciente-inconsciente exclusivamente pela ação de traumatismos de ordem cultural-afetiva.

---

[403] GARCIA-ROZA, op. cit., p. 193-194.

[404] "A psicanálise freudiana consiste essencialmente em uma técnica que nos permite reconduzir à consciência os chamados conteúdos reprimidos que se tornam inconscientes (...) Por outro lado, não podemos nos fechar para o fato de que estes mesmos conteúdos incompatíveis derivam de instintos inconscientes, o que quer dizer que o inconsciente não é apenas um mero receptáculo, mas a matriz daquelas coisas das quais a consciência gostaria de se libertar. Mas podemos dar um passo adiante e dizer que o inconsciente cria também conteúdos novos. Tudo o que o espírito humano criou, brotou de conteúdos que, em última análise, eram germes inconscientes. Enquanto Freud enfatizou de modo especial o primeiro aspecto, eu acentuei o segundo, sem, contudo, negar o primeiro. Embora não se deva negligenciar o fato de que o homem procura evitar o máximo possível tudo que lhe é desagradável e, por isto, esquece de pronto tudo o que não lhe convém, contudo, pareceu-me muito mais importante descobrir em que consiste realmente a atividade positiva do inconsciente". JUNG. "Psicologia Analítica e Cosmovisão"..., p. 379.

[405] JUNG. *Memórias, Sonhos, Reflexões*..., p. 143.

[406] Em Zurique, onde JUNG trabalhava no início da carreira como psiquiatra, sob a orientação de Eugene Bleuler (ver JUNG. *Memórias, Sonhos e Reflexões*, p. 108-132; STEIN, op. cit., p. 16).

Um passo ousado nessa direção foi a extensa análise dos conteúdos imagéticos oriundos dos relatos da paciente cognominada *Srta. Miller*, tratada originalmente por seu colega Gustav Flournoy.[407] A saliente relação dos padrões de comportamento e imagens oníricas descritas pela paciente com exemplos mitológicos da antiguidade deu aval ao pesquisador para investir em sua nova premissa: a de que existiria uma camada inconsciente comum à humanidade, que não foi gerada como efeito de repressão.[408]

Desde então, a teoria psicológica de Jung seria notadamente marcada pelo estudo conjunto desse inconsciente *Coletivo*, cuja existência se comprovaria pela visível repetição temática de imagens, situações e padrões de comportamento psíquicos nos indivíduos, análogos a elementos religiosos e simbólicos encontrados em todas as culturas de diferentes povos de diferentes épocas.[409]

Esses conteúdos que povoam o *Inconsciente Coletivo* representando combinações de imagens e padrões universalmente predominantes[410] foram, por Jung, denominados *Arquétipos*.

Os *Arquétipos* são "formas instintivas de imaginar", que para JUNG podem ser comparadas "ao sistema axial dos cristais, que determina a estrutura cristalina na solução saturada, sem possuir, contudo, existência própria".[411]

Podem ser conceituados a partir de dois vértices distintos que, de certa maneira, não se mostram excludentes entre si: a) entendidos como uma espécie de herança arcaica, em moldes similares aqueles em que Freud trabalhou nas obras da parte final de sua carreira,[412] os *Arquétipos* seriam um legado psíquico da humanidade, admitida, pois, a hipótese de transmissão de fatores atrelados à consti-

---

[407] Na obra *Símbolos da Transformação*.

[408] "Enquanto trabalhava com essas fantasias de Miller, Jung reuniu uma série de mitos, contos de fadas e motivos religiosos afins, oriundos de remotas paragens do mundo, para interpretar as imagens dessa paciente. Ficou impressionado com os surpreendentes paralelos, e seu espírito procurou encontrar uma explicação de por que essa mulher tinha espontaneamente produzido imagens e temas semelhantes aos da mitologia egípcia, de tribos aborígenes da Austrália e de povos nativos das Américas. Por que paralelos tão grandes ocorrem à mente humana sem grande esforço aparente? O que significa isso?". STEIN, op. cit., p. 87.

[409] "A multidão caótica de imagens encontrada com que nos deparamos no início se reduzia, no decorrer do trabalho, a determinados temas e elementos formais que se repetiam de forma idêntica ou análoga nos mais variados indivíduos". JUNG, Carl Gustav. "Considerações Teóricas sobre a Natureza do Psíquico" in *A Dinâmica do Inconsciente – Obras Completas de C. G. Jung – Volume VIII*. Trad. Matheus Ramalho Rocha. Petrópolis: Vozes, 1984, p. 208.

[410] STEIN, op. cit., 85.

[411] SILVEIRA, op. cit., p. 68.

[412] "Mas uma nova compilação surge quando nos damos conta de que aquilo que pode ser operante na vida psíquica de um indivíduo pode incluir não apenas o que ele próprio experimentou, mas também coisas que estão imanentemente presentes nele, quando do seu nascimento, elementos com uma origem filogenética – uma herança arcaica". FREUD, Sigmund. "Moisés e o Monoteísmo. Três Ensaios" in *Obras completas de Sigmund Freud. Volume XXIII*. Trad. José Octávio de Aguiar Abreu. Rio de Janeiro: Imago, 1988, 2. ed., especialmente p. 107-118. GARCIA-ROZA, igualmente salienta que uma concepção mitológica de *mundo* resultante da projeção de motivos psicológicos no exterior já se fazia presente no ideário *freudiano*, sobretudo enquanto uma das duas acepções de "Metapsicologia" formuladas pelo vienense: uma delas, literal, se identifica com a doutrina de modelos conceituais que constituem a estrutura teórica da psicanálise; a outra, se referiria ao estudo da relação entre metafísica e psicologia, partindo-se para uma avaliação psicológica dos mitos (op. cit., p. 113).

tuição psíquica do homem desde eras demasiado primitivas;[413] b) entendidos como disposições inerentes à estrutura do sistema nervoso-cerebral humano, são a causa de representações possivelmente análogas ou similares no psiquismo de toda a humanidade em suas manifestações mais rudimentares: como pulsões instintivas comuns, os *Arquétipos* funcionariam psiquicamente como tendências herdadas, hipótese que adquire maior espaço nas obras do final da carreira de Jung.[414]

É preciso ressaltar que, muito embora possa haver uma certa comparação desse aspecto da teoria *junguiana* com a doutrina *platônica* de uma "ideia" prime-va, salienta-se que a diferença resulta no instante em que Jung não conceituou seus *Arquétipos* como formas eternas e sim como fatores psicológicos.[415] Ademais, os *Arquétipos* são estruturas, arcabouços carentes de preenchimento imagético: são possibilidades que desenham padrões, sem, contudo ter um conteúdo definido. Não são "imagens inatas". A padronização que orienta as imagens *arquetípicas* vai reduzida a esquemas muito primários, que ganham contornos diversos em cada realidade cultural.[416] Não há um contato com o pilar fundamental do *Arquétipo*, mas sim (e apenas) com suas *imagens*, no instante em que se manifestam psiquica-mente,[417] sendo essas portadoras de algumas características comuns e marcantes, mas nem sempre idênticas. O *Arquétipo* é uma possibilidade de imagem a ser preenchida culturalmente.[418]

Buscando, sim, uma noção que espelhe sua concepção de que "mente e cor-po estão inter relacionados a tal ponto que são quase inseparáveis",[419] Jung formu-la sua noção de *Arquétipos* sempre em inter-relação com a de *instintos* e cruzando aspectos de ambas sem, contudo, igualar os conceitos: *Arquétipos* e *instintos* te-riam um ponto de tangência na fronteira indeterminada entre a esfera psíquica e a somática (denominada de área *psicóide*) e suas funções (uma em relação ao *soma* e outra à *psique*) seriam análogas e muitas vezes conjuntas. Em uma boa analogia, o *Arquétipo* se comportaria – perante a psique – como um *instinto*.[420]

Para uma compreensão mais consistente da noção que Jung procurou trazer com sua teoria dos *Arquétipos*, é essencial buscar socorro na mitologia. O parado-xo entre a multiplicidade de temas culturais, sociais, religiosos e artísticos apre-sentada por toda a história da humanidade, e uma perceptível identificação entre

---

[413] SILVEIRA, op. cit., p. 68.

[414] Idem, p. 69.

[415] STEIN, op. cit., p. 82.

[416] "Apesar de sua maneira específica de expressar ter características mais ou menos pessoais, o esquema geral é coletivo. Estas formas de pensamento são encontradas em todas as épocas e em todos os lugares e, exatamente como os instintos animais, variam muito de uma espécie para outra, apesar de servirem aos mesmos propósitos gerais". JUNG, Carl Gustav, *et. al. O Homem e Seus Símbolos*. Tradução de Maria Lúcia Pinho. Rio de Janeiro: Editora Nova Fronteira, 1997, p. 67.

[417] JACOBI, Jolande. *Complexo, Arquétipo, Símbolo, na Psicologia de C.G. Jung*. Trad. Margit Martincic. São Paulo: Cultrix, 1995, 10 ed, p. 38.

[418] SILVEIRA, op. cit., p. 69.

[419] STEIN, op. cit., p. 82.

[420] Idem, p. 92.

DECISÃO JUDICIAL NOS CRIMES SEXUAIS

os mesmos é a chave para que possamos compreender os *Arquétipos* enquanto estruturas-padrão de nosso universo psíquico, condicionantes da forma como nos relacionamos com o mundo. E essa possui uma carga muito mais mítica do que podemos à primeira vista imaginar.

Eliade explica que o mito, diferentemente de sua conotação linguística contemporânea (fábula ou mesmo ficção), deve ser entendido enquanto elemento "verdadeiro" de explicação e fornecimento de modelos de comportamento para a vida humana,[421] Afinal, todas as culturas produzem e alimentam suas mitologias, e tem seu desenvolver por elas acompanhado/simbolizado: "O mito, portanto, é um ingrediente vital da civilização humana; longe de ser uma fabulação vã, ele é, ao contrário, uma realidade viva à qual se recorre incessantemente; não é absolutamente uma teoria abstrata ou uma fantasia artística, mas uma verdadeira codificação da religião primitiva e da sabedoria prática".[422]

As comparações conduzidas por Eliade tornam inequívoco o fato de que existe uma padronização mítica tanto na esfera pessoal, quanto em práticas sociais tão díspares quanto aquelas das sociedades do Antigo Oriente e da atual Europa Ocidental.

Eliade encontra uma instigante padronização entre movimentos socioculturais e políticos presumíveis opostos e situa-os, todos, dentre uma mesma lógica que obedeceria a direcionamentos míticos primários. O *reich* ariano, a *ausência* de Estado e de propriedade privada na revolução comunista russa e o próprio *Juízo Final* do catolicismo, por exemplo possuem uma relação muito mais estreita do que se pode conceber à primeira vista, se analisados sob esse prisma. Seriam levantes que angariaram força com o apoio de um apelo notadamente mítico que exibem sorrateiramente: não haveria nada, sob essa visão, que os diferenciasse das lendas ancestrais fabulosas de povos primitivos onde um *salvador* enfrentará os *inimigos* buscando *instaurar* uma *nova realidade* condizente com um *tempo primordial paradisíaco* onde algum tipo de *harmonia* era reinante, bonança essa que certamente *tornará a existir* quando a nova ordem estiver definitivamente *consolidada*.[423]

Cristo, ainda na hipótese de Eliade, por exemplo, não seria, pois, um homem mitologicizado (santificado), mas sim um *mito* humanizado: a saga do Messias católico, em detalhes surpreendentemente equivalentes,[424] já foi verificada ao longo da história, por diversas culturas e povos, em mais díspares épocas. Sua mitologia se encontra imbricada em nossa estrutura psíquica, pronta para ser ativada. E é essa a grande conclusão de Eliade, aproximando-se bastante da obra *junguiana*: o mito existe antes da história. Não existem sagas que adquirem componentes míticos pelo seu valor histórico. O mito (aproximado, aqui, da noção de *Arquétipo*)

---

[421] ELIADE, Mircea. *Mito e Realidade*. Trad. Polla Civelli. São Paulo: Perspectiva, 2006, 6. ed., 1ª reimp., p. 8-9.

[422] Idem, p. 23.

[423] Idem, p. 63-65.

[424] Idem, p. 92

é inato à nossa estruturação psíquica e, assim, à nossa visão de mundo. São as ocorrências históricas que podem se acoplar, ou não ao arcabouço mítico, e lhes dar representação.

Dessa maneira, Jung vai ao encontro da mitologia e pode dar substrato a sua concepção de *Inconsciente Coletivo* povoado por *Arquétipos*, que se traduziriam em esquematizações primordiais da psique humana detentoras de uma base unitária, mas que seriam culturalmente apreendidas ao longo dos tempos em formas de manifestação das mais diversas. As representações míticas que permeiam toda a evolução humana não seriam mais do que a imagética dos padrões *arquetípicos* remetendo a temas comuns, que *"produzem pensamentos, imagens e sentimentos"* como bem explica Von Franz.[425]

Em Eliade: "Pode-se ir mais longe ainda e afirmar não somente que o inconsciente é 'mitológico', mas também que alguns dos seus conteúdos estão carregados de valores cósmicos (...) Pode-se mesmo dizer que o único contato real do homem moderno com a sacralidade cósmica é efetuado pelo inconsciente, quer se trate de seus sonhos e de sua vida imaginária, quer das criações que surgem do inconsciente (poesia, jogos, espetáculos, etc)".[426] E para Jung: "Podemos constatar quase diariamente, entre nossos pacientes, de que modo surgem as fantasias míticas; elas não são inventadas, mas se apresentam como imagens ou cadeias de idéias que irrompem do inconsciente, e se fossem contadas, teriam, não poucas vezes, o caráter conexo de episódios com valor igual ao das representações míticas".[427]

Tornando à discussão da questão dos *complexos*, pode-se dizer que, ao contrário do que Jung inicialmente pensava (quando se mostrava mais conectado à lição *freudiana*), nenhum elemento inconsciente se furta à imagética *arquetípica*: nossos próprios resíduos *pessoais* oriundos de traumas e eventos afins se organizam na forma de *complexo* alijados em padrões *arquetípicos* correlatos. Complexos como o "de inferioridade" e o "materno" não são simplesmente abarcados pelo inconsciente e funcionalizados por si só, mas, sim, porque encontram, do lado oposto, uma base típica, tal um receptor. Por trás de um "complexo materno", mais do que algum evento psiquicamente marcante envolvendo a figura materna *real* – ou seu equivalente – existe um arcabouço de acoplagem, uma imagem

---

[425] "No final da Antiguidade já havia surgido a idéia de que determinados deuses poderiam ter algo a ver com os comportamentos emocionais do homem; uma concepção especialmente fomentada pela especulação astrológica. Assim, Saturno está relacionado com a disposição melancólica, Marte com a agressão e a iniciativa, Vênus e Cupido com o amor e a sexualidade – estados de espírito que podem afligir os homens de maneira muito forte, subjugando temporariamente seu eu consciente (...) Os deuses são configurações de certas constantes naturais da psique inconsciente e de comportamentos da personalidade emocional e imaginativa. Jung, como sabemos, designou essas constantes como Arquétipos. Trata-se de estruturas inatas e implícitas, que sempre, e por toda parte produzem pensamentos, imagens, sentimentos e emoções semelhantes no homem, paralelamente aos instintos, nossos impulsos específicos para a ação". VON FRANZ, Marie-Louise. *Reflexos da Alma – Projeção e Recolhimento Interior na Psicologia de C.G. Jung*. Trad. Erlon José Paschoal. São Paulo: Cultrix/Pensamento, 1997, p. 29.

[426] ELIADE, op. cit. p. 73.

[427] JUNG. *A Energia Psíquica*, p. 46.

DECISÃO JUDICIAL NOS CRIMES SEXUAIS

materna *arquetípica*. A coligação de um evento marcante se potencializa com o preenchimento traumático de uma imagem primordial-psíquica de *Mãe* e/ou com o embate entre as expectativas externa (*egóica*) e interna (*arquetípica*) que o indivíduo tem de "mãe".[428]

Diante do fato de que o *Arquétipo* é uma possibilidade de direcionamento, preenchida imagética e culturalmente de maneira particular, podemos ter que seu preenchimento por um conteúdo traumático criará psiquicamente uma estrutura praticamente permanente,[429] e propícia a erupções na consciência quando o indivíduo se ver deparado com uma situação que invoque a imagem ou o tema em questão.

Assim as imagens *arquetípicas* podem se manifestar não apenas na nossa visão necessariamente mítica de mundo, mas também sob a forma de *complexos*, quando, aderidas a uma carga energética resultante de algum motivo psiquicamente relevante ou traumático, podem irromper à consciência de forma a afastá-la inteiramente e obrigar o indivíduo a agir de acordo com seu conteúdo padronizado. Afinal, o *Arquétipo* pode também ser definido como "uma espécie de aptidão para reproduzir constantemente as mesmas idéias míticas".[430] Afinal: "os afetos têm um caráter autônomo e por isso subjugam a maioria das pessoas".[431]

Para a Psicologia Analítica, os padrões *arquetípicos* inundam nosso modo de ser, sendo que sua veste mitológica nada mais é do que uma representação dos conteúdos do *Inconsciente Coletivo* tal e qual uma forma de *incidência* imagética sobre o padrão estabelecido. Esse padrão é, assim, ao mesmo tempo fixo e variável: o *Arquétipo* é simultaneamente "o que imobiliza a dinâmica da vida social ou que dinamiza o que é estático nela".[432]

Elementos como o *poder*, a *ordem* e a própria noção de *justiça* estariam, por exemplo, ligados a padrões *arquetípicos* sendo cotidianamente vistos e *vivenciados* por nós, de maneira que certas associações feitas pela nossa psique frente a eles, ainda que de maneira inconsciente, podem estar refratando componentes que, em seu fundo, remetem, para além de uma organização institucional ou social visível, a relações de nível muito mais arcaico ou primitivo. Fatores *arquetípicos* se manifestam no seio da psique individual e nas práticas cotidianas quando menos esperamos[433] e possuem apelo energético e influente justamente porque são por nós recepcionados de forma irresistível, embora quase sempre inconsciente.

---

[428] "Os arquétipos são, assim, dotados de iniciativa própria e também de uma energia específica que lhes é peculiar. Podem, graças a esses poderes, fornecer interpretações significativas (no seu estilo simbólico) e interferir em determinadas situações com seus próprios impulsos e suas próprias formações de pensamento. Neste particular, funcionam como complexos; vão e vêm à vontade, e, muitas vezes, dificultam ou modificam nossas intenções conscientes de maneira bastante perturbadora". JUNG, *O Homem e seus símbolos*, p. 79.

[429] STEIN, op. cit., p. 32.

[430] JUNG, Carl Gustav. *Psicologia do Inconsciente*. Trad. Maria Luíza Appy. Petrópolis: Vozes, 1980, 2. ed., p. 61.

[431] JUNG e WILHELM, op. cit., p. 53.

[432] MAFFESOLI, op. cit., p. 104.

[433] Idem, p. 22.

Os arquétipos são elementos estruturais da psique: não são derivados da cultura. As formas culturais é que são derivadas de arquétipos.[434]

Do mesmo modo que Eliade fala a respeito de uma visão de mundo *mítica* e condicionante para o homem (em que pese o caráter "sagrado" de muito da mitologia e da ritualística sofrer, muitas vezes, um processo de camuflagem "profana" no mundo moderno[435]), Jung trata de uma apreensão *arquetípica* dos fenômenos, que opera por mecanismos de reconhecimento: não há *camuflagem* que possa velar a conexão estabelecida pela via inconsciente.

Tornamos a frisar, por fim, que não há imagens prontas no *Inconsciente Coletivo*: o que existe são possibilidades de padronizações que ao longo dos tempos, na história da humanidade, *sempre* estiveram presentes, mesmo sem um conteúdo uniforme em todas as culturas. O poder (divino) interventor e detentor da *justiça*, por exemplo, sempre se verificou em uma encarnação, seja através da divindade suprema ou do chefe da tribo, seja através do sacerdote, seja através de figuras contemporâneas do organismo social que adquirem traços, vestes e discurso ritualizado com flagrantes componentes de todos esses. Não é à toa que Campbell e Moyers associam que "quando se torna juiz, um homem deixa de ser o que era e passa a ser o representante de uma função eterna. As pessoas percebem que estão diante de uma personalidade mitológica".[436]

2.3.4. A "Sombra" e a "Persona": metáforas literárias para máscaras desveladas

"A obrigação em que me encontrava de esconder a parte viciosa da minha vida dava-me, por exemplo, um ar de frieza que se confundia com o da virtude, a minha indiferença proporcionava-me ser amado, o meu egoísmo culminava nas minhas liberalidades".[437] A frase lançada por Jean-Baptiste Clemence, em *A Queda*, de Camus, revela, mais que um tema marcante em meio à narrativa, um evidenciado traço da personalidade do protagonista: a preocupação constante vinculada ora à imagem que ele próprio tem de si, ora à imagem que os outros lhe conferem e, por vezes, à tensão entre ambas.

Em realidade, talvez seja mais correto fazer menção não a um traço da personalidade individual, uma vez que, como lembra Stein, "referimo-nos às pessoas

---

[434] STEIN, op. cit., p. 116.

[435] "Na verdade, Eliade acredita que o homem total nunca está completamente fora da esfera sagrada. A vida do homem moderno secularizado ainda comporta algo de sagrado. Identificamos no seu quotidiano resíduos de mitos, ritos religiosos, porém camuflados a um tal ponto que não podem ser reconhecidos" ROHDEN, Cleide Cristina Scartelli. *A Camuflagem do Sagrado e o Mundo Moderno à luz do pensamento de Mircea Eliade*. Porto Alegre: Edipucrs, 1998, p. 14.

[436] CAMPBELL, Joseph, MOYERS, Bill. *O poder do mito*. Trad. Carlos Felipe Moisés. São Paulo: Palas Athena, 1990, p. 12.

[437] CAMUS, Albert. *A Queda*. Trad. Valerie Rumjaneck. Rio de Janeiro: Record, 1990, 6. ed., p. 67.

como detentoras de uma personalidade, mas, de fato, esta é composta por um agregado de subpersonalidades".[438]

Cremos que, com isso, a noção ainda não se mostra definida, eis que, mais do que subpersonalidades, o indivíduo revela, dentre sua esfera psíquica inconsciente, um verdadeiro caráter fragmentário de sua personalidade. Categorizar isso com o prefixo sub seria, talvez, minimizar o efeito desses fragmentos e sugerir a hipótese de que eles estejam em uma espécie de nível sempre inferior e passível de controle pela Razão-consciência, igualada, no caso, à personalidade "principal". Na verdade, muitas manifestações psíquicas variam sua carga de intensidade, desde uma notável influência a um total deslocamento do *Ego* para o assumir do controle volitivo do indivíduo e condicionar suas ações e pensamentos (como pode ocorrer no caso da erupção de um complexo, conforme visto no tópico anterior). Não há, contudo, que se exagerar em nenhum extremismo condescendente à existência de uma multiplicidade caótica de personalidades para uma só pessoa: qualquer pessoa poderia ser descrita, portanto, como uma versão menos exagerada daquele que se encontra em nível patológico de múltiplas personalidades.[439]

Assim, tornamos a utilizar a literatura como exemplo: mais do que o "juiz--penitente" de Camus, o alferes Jacobina, de Machado de Assis, é quem discorre sobre o fato de que nossa (por vezes) brusca mudança de comportamento em relação ao meio social circundante não espelha nada além do fato de que não temos apenas uma "alma".[440] Jung estudou esse aspecto da psique, ao qual batizou de Persona.[441] Para Stein, a Persona "é o rosto que usamos para o encontro com o mundo social que nos cerca (...) é a pessoa que passamos a ser em resultado dos processos de aculturação, educação e adaptação aos nossos meios físico e social".[442]

Não podemos cair no equívoco de considerar que apenas caracteres de contornos míticos repletos de grandiloquência podem ser associados à definição de Arquétipo e à suas manifestações: a *Persona*, e o próprio *Ego*, são *arquetípicos*, no instante em que a predisposição para desenvolver uma suposta identidade pessoal "real" (*Ego*) e uma imagem idealizada dessa identidade (*Persona*) é comum. As experiências pessoais/culturais dão forma ao seu conteúdo, mas o arcabouço psíquico para tais figuras é inato e universal. O mesmo vale para os demais "entes" estudados ao longo destes tópicos: sua diferença para com as outras manifestações arquetípicas reside no fato de que elas são apenas as mais comuns e evidentes.[443] Isso é um ponto crucial para a compreensão das noções.

---

[438] STEIN, op. cit., p. 97.

[439] Idem, p. 103.

[440] ASSIS, Machado de. "O Espelho" in *Papéis Avulsos*. Rio de Janeiro: W.M. Jackson Editores, 1937, p. 263.

[441] "A palavra persona é realmente uma expressão muito apropriada, porquanto designava originalmente a máscara usada pelo ator, assinalando o papel que este ia desempenhar na peça". JUNG, *O Eu e o Inconsciente*, p. 133.

[442] STEIN, op. cit., p. 98-101.

[443] CLONINGER, op. cit., p. 88.

Todos temos um caractere psíquico *arquetípico* que se presta ao papel de modelo relativo à adequação/adaptação ao meio social: é o que "somos" quando tentamos ser aquilo que os outros "querem" que "sejamos". A *Persona* é o componente que desempenha essa função, uma vez que atua na psique individual como um verdadeiro receptáculo "coletivo". Ela é nossa imagem interior de "ponte" para a adaptação. Ela está voltada para o mundo externo e é a ele que ela se coliga. É uma máscara usada pela psique, para representar um viés de manifestação individual que, na verdade, não é mais do que uma resposta do indivíduo às demandas exteriores e à acoplagem desse indivíduo à imagem que ele visa transmitir para essa relação.[444] Afinal, a *Persona* é uma imagem do sujeito dotada de um verdadeiro "compromisso social".[445] Adaptar-se aos anseios do meio social circundante, por vezes, é opção volitiva do Ego. Por vezes, se mostra algo além disso.

É importante mencionar que a nomenclatura com a qual Jung estabeleceu as diferentes atitudes dos elementos da psique (e a *Persona* é apenas um dentre tantos exemplos) muitas vezes é tomada por reles alegoria em meio à construção teórica. A pertinência de tratar desses entes psíquicos personificando-os torna-se inequívoca, entretanto, diante do fato de que não há forma mais propícia de se enxergar conceitual e fáticamente as estruturas em questão, pela sua própria manifestação.[446] Eis por que se refere que os elementos da psique aqui abordados, *atuam*, conferindo-lhe maldisfarçada autonomia.

Quando focaliza a *Persona*, Jung aponta para o fato de que por vezes, as pessoas desempenham "papéis" e se valem de atitudes inteiramente convencionais e estereotipadas, em detrimento de sua própria individualidade *egóica*.[447] A "atuação" da *Persona* protege os indivíduos da vergonha, caracterizando-se por um movimento psíquico que visa ao "nosso encontro com os outros, para sermos como eles e para que eles gostem de nós".[448]

Em virtude dessa característica psicológica imanente e desse viés de adequação já preparado para agir de forma *arquetípica* em nosso interior, pode ocorrer de a *Persona* se acoplar de tal forma ao Ego de maneira a gerar uma perigosa identificação: direcionado à adequação exterior irrestrita e sempre crescente – tendência da *Persona* – o "eu" da consciência perde o espaço para manifestação de sua verdadeira individualidade. O indivíduo passa a ser alimentado pela aceitação social que advém de sua busca por paridade com o ambiente cultural exterior. Portadores de um *Ego* frágil são isca fácil para viverem em um estado de simbiose psíquica com sua própria representação-ideal oriunda de um desses "papéis": "A identificação com um papel é motivada, de um modo geral, pela ambição e aspi-

---

[444] JUNG. *O Eu e o Inconsciente*, p. 134.

[445] Idem, p. 153.

[446] "A personificação não é uma invenção ociosa, porquanto o indivíduo efetivamente excitado não demonstra um caráter indiferente, mas um caráter bem definido e diferente daquele que lhe é habitual". JUNG e WILHELM, op. cit., p. 53.

[447] STEIN. op. cit., p. 102.

[448] Idem, p. 111-112.

DECISÃO JUDICIAL NOS CRIMES SEXUAIS

ração social. Por exemplo: uma pessoa que é eleita para o Senado dos Estados Unidos adquire um papel com elevado valor. Com ele vem a fama, honrarias e grande visibilidade social, e o indivíduo que é senador tende a fundir-se com o papel, até o ponto de desejar ser tratado por amigos íntimos com manifesto respeito".[449]

Nosso "eu" da consciência vive nessa ambivalência com a Persona, vez em que oscila entre a autonomia volitiva que lhe é própria (e que configura sua característica primordial enquanto elemento da psique) e a cessão às pressões para diluição na cultura do coletivo e aceitação de suas imposições.[450]

Uma aderência exclusiva à *Persona* em detrimento de suas próprias conjecturas individuais foi, certamente, a causa da ruína do citado Jacobina de Machado de Assis: deslumbrado ante o prestígio que sua condição de Alferes da Guarda Nacional lhe concedia, e fascinado pelas reverências que lhe eram dirigidas quando do uso de seu imponente uniforme,[451] o narrador desse conto fantástico percebeu que o encantamento provocado em si mesmo e nos seus convivas pelo seu louvável e graduado posto estava-o levando à loucura em uma nítida metáfora aplicável à identificação Ego-Persona:

> O alferes eliminou o homem. Durante alguns dias as duas naturezas equilibraram-se; mas não tardou que a primitiva cedesse à outra; ficou-me uma parte ínfima de humanidade. Aconteceu então que a alma exterior, que era dantes o sol, o ar, o campo, os olhos das moças, mudou de natureza, e passou a ser a cortezia e os rapapés da casa, tudo o que me fallava do posto, nada do que me falava do homem. A única parte do cidadão que ficou commigo foi aquella que entendia com o exercício da patente; a outra dispersou-se no ar e no passado.[452]

Se a *Persona* pode ser definida como nossa faceta voltada à adaptação e ao bem-querer social, submissa à captação de atenção, sedenta pelo *feedback* do reconhecimento exterior, e sobreposta muitas vezes de forma imperceptível ao *Ego* consciente, Jung igualmente deixou claro que há o devido contrapeso (como em todos os processos psíquicos). E o contrapeso vem, justamente, sob a forma de uma outra realidade acoplada ao *Ego*, que, ao contrário da *Persona*, não se mostra afeita à exibição social, nem passível de identificação modelar, não denotando agrado quando vislumbrada.

Para essa conceituação, Jung utilizou o termo *Sombra*.

---

[449] STEIN, op. cit., p. 106.

[450] Idem, p. 107.

[451] "Tinha vinte e cinco annos, era pobre, e acabava de ser nomeado alferes da guarda nacional. Não imaginam o acontecimento que isto foi lá em casa. Minha mãe ficou tão orgulhosa! Tão contente! Chamava-me o seu alferes. Primos e tios, foi tudo uma alegria sincera e pura. Na villa, note-se bem, houve alguns despeitados; chôro e ranger de dentes, como na Escriptura; o motivo não foi outro senão que tinha muitos candidatos e estes perderam (...) Vae então uma das minhas tias, D. Marcolina, viuva do Capitão Peçanha, que morava a muitas léguas da villa, num sitio escuso e solitário, desejou vêr-me, e pediu que fosse ter com ella e levasse a farda". ASSIS, op. cit., p. 265-266.

[452] ASSIS, op. cit., p. 268.

A *Sombra* é "o lado inconsciente das operações intencionais, voluntárias e defensivas do ego. É, por assim dizer, a face posterior do ego".[453] *Sombra*, *Ego* e *Persona* mantêm uma relação íntima, dado o fato de que "o termo Sombra diz respeito aos aspectos da psique que são removidos da consciência pelo ego em função de serem incompatíveis com a concepção que o ser humano tem de si".[454]

A *Sombra* invoca nossa metade indesejável: aspectos psíquicos que procuram ser exterminados ou ocultados pelo determinismo do *Ego*, mas que não se dissipam, senão se fixam, represados, não se furtando de manifestações inesperadas e bruscas. Tanto que a atividade *sombria* pode ser equiparada na concepção *junguiana* com a atividade perturbadora e incessante do *Id* de Freud, guardadas, logicamente, as flagrantes disparidades conceituais presentes no exemplo.[455]

Se a *Persona* se faz ilustrada pelo Jacobina de Machado de Assis, a *Sombra* pode muito bem ganhar tonalidades exemplares com o Dorian Gray de Wilde, cuja saga sobrenatural informa uma macabra dicotomia.

Belo, jovial (apesar do passar dos anos), carismático, imponentemente sedutor, e com nome respeitado entre as rodas da aristocracia britânica, Gray escondia um terrível segredo: uma personalidade desprezível, egoísta, malévola, supérflua e mesquinha se revelava apenas através de uma mágica tela onde fora retratada, em pintura, sua face.[456] Ao contrário do próprio Gray, o retrato, ao longo do tempo, apresentava sinais de velhice, feições sinistras, exibia rastros de seus inúmeros atos vis, e parecia ser o receptáculo de todas suas falhas de caráter. Se em um primeiro momento era fácil para Gray ignorar essa incrível realidade do quadro, não tardou para que o encontro inevitável com sua "consciência" o levasse a uma drástica e desesperada negação.[457]

A polarização representada em tons alegóricos por Wilde não é mais do que um hábito cultural de nossa realidade cotidiana: identificar-se (a ponto de mescla) com a imagem que seria agradável mantermos (*Persona*) rejeitando aspectos indesejados e/ou desconhecidos pelo *Ego* (conteúdo da *Sombra*). Nossas opções *egóicas* são passíveis de (re)presentar não o todo, mas sim, a parcela psíquica referente ao binômio Razão-consciência (Descartes). O tolhimento promovido pela

---

[453] STEIN, op. cit., p. 98.

[454] CLONINGER, op. cit., p. 84.

[455] STEIN, op. cit., p. 99.

[456] "'Como é triste' – murmurou Dorian, com os olhos fixos ainda no seu retrato – 'Como é triste! Tornar-me-ei velho, horrível, espantoso. Mas esse retrato permanecerá sempre jovem. Não será nunca mais velho do que eu nesse dia de junho...Se ocorresse o contrário! Se eu ficasse sempre jovem; e se esse retrato envelhecesse! Por isso daria tudo! Sim, não há nada no mundo que eu não desse! Daria até minha própria alma!'". WILDE, Oscar. "O Retrato de Dorian Gray" in *Obra Completa*. Trad. Oscar Mendes. Rio de Janeiro: Nova Aguilar, 1995, p. 75.

[457] "(...) aquele retrato. Devia destruí-lo. Por que o tinha conservado durante tanto tempo? Em outros tempos, experimentava certo prazer em observar como mudava e envelhecia. Mas havia muito tempo isso deixara de diverti-lo. Pelo contrário, agora mantinha-o acordado durante a noite. Quando saía, sentia verdadeiro pavor à idéia de que outros olhos pudessem contemplá-lo. Ele é que havia enchido de melancolia suas paixões. Sua simples recordação punha a perder muitos momentos de alegria. Tinha a impressão de que era sua própria consciência. Sim, era isso, sua própria consciência. Tinha que destruí-lo." WILDE, op. cit., p. 223-224.

escolha do *Ego* quanto a alguns aspectos, atitudes, pensamentos expressos não elimina os desejos e impulsos eminentemente contrários (que certamente existem e fazem parte do global da psique). Ele simplesmente os afasta, sem qualquer garantia que impeça uma futura manifestação. Não podemos aniquilar a *Sombra*, eis que ela é parte de nossa esfera psíquica. Ela nos representa, também.[458]

Muitas vezes, nos valemos dessa usual definição de *Sombra* enquanto espécie de "lado perverso" de nossa personalidade. O conceito é correto, desde que não sirva para justificar reducionismos. Não raro impregnamos a ideia de *Sombra* desse caráter malévolo, com respaldo em alguns ensinamentos do próprio Jung.[459] Ocorre que não há como sustentar apenas uma versão como essa, uma vez que o inconsciente é eminentemente amoral, sendo a oposição bem-mal a ele alheia e referente, unicamente, à cultura e a elementos ligados à Razão consciente: "O que o ego quer na sombra, entretanto, não é necessariamente mau em si e de si e, com freqüência, a sombra, uma vez enfrentada, não é tão perversa quanto se imaginou".[460] É preferível uma noção de *Sombra* não somente enquanto arcabouço de aspectos indesejados e/ou repulsivos frente à consciência *egóica*, mas também enquanto aspectos desconhecidos, não desenvolvidos e não identificados com os elementos caros à *Persona*.

Especificamente quanto a essa última visão, pode-se falar com mais propriedade em conteúdos maléficos, perversos e *imorais*, uma vez que a autoimagem que se desenha e se expõe desde a *Persona* é geralmente identificada com a moral cultural. *Sombra* e *Persona* são como dois irmãos contraditados que guarnecem o *Ego*: se um é racional, o outro é emocional,[461] e assim podemos prosseguir em uma lógica de divergências. A *Persona* é um alvo de identificação para o *Ego*. Já a *Sombra* é, muitas vezes, alvo de sua repulsa e de seu temor, vista a condição obscura e misteriosa de seu conteúdo.

Por isso, a questão da *Sombra maléfica* deve sempre ser analisada junto à *Persona*: "para um ego que esteve identificado com a persona e seus supostos valores e qualidades, a sombra tresanda a podridão e a malignidade".[462]

A *Persona* é um elemento com o qual o contato é agradável, uma vez que denota papéis, por vezes, conferentes de poderio e cujos predicados são socialmente

---

[458] Basta lembrar do fatídico desfecho da desventura de Dorian Gray. Ao tentar destruir o retrato perfurando-o com um punhal, tombou falecido, afligido pelas marcas da velhice e feiúra que até então jamais havia manifestado: "Ao entrar, encontraram pendurado na parede um esplêndido retrato de seu patrão, que o representava como estavam acostumados a vê-lo, em toda a pujança de sua rara juventude e beleza. Estendido no solo, encontrava-se um homem morto, em traje de cerimônia, com uma faca cravada no coração. Era velho, cheio de rugas e seu rosto inspirava repugnância. Só o reconheceram quando examinaram os anéis que usava". WILDE, op. cit., p. 224.

[459] "Todas as tentativas, até agora, revelaram-se singularmente ineficientes e assim hão de permanecer enquanto estivermos tentando nos convencer – a nós e ao mundo – de que apenas eles (nosso oponentes) é que estão errados. Seria bem melhor fazermos um esforço sério para reconhecermos nossa própria 'sombra' e sua nefasta atividade (...) Se pudéssemos ver esta sombra (o lado escuro e tenebroso da nossa natureza) ficaríamos imunizados contra qualquer infecção e contágio moral e intelectual". JUNG. *O Homem e Seus Símbolos*, p. 85.

[460] STEIN, op. cit., p. 99.

[461] Idem, p. 100.

[462] Idem, p. 101.

elogiáveis. Nosso lado eloquente e sempre passível de aprimoramento para angariar boa recepção. Ativada por uma manifestação de *complexo*, a identificação patológica com a *Persona* faz com que o indivíduo adira inteiramente ao universo externo e tome essas diretrizes de poder-aceitação como sua bússola interior.

Já o contato com a *Sombra* é pautado por um intenso sofrimento,[463] o que torna comum a facilidade maior que temos para vislumbrá-la mais nas atitudes de outras pessoas do que em um processo de autoconhecimento. É como se nossa psique soubesse que *"é mais seguro"* observar a sombra "lá fora":[464] a Sombra é "aquela parte do inconsciente que complementa o ego e representa as características que a personalidade consciente recusa-se a admitir e, portanto, negligencia, esquece, enterra...até redescobri-las em confrontos desagradáveis com os outros".[465]

Este fenômeno psíquico, chamado de *projeção*, será analisado com mais propriedade (em relação à questão Julgador – Réu) no Capítulo 3 vindouro. Por hora, resta-nos fazer uma salutar diferenciação categórica: enquanto que para Freud a projeção de conteúdos psíquicos no exterior assume caráter de mecanismo de defesa do *Ego*, para Jung é justamente o contrário: dada a *função transcendente* identificada pelo suíço em nossa esfera psíquica e à concepção *finalista* do inconsciente, a *projeção* não é simplesmente meio de "defesa",[466] mas, sim, um meio lento e gradual encontrado pela psique para fazer com que o indivíduo entre contato com esses conteúdos interiores.

Persona e *Sombra* estão por demais coligadas ao *Ego*, vez em que, grosso modo, podem ser conceituadas, respectivamente, como os condensados de imagem idealizada que o *Ego* pode almejar e imagem rejeitada, nos mesmos moldes.

2.3.5. *"Anima" e "Animus": para além de um simplismo de gênero*

Dentro do esquema imaginado por Jung para as equivalências psíquicas que possibilitem um equilíbrio, *Anima/Animus* estariam para o interior (*Si-mesmo*) assim como a *Persona* para o mundo exterior: uma função adaptativa, um elemento que auxilia na gradativa inserção e aceitação.

Assim como a *Persona* é uma faceta de personalidade que se manifesta visando a conformidade com o meio (agregando valores compatíveis e "vivenciando" papéis ideais), *Anima/Animus* seriam como um verdadeiro intermediário entre

---

[463] VON FRANZ, op. cit., p. 156.

[464] ABRAHAMS, Jeremiah. SWEIG, Connie. "Introdução: o lado da sombra na vida cotidiana" in *Ao encontro da sombra. O potencial oculto do lado escuro da natureza humana.* ABRAHAMS, Jeremiah. SWEIG, Connie (orgs.). Trad. Merle Scoss. São Paulo: Cultrix, 2004, 4. ed., p. 17.

[465] ABRAHAMS, Jeremiah. SWEIG, Connie, op. cit., idem.

[466] "(...) é adotada uma maneira específica de lidar com quaisquer excitações internas que produzam um aumento demasiado grande de desprazer; há uma tendência a tratá-las como se atuassem, não de dentro, mas de fora, de maneira que seja colocar o escudo contra-estímulos em operação, como meio de defesa contra elas. É essa a origem da projeção, destinada a desempenhar um papel tão grande na causação dos processos patológicos". FREUD, Sigmund. *Além do Princípio do Prazer.* Trad. José Rubens Siqueira. Rio de Janeiro: Imago, 2003, p. 37.

a consciência e o inconsciente.[467] Tal a *Persona*, que em relação ao *Ego* seria um *ideal* – grosso modo semelhante do *ideal do Ego* psicanalítico – a *Anima/Animus* seria um *"não-eu"*,[468] um *Arquétipo* de não-*Ego*, um *ideal do inconsciente*, guardando o mais extremo oposto de nossa realidade psíquica.

Abarcando, igualmente, um aspecto conceitual semelhante ao da *Sombra*, a *Anima/Animus* agiriam como uma personalidade apartada dentro da psique, que não combina com a representação própria de si sustentada pelo *Ego*. Contudo, diferentemente da *Sombra*, não há uma relação de ambivalência com ideais *egóicos*, tal e qual na acertada expressão de Stein: *Anima/Animus* "é mais 'o outro' do que a sombra é".[469] A *Sombra* é nosso arcabouço de personalidade que magnetiza tudo com o qual o *Ego* não procura identificação. *Anima/Animus* são mais do que isso. São *o outro*, no sentido de que se caracterizam por representar uma verdadeira imagem de nós mesmos, desconhecida, ao qual podem ser conferidas todas nossas características mais díspares, não desenvolvidas, desorganizadas, e opostas às da realidade que pode(ria) ser prontamente conhecida pelo *Ego*, sem ilustrar uma espécie de dualidade bem-mal que serve, em linhas resumidas, para explicar a função da *Sombra*.[470]

Didaticamente, seria interessante recorrer à análise primeira feita por Jung e, simplesmente, conceituar ambos elementos como o lado feminino interior presente em todo homem (*Anima*) e o lado masculino interior de toda mulher (*Animus*). A maioria das vezes em que Jung trata de *Anima/Animus*, utiliza essa esquematização.[471]

Fundado na hipótese de que somos todos compostos por parcelas cujo gênero carrega uma natural ambivalência,[472] Jung acreditava no fato de que, psiquicamente, homens e mulheres seriam ao mesmo tempo *masculinos* e *femininos*.[473] A questão dos caracteres psíquicos passa, simplesmente, por uma clivagem de preponderância: haveria uma *mulher interior* no homem (assim como um *homem interior* na mulher), que se localizaria nas profundezas do inconsciente, atrelado às funções inferiores (não desenvolvidas). Uma *tarefa* do *Ego* diante da *transcen-*

---

[467] JUNG, *Aion. – estudos sobre o simbolismo do Si-Mesmo..*, p. 14.

[468] SAMUELS, Andrew com SHORTER, Bandi e PLAUT, Fred. *Dicionário Crítico de Análise Junguiana*. Trad. Pedro Ratis e Silva. Rio de Janeiro: Imago, 1988, p. 35.

[469] STEIN, op. cit., p. 117.

[470] Por muito tempo dentro da teoria *junguiana*, os conceitos de *Anima* e *Animus* foram pensados como uma espécie de *contra-persona*. A categorização foi profundamente alterada após 1921, quando JUNG desenvolveu melhor o conceito de *Sombra* e pôde distinguir funções/atuação diferentes para a *Anima/Animus*. (STEIN, op. cit., p. 124).

[471] Ver JUNG, *O eu e o Inconsciente...*, especialmente p. 64-87 e *Aion...*, especialmente p. 11-15.

[472] "Na idade média, muito antes de os filósofos terem demonstrado que trazemos em nós, devido à nossa estrutura glandular, ambos os elementos – masculino e feminino –, dizia-se que 'todo homem traz dentro de si uma mulher'. É a este elemento feminino, que há em todo homem, que chamei *anima*. Este aspecto 'feminino' é, essencialmente, uma certa maneira, inferior, que tem o homem de se relacionar com o seu ambiente e sobretudo com as mulheres, e que ele esconde tanto das outras pessoas pessoas quanto dele mesmo. Em outras palavras, apesar de a personalidade visível do indivíduo parecer normal, ele poderá estar escondendo dos outros – e mesmo dele próprio – a deplorável condição da sua 'mulher interior'". JUNG. *O homem e Seus Símbolos*, p. 31.

[473] STEIN, op. cit., p. 123.

128　　Gabriel Antinolfi Divan

dência psíquica seria a integração dos caracteres dessa oposição. Afinal, elementos internos inconscientes podem aflorar de modo significativo e produtivo para o desenvolvimento de uma "cultura individual" (contrastando com a cultura, em si, exterior, normativa,[474] delineadora da *Persona*), através de uma busca pelo conhecimento e integração de componentes residentes na *Anima/Animus*.

Nosso desenvolvimento psíquico dentro da cultura, no entanto, é terreno fértil para o desequilíbrio: tanto o "homem interno" da mulher quanto a "mulher interna" do homem, em detrimento de investiduras culturais, comparam-se ao que Jung dizia sobre sermos "primitivos" na esfera interior.[475] Se não integradas as faculdades desse nosso componente psíquico oposto, sua busca por exterioridade (no movimento natural de equilíbrio dos elementos da psique) os fará eclodir de modo absolutamente anárquico e inoportuno.[476]

Cremos, contudo, que o simplismo dessa definição embasada em critérios pontuados por oposições entre *masculino* e *feminino*, bem como os equívocos que ela pode vir a gerar, tornam-na difícil de ser aceita na íntegra.

Ao estipular desenhos conceituais usando os termos *homem, mulher, masculino* e *feminino*, Jung discorre ontologizando características que podem muito bem ser tidas como eminentemente culturais. Para ele, como já vimos, a *Anima* no homem representa o Eros e sua carga de características *femininas*: a emotividade, a sensualidade, a criatividade e o senso intuitivo. Em contrapartida, o *Animus* na mulher representaria o Logos, de cariz *masculino*: a frieza, o raciocínio empírico e a praticidade.[477] Um homem que se esforçasse para integrar à sua consciência características desse Eros estaria deixando aflorar seu lado *feminino*. Já uma mulher que é marcada por atitudes ríspidas e ausência de elementos que exprimam todo o potencial de Eros poderia ser considerada *masculinizada*. Se para alguns Jung é uma espécie "protofeminista" (eis que defendeu a existência de uma espécie de dubiedade sexual psíquica em todos os seres humanos), para outros pode ser tido como um "machista" (que amplificou e sedimentou as diferenciações que a cultura ocidental interpôs entre os gêneros e se manteve prezo à sexualidade, em sua teoria, sob esse aspecto).

Sem ingressar com profundidade na questão do debate gêneros/sexualidade, podemos dizer que a polêmica ganha eco em alguns comentaristas da obra *junguiana*: Stein, em uma proposta de defesa dos escritos de Jung, argumenta que a equiparação feminino/masculino feita para *Anima/Animus* pode, sim, se mostrar

---

[474] Como para o FREUD d'*O Mal-Estar na Civilização*.

[475] STEIN, op. cit, p. 122.

[476] "Acontece às vezes de a pessoa ficar 'possuída' por sua *anima* ou seu *animus*, que é a maneira de Jung descrever uma situação em que as qualidades inconscientes controlam o comportamento sem estarem integradas à consciência. Jung interpretava a *anima* como representante de Eros, o princípio do relacionamento. Os homens possuídos por sua *anima* agem de forma melancólica e emotiva. Jung considerava o *animus* as 'Logos paterno', afirmando que a lógica e a razão (*logos*) são qualidades masculinas. Acreditava que as mulheres estavam possuídas pelo *animus* quando se mostravam opináticas e preocupadas com o poder". CLONINGER, op. cit., p. 85.

[477] JUNG, *Aion – estudos sobre o simbolismo do Si-Mesmo...*, p. 12.

compatível com uma teoria aberta que faça jus ao desenvolvimento cultural da humanidade.[478] Porém, para isso, se mantém atrelado ao esquema de dicotomia sexista, e, como Jung parece se furtar de questionar o apartar entre *masculino* e o *feminino* e as definições de atitude que *em si* caracterizariam cada uma das posturas coligadas aos gêneros.

Preferimos, quanto a essas definições, nos aliarmos à visão crítica *pós-junguiana* de Samuels, que, inclusive, é melhor condizente com a lógica dos opostos e do equilíbrio psíquico sustentada pela teoria da Psicologia Analítica: *Anima* e *Animus* não atuam sobre uma base literalmente sexual, mas sim "operam influindo sobre o princípio psíquico dominante de um homem ou uma mulher e não simplesmente, como muitas vezes se sugere, como a contraparte psicológica contrassexual de masculinidade ou feminilidade".[479] Assim, mesmo uma mulher poderia possuir elementos interiores da *Anima* (feminilizada): bastando que o princípio psíquico que a domine em sua atitude exterior seja condizente com uma "masculinidade". Posturas compensatórias interiores não estão relacionadas especificamente com o gênero (fisiologia), mas sim com a atitude psíquica demonstrada como predominante pelo desenvolvimento pessoal.

Essa ideia respeita a realidade presente na obra de Jung, de que existe, para além de diferenças biológicas, uma diferença psíquica fundamental (*arquetípica*) entre os sexos,[480] sem contudo, fixar posturas padronizadas culturalmente para homens ou mulheres, o que nos pareceria incorreto, sob muitos aspectos.

Uma terminologia que não identifique necessariamente o Eros e o Logos ao gênero, de forma específica e restritiva ao *feminino* e ao *masculino*, respectivamente, poderia ser a saída para a melhor abordagem do problema. O próprio Jung, na parte final de sua carreira, quando da ênfase no estudo da filosofia e religião chinesas, costumeiramente se vale dos termos *yin* e *yang*[481] para dar mais ênfase

---

[478] "O estilo mais andrógino das décadas recentes afastou-se claramente da clássica polarização sexual entre homens machos e mulheres passivas. As mulheres vestem-se e comportam-se de maneiras mais masculinas do que faziam em gerações passadas, e muitos homens são analogamente mais femininos em suas personas do que eram seus antepassados. De que modo isso afeta as características da *anima* e do *animus*? Assim como as imagens coletivas predominantes para o vestuário e o comportamento masculino e feminino corretos mudam, também as imagens internas de *anima* e *animus* se alteram de acordo. Em conformidade com a regra, tudo o que é deixado de fora da adaptação consciente da cultura reinante da pessoa individual é relegado para o inconsciente e reunir-se-á em torno da estrutura a que Jung deu o nome de *anima/us*. Para um homem extremamente efeminado, a atitude interior (*anima*) será masculina em qualidade porque isso é o que foi deixado fora da adaptação da persona". STEIN, op. cit., p. 125.

[479] SAMUELS, com SHORTER e PLAUT, op. cit., p. 35.

[480] STEIN, op. cit., p. 123.

[481] "Os filósofos chineses viam a realidade, a cuja essência primária chamaram 'Tao', como um processo de contínuo fluxo e mudança. Na concepção deles, todos os fenômenos que observamos participam desse processo cósmico e são, pois, intrinsecamente dinâmicos (...) Os chineses atribuem a essa idéia de padrões cíclicos uma estrutura definida, mediante a introdução dos opostos 'yin' e 'yang', os dois pólos que fixam os limites para os ciclos de mudança: 'Tendo yang atingido seu clímax, retira-se em favor do yin; tendo yin atingido seu clímax, retira-se em favor do yang'. (...) Em biologia humana, as características masculinas e femininas não estão nitidamente separadas, mas ocorrem em proporções variáveis, em ambos os sexos. Da mesma forma, os antigos chineses acreditavam que todas as pessoas, homens ou mulheres, passam por fases yin e yang. A personalidade

ao núcleo de oposição de alguns elementos psíquicos do que para uma ontologia dos mesmos.[482] Talvez seja o melhor, diante do fato de que os termos adotados englobam as noções de *feminimo* e *masculino*, sem acarretar em maior fixação nos (pré)conceitos amalgamados às mesmas.

2.4. Fechamento (II)

O que procuramos fazer ao longo deste Capítulo foi situar (de maneira não exaustiva) algumas bases e ferramentas teóricas da Psicologia Analítica para, ao final, investigar o irreversível desgaste efetivado no discurso do *sujeito cartesiano* pelas, ditas, teorias psicológicas *profundas*. Nosso esforço, no Capítulo 3 vindouro, será o de analisar, sob o prisma desse referencial estudado, o ato da decisão judicial, com específica ênfase nos processos criminais envolvendo julgamento de crimes atentatórios à liberdade sexual.

Buscaremos provocar a tensão entre a concepção de neutralidade do Magistrado (eminentemente presa à concepção subjetiva *cartesiana-egóica*) e à potência discursiva dos conteúdos inconscientes, em um verdadeiro cotejo de ambas perspectivas, levando em conta todos aportes até aqui trazidos.

---

de cada homem e cada mulher não é uma entidade estática, mas um fenômeno dinâmico resultante da interação entre elementos masculinos e femininos". CAPRA, op. cit., p. 32-34.

[482] "O fato de os opostos aparecerem como deuses provém da simples constatação de que são muito poderosos. Por esta razão a filosofia chinesa os apresenta como princípios cósmicos, aos quais chama de yang e yin. Quanto mais se pretende separar os opostos, tanto maior se torna o seu poder. 'Se uma árvore cresce até o céu, sua raízes se projetam até o inferno', diz Nietzsche. E, no entanto, é sempre a mesma árvore, tanto em cima como embaixo. Uma das características da mentalidade ocidental é que ela considera os dois aspectos personificações antagônicas: Deus e o Diabo". JUNG, Carl Gustav. *Psicologia e Religião Oriental*. Trad. Maria Luíza Appy. São Paulo: Círculo do Livro, 1990, p. 29.

3. A decisão judicial nos crimes contra a liberdade sexual: a influência do inconsciente do julgador no conteúdo decisional

3.1. Delimitação categórica dos "crimes contra a liberdade sexual"

Cremos necessária uma ligeira exposição do quanto ao foco estabelecido na temática ora proposta: os "Crimes contra a Liberdade Sexual", classificação dentre aquelas infrações que a *nova* lei disciplinadora da matéria (Lei nº 12.015/2009, que altera dispositivos do Código Penal) agrupa dentre os chamados "Crimes contra a Dignidade Sexual". É de suma importância frisar aqui, ainda que rapidamente, noções como a do *bem jurídico* tutelado pelos tipos penais ora correlatos, diante do fato de que se trata de um dos pontos (fundamentais) de apoio na análise de nossas hipóteses. Afinal, não raras vezes, as decisões judiciais em relação ao mister, plenas de fatores alheios ao universo estritamente jurídico (tal verdadeiras *"bricolages de significantes"*, como diria Morais da Rosa) se constroem e se contextualizam em torno de pilares absolutamente estranhos à esfera interpretativa comportada pela norma em relação ao seu objeto de proteção. Daí nossa preocupação em fixar (rapidamente e sem qualquer pretensão de avolumar o conhecimento do leitor *nesse* aspecto e *nessa* temática) nosso entendimento quanto aos objetivos legais das normas penais em questão, acompanhando a autorizada doutrina referida.

O tema ganha tutela jurídico-penal no Capítulo I do Título VI do Decreto-Lei nº 2.848 de 1940 (Código Penal brasileiro – Artigos 213 a 216-A, e respectivos parágrafos e incisos), com as *sensíveis* modificações operadas no corrente ano de 2009 pela lei supra referida, alterando, fundamentalmente e acertadamente – em nosso ver – o título do rol legislativo de "Crimes contra os Costumes" para "Crimes contra a Dignidade Sexual".

Para Teles, de um modo geral, os Crimes contra a Liberdade Sexual são aqueles que podem ser congregados sob o manto da definição de proteção à liberdade de escolha quanto à prática sexual, destinados a "assegurar, a toda pessoa, o direito de expressar livremente sua sexualidade, qualquer que seja sua orientação.

DECISÃO JUDICIAL NOS CRIMES SEXUAIS

Para isso, deve impedir que a sexualidade seja exercida sob a ação de qualquer espécie de violência, moral ou física".[483]

No ensinamento Costa Júnior, quanto ao crime de *Estupro* (já na visão nova ocasionada pela reforma legal), a lei tutela a "inviolabilidade carnal da pessoa contra atos de libidinagem violentos".[484] Importantes considerações são trazidas por Vianna, quanto à legislação recente:

> O legislador inovou fundindo em um único crime de estupro (art. 213 do CP) o constrangimento ao sexo vaginal e o constrangimento ao sexo anal (anteriormente punido como atentado violento ao pudor). Homem agora também pode ser vítima de estupro. A fusão certamente desagradará aos penalistas ortodoxos, pois o estupro "clássico" (sexo vaginal forçado) sempre foi considerado um crime mais grave, até em função de uma possível gravidez (e, historicamente, da perda da virgindade). Nos tempos atuais, não vejo realmente muito sentido em diferenciar a punição do sexo vaginal forçado e a do sexo anal forçado, até porque tal distinção criava problemas teóricos de pouca relevância prática como saber se o transexual poderia ou não ser vítima de estupro. A equiparação dos dois crimes põe fim a estas discussões inúteis.[485]

Sendo que, igualmente, o legislador pátrio, na visão do autor:

> insistiu no uso da vetusta expressão "ato libidinoso" na redação dos tipos e perdeu a chance de superar de uma vez por todas problemas de interpretação do tipo. Muita coisa pode ser ato libidinoso: desde o sexo anal, passando pelo sexo oral, até a bolinação ou mesmo o beijo de língua. Assim, qualquer destas práticas com o uso da força ou de grave ameaça passaram a ser consideradas estupro. Conclusão: se alguém forçar outra pessoa a um beijo de língua, pela mera descrição do tipo, estará praticando crime de estupro e será punido com a mesma pena de quem forçar alguém ao sexo anal. Tudo porque o legislador, por falsos pudores, evitou mais uma vez usar a objetividade de expressões como "sexo vaginal", "sexo anal", "sexo oral", "toques libidinosos", etc., optando pela anacrônica expressão "conjunção carnal" para se referir ao sexo vaginal e pela vaga expressão "atos libidinosos" para se referir a qualquer outro ato que provoque excitação sexual no agente. Grave erro![486]

---

[483] TELES, Ney Moura. Direito Penal. Parte Especial.III. São Paulo: Atlas, 2006, 2. ed., p. 2.

[484] COSTA JÚNIOR, Paulo José da. *Direito Penal Objetivo. Comentários atualizados ao Código Penal e ao Código de Propriedade Industrial*. Rio de Janeiro: Forense Universitária, 2003, 3. ed., p. 413. Pode-se falar em uma *equivalência* entre o Estupro e o Atentado Violento ao Pudor, sob certa óptica, uma vez que a legislação recente aglutinou sob o nome de *Estupro* tanto a conjunção carnal obtida mediante recurso violência ou grave ameaça como também os atos libidinosos diversos que diferem da acepção clássica do coito vagínico. Logicamente, nesse ponto, andou mal, em nosso ver, o legislador, uma vez que, se equiparar o ato sexual vagínico a outros tipos de ato sexual com penetração (inclusive o coito *anal* e inclusive praticado contra pessoa do sexo masculino) parece medida dotada de razoabilidade e tendente a restringir qualquer tipo de confusão interpretativa quanto ao fato, por outro lado, definir no manto do conceito legal de *Estupro* qualquer outra prática libidinosa que não a da consumação da penetração parece uma abertura perigosa de um leque de *in*-definições típicas que já rondava o antigo tipo penal do "Atentado Violento ao Pudor". Veja-se o novo texto do Artigo 213 do CP, revogado, pois, o Artigo 214, a partir daqui: Estupro - Constranger alguém, mediante violência ou grave ameaça, a ter conjunção carnal ou a praticar ou permitir que com ele se pratique outro ato libidinoso: Pena - reclusão, de 6 (seis) a 10 (dez) anos. § 1º Se da conduta resulta lesão corporal de natureza grave ou se a vítima é menor de 18 (dezoito) ou maior de 14 (catorze) anos: Pena - reclusão, de 8 (oito) a 12 (doze) anos. § 2º Se da conduta resulta morte: Pena - reclusão, de 12 (doze) a 30 (trinta) anos".

[485] VIANNA, Túlio. "Primeiras Impressões Sobre a Nova Lei dos Crimes Sexuais" *in* Túlio Vianna Blog (http://tuliovianna.wordpress.com). Acesso em 29 de Agosto de 2009.

[486] VIANNA, op. cit.

Vale lembrar também que o rol dos crimes atentatórios à Liberdade Sexual agora ganha igualmente um novo tipo para disciplinar a relação sexual criminosa por "violência presumida" (com a revogação do antigo Artigo 224): temos a partir de 2009 do chamado "Estupro contra Vulnerável", regulado pelo novel Artigo 217-A do CP (*Estupro de Vulnerável – Ter conjunção carnal ou praticar outro ato libidinoso com menor de 14 (catorze) anos: Pena – reclusão, de 8 (oito) a 15 (quinze) anos. § 1º Incorre na mesma pena quem pratica as ações descritas no caput com alguém que, por enfermidade ou deficiência mental, não tem o necessário discernimento para a prática do ato, ou que, por qualquer outra causa, não pode oferecer resistência*).[487]

Na mesma esteira, quanto aos os delitos de *Posse Sexual Mediante Fraude* e *Atentado ao Pudor Mediante Fraude,* a nova legislação alterou sua denominação jurídica para *Violação Sexual Mediante Fraude,* adotando novamente a tática da abertura conceitual (pouco recomendável) do conceito típico, valendo-se agora do caráter "totalizante" que a noção de Estupro/Violação Sexual passa a ter, tal vai disposto no novo Artigo 215 do CP.[488] Conforme Bitencourt,[489] o bem jurídico protegido por esse tipo de norma reside igualmente na liberdade sexual, que, aqui, é burlada pelo sujeito ativo da prática (conjunção carnal – agora podendo ter mulher ou homem como vítimas) através de indução a erro que torna viciada a vontade (consentimento) da parte ofendida no que diz respeito à própria.[490]

Por último, compõe o rol o crime de Assédio Sexual, que, ainda com Bitencourt, vemos com um tipo penal "deslocado": mesmo sendo a *liberdade sexual* (tanto do homem como da mulher) tangenciada por seu espectro de tutela jurídica (incluindo-se, ainda, a *honra e a dignidade sexuais,* além da *dignidade das relações trabalhistas e/ou funcionais*),[491] o tipo penal do Artigo 216-A do Código

---

[487] Sobre a temática, aduz VIANNA, incisivo, na op. cit.: "O legislador acabou com a antiga presunção de violência que equiparava ao estupro com violência ou grave ameaça, o sexo com menores de 14 anos, com deficientes mentais e com quem por qualquer motivo não pudesse dissentir, como por exemplo, a vítima adormecida por um sonífero. Em seu lugar, criou o crime de "estupro de vulnerável" (art. 217-A), punindo com penas de 8 a 15 anos a relação sexual, consensual ou não, com menores de 14 anos e com deficientes mentais. Trata-se de um atentado à liberdade sexual de adolescentes e deficientes mentais brasileiros. Se um rapaz de 13 anos mantiver relação sexual com uma mulher maior de 18 anos (uma prostituta, por exemplo), ela poderá ser punida por estupro de vulnerável com pena mínima de 8 anos de prisão. O mesmo se diga em relação a um deficiente mental adulto que doravante não mais poderá se relacionar sexualmente, sob pena de seu parceiro ser punido pelo referido crime. Uma inaceitável ingerência do Estado brasileiro na vida sexual de seus cidadãos".

[488] Violência Sexual Mediante Fraude - Ter conjunção carnal ou praticar outro ato libidinoso com alguém, mediante fraude ou outro meio que impeça ou dificulte a livre manifestação de vontade da vítima. Pena: reclusão de 2 (dois) a 6 (seis) anos. Parágrafo único: se o crime é cometido com o fim de obter vantagem econômica, aplica-se também multa.

[489] BITENCOURT, Cezar Roberto. *Tratado de Direito Penal.* Parte Especial. Volume 4. São Paulo: Saraiva, 2006, 2. ed. revista e atualizada, p. 21-22 e 27-28.

[490] "A fraude constitui o vício do consentimento da vítima, seria, mutatis mutandis, o 'dolo' sob o ângulo dos vícios de consentimento no campo do direito civil". BITENCOURT, op. cit., p. 29. Com Gianulo, temos que esse "dolo" (relativo aos "vícios do consentimento" na seara do Direito Civil pátrio) pode ser definido como a "atuação sobre a vontade de alguém, por intermédio de ardil, ou de outra conduta que incuta o comportamento através do qual a vítima acaba praticando ato que, do contrário, não praticaria". GIANULO, Wilson. *Novo Código Civil.* Explicado e Aplicado ao Processo. Volume I. São Paulo: Jurídica Brasileira, 2003, p. 224.

[491] BITENCOURT, op. cit., p. 34.

Penal sofre severas críticas doutrinárias, seja por criminalizar desnecessariamente um tipo de conduta cujo tratamento legal se encontra bem manejado em outros âmbitos sancionadores (Legislações trabalhista, administrativa, entre outras), ferindo-se, assim, o princípio da proteção penal como *ultima ratio*,[492] seja por reproduzir, de forma afoita em meio ao Direito Penal pátrio, instituto *em voga* e cercado de ampla discussão, à época,[493] na sociedade estadunidense.[494]

Escolhemos confinar o âmbito de nossas considerações nos ditos crimes, legalmente definidos como ofensivos à "liberdade sexual", pura e simplesmente pelas constantes menções exemplificativas (tanto trazidas pela doutrina coletada, tanto pelos exemplos jurisprudenciais que aparecem citados) que referem à categoria de delitos inseridos na listagem do respectivo Capítulo do Código Penal Brasileiro (especialmente quanto aos tipos penais de Estupro e Atentado Violento ao Pudor – agora definições, pela *nova* legislação, classificadas conjuntamente dentre o tipo de *Estupro*).

Ao longo do tópico 3.2, abaixo, abordaremos argumentos que reforçam a pertinência de se lidar justamente com *esse* rol de delitos dentre o âmbito de análise que ora buscamos, por cremos ser sua abordagem judicial catalisadora de um ponto de especial fricção quando da atividade jurisdicional decisória (subjetiva) posta em prática pelo julgador. Identificamos, de forma devidamente embasada, a decisão processual relativa a esses crimes como portadora de peculiaridades que não podem ir ignoradas e por isso nossa ênfase.

Temos certeza que muitas das considerações feitas a partir desse instante, partindo de nossas indagações iniciais e da doutrina até agora exposta, poderiam gerar conclusões profícuas se aplicadas na análise de decisões judiciais de outras categorias de delitos, mesmo em outras pertencentes ao mesmo Título do diploma legal citado. Isso, não é necessário frisar, extrapolaria em muito nossas pretensões e desviaria nossa hipótese inicial de maneira sensível, até pelo fato de que abriria caminhos para uma abrangência que não teríamos meios para suportar textualmente.

Temos certeza, igualmente, da incompletude de uma mirada mais detida (dogmaticamente falando) quanto aos delitos referidos (bem como ocorre com todo o espectro de normais processuais relativas aos temas ora tratados ao longo do trabalho suscitadas). Ocorre que nossa intenção é fazer desses elementos eminentemente legais (e de um estudo fundamentalmente jurídico-técnico sobre eles) um verdadeiro "pano de fundo" para a proposta aqui trabalhada. Esperamos esclarecidas as razões de certas "não-ênfases", diante do direcionamento diverso que pretendemos dar às nossas considerações.

---

[492] BITENCOURT, op. cit., p. 32-33.

[493] O Artigo. 216-A foi introduzido no Código Penal Brasileiro pela Lei n° 10.224, de 15 de maio de 2001.

[494] Para uma crítica da inserção do "Assédio Sexual" enquanto tipo penal no ordenamento pátrio, à luz da hipótese de uma influência da cultura tribunalícia norte-americana sobre a temática, conferir: DOTTI, René Ariel. "A Criminalização do Assédio Sexual" in *Revista dos Tribunais*. Ano 87, volume 752, Junho 1998. São Paulo: Revista dos Tribunais, 1998, especialmente p. 425-426.

3.2. A hipótese de um "réu interior": destruindo a ideia da *neutralidade* judicial

Duas moças (uma de 17 e outra de 18 anos, uma delas ainda virgem) da classe média, que sonhavam, como tantas, tristemente) em ser modelos, foram convencidas por um cidadão a serem fotografadas, num sítio, para propaganda de uma Loja que estava prestes a ser inaugurada. No local, mediante o uso de um arma, num período de três horas, estuprou ambas as moças, uma por sete vezes e outra por duas vezes. Uma perdeu a virgindade e outra menstruou no ato, daí sofrer mais agressões. Foi terrível o espetáculo. O mais cruel foi que, após a inquirição das vítimas, a advogada de defesa pediu-me para tentar convencer as moças a fazer teste de HIV, porque o agente era portador de Aids (...)

Fiquei com raiva incontrolável do acusado. Pela primeira vez (e espero última) tive nojo e raiva de um réu. Evidente que não julguei o acusado. Em período de férias, pedi que um colega prolatasse a decisão. Eu não tinha condições de julgar com ânimo raivoso – eu queria vingança! (...)

Mas não teria sido, em vez de raiva, apenas profunda inveja de sua capacidade sexual? Quem pode afirmar diferente? Ou há outra hipótese que ainda não vislumbrei? Afinal, de onde me veio tanto e incontrolável desconforto ao ponto de não conseguir julgar (ou me julgar)? Ainda hoje não sei (se é que quero sabê-lo e será que me é possível sabê-lo).

Amilton Bueno de Carvalho, *As majorantes nos crimes sexuais violentos.*

A existência de um campo de pesquisa bastante fértil e receptivo para a leitura psicológica dos temas jurídico-criminais é motivo de interesse que há muito subsiste.

Com efeito, optamos por esse enfoque por termos consciência acadêmica da total e absoluta falência de um modelo puramente legislativo-dogmático no estudo do Direito e de seus institutos (que, não raro, são delimitados a partir de uma lógica circular,[495] informada e sustentada por um processo de produção doutrinária e jurisprudencial que se retroalimentam mutuamente com ares crônicos de *autofagia* – Lopes Jr.[496]). Logicamente que propomos tal interface não ignorando que uma interlocução como essa se mostra repleta de percalços uma vez que somos obrigados a reavaliar (e ressignificar) conceitos muito estáveis do

---

[495] CARVALHO. "A Ferida Narcísica do Direito Penal...", p. 198.

[496] "De nada adianta a independência se o juiz é totalmente dependente do pai-tribunal, sendo incapaz de pensar ou ir além do que ele diz. É preocupante o nível de dependência que alguns juízes criam em relação ao 'entendimento' deste ou daquele Tribunal, e o que é pior, a sujeição de alguns Tribunais ao que dizem outros Tribunais Superiores. Quando uma decisão vale porque proferida por este ou aquele tribunal, e não porque é uma boa decisão, passa-se a ser um mero repetidor acrítico e autofágico, impedindo qualquer espécie de evolução". LOPES JR. *Introdução Crítica...*, p. 75.

campo jurídico.[497] Arriscamo-nos a dizer que o dito abalo nessa estabilidade[498] se configura como uma de nossas principais metas.

O referencial de áreas como a da Psicologia Analítica se traduzem em ferramentas, mais do que úteis, fundamentais para uma compreensão mais completa de certas categorias jurídicas e, em especial, quanto ao Processo Penal, seja no estudo dos movimentos de seus *atores*, seja em uma perspectiva crítica quanto ao desfecho do procedimento em tela: a absolvição ou condenação do Réu.

Verifica-se uma relação íntima entre o âmbito de aplicação das normas repressivas jurídico-penais (que, sob um certo aspecto, não passam de uma versão instituída e enfática de mandados proibitivos culturais-morais e quiçá religiosos[499]), e sua potencial incompatibilidade e confronto com a realidade psíquica individual. Mantendo-se o eixo discursivo que insistimos em identificar, e sobre o qual procuramos trafegar no presente trabalho, poderíamos dizer que, primeiramente, as teses de Nietzsche e Freud serviram de profunda inspiração nessa trilha.

O próprio Freud já se ocupara de tangenciar o enfoque de maneira específica, no seu famoso estudo sobre os costumes dos integrantes das tribos polinésias e australianas, quanto às figuras tribais totêmicas e à existência de comportamentos, práticas, símbolos ou coisas sobre as quais repousavam, imantadas, regras e proibições invioláveis (o *tabu*). Com *Totem e Tabu*, o autor, inspirado pela antropologia evolucionista de Frazer, procurou enfocar as formas sociais tidas então por mais primitivas, para fazer uma pesquisa comparativa das neuroses advindas da vedação inconsciente do incesto para o homem *urbano*, com a histeria provocada nos integrantes das tribos quanto à violação dos *tabus* de mesma ordem, tidos como lei entre os integrantes da mesma tribo ou *totem*.

A conclusão a que Freud chegou foi a de que, para as tribos estudadas, muito do horror desencadeado pelas práticas de um indivíduo contra as leis do *tabu* e do *totem* provinham, simplesmente, do embate inconsciente nos próprios indivíduos, entre a barreira da proibição consciente quanto a aquelas condutas, e a inafastável vontade interior de praticá-las. "Em seu inconsciente não existe nada que mais gostassem de fazer do que violá-los (os tabus), mas temem fazê-lo; temem precisamente porque gostariam, e o medo é mais forte que o desejo",[500] estabeleceu Freud.

---

[497] PEREIRA, Rodrigo da Cunha. *Direito de Família. A sexualidade vista pelos Tribunais*. Belo Horizonte: Del Rey, 2001, 2. ed., revista e atualizada, p.19.

[498] "O pensamento jurídico em geral manifesta certo ressentimento contra Freud, porque a psicanálise demonstra que a norma é produto da natureza humana e não criação racional; e assim, há um corte epistemológico, em relação aos princípios da autonomia e racionalidade do direito que nos vêm desde Platão e Aristóteles". COELHO, Luiz Fernando. *Teoria Crítica do Direito*. Curitiba: HDV, 1987, p. 87.

[499] Sobre o tema, quanto à problemática da equiparação entre *crime* e *pecado* no âmbito da tutela penal, conferir: GUIMARÃES, Isaac Sabbá. *Direito Penal Sexual. Fundamentos & Fontes*. Curitiba: Juruá, 2003, especialmente p. 106 e seguintes.

[500] "Totem e Tabu – Alguns Pontos de Concordância Entre a Vida Mental dos Selvagens e dos Neuróticos" *in Edição Standard Brasileira das Obras Psicológicas Completas de Sigmund Freud Volume XIII*. Trad. J. P. Porto. Rio de Janeiro: Imago, 1974, p. 51.

A punição (e a vontade de punição) do sujeito que violava essas leis podia ser descrita como a própria visualização da punição individual interior de cada um dos membros do clã, uma vez em que o transgressor não só desestabilizava a ordem social violando o *tabu* como também manifestava essa possibilidade frente aos outros membros da tribo. Aquele que violasse o *tabu* estaria realizando um desejo intrínseco coletivo. A punição do sujeito transgressor era, ao mesmo tempo, segurança e alerta à esfera psíquica dos demais, no sentido de reforço da proibição e contenção dos impulsos violadores.[501] Razão pela qual "a própria sociedade encarregava-se da punição dos transgressores, cuja conduta levara seus semelhantes ao perigo. Dessa forma, os primeiros sistemas penais humanos podem ser remontados ao tabu".[502]

Esta relação, profícua e complementar, entre os ditames jurídico-penais e psicológicos, foi igualmente, aperfeiçoada por uma vertente de juristas e criminólogos que, inspirados nas premissas *freudianas*, se dedicou a estabelecer uma estreita relação do *modus* punitivo praticado pelo Estado de Direito com o saber psicanalítico sobre as instâncias do inconsciente humano.

Um novo enfoque criminológico foi estabelecido, abarcando a questão da punição penal como ente simbólico e necessário frente exigências que se situam em um campo que extrapola as barreiras limítrofes da Razão consciente do homem. As conclusões de Freud sobre a relação entre essas necessidades inconscientes e o sistema punitivo foram, exatamente, o mote das chamadas *Escolas Psicanalíticas da Pena*, como mostra Baratta.[503] Passou-se a investigar a possibilidade de veicular a própria existência da pena criminal e do ato (jurídico-estatal) de punir como um meio de satisfação e proteção de interesses íntimos e inconscientes comuns dos indivíduos integrantes de toda uma sociedade, servindo a base *freudiana*, como importante e visível referência nesse aspecto.

A mesma corrente de estudiosos, através de conclusões como as de Reinwald, Ostermeyer e Naegeli, tratou de desenvolver, no campo jurídico, escorados nas lições psicanalíticas, a tese da pena como meio de descarrego psíquico que teria como alvo, o Réu enquanto *bode expiatório* das próprias culpas e sentimentos, tanto de uma expectativa geral (moral) da sociedade como, particularmente, do

---

[501] "Em Totem e Tabu, ele (FREUD) busca a identificação no conceito de expiação, o que, embora antropologicamente questionável à luz de estudos posteriores, vale como interpretação metafórica. Segundo o autor, a origem dos homens é marcada pelo convívio sob o que se convencionou denominar 'hordas', cada uma delas sob a dominação de um macho violento e ciumento, déspota absoluto e senhor de todas as fêmeas, dono da vida e da morte de seus filhos, vistos como rivais. Estes se revoltam, matam-no e devoram. Após o parricídio, arrependidos, interiorizam o remorso, unem-se fraternalmente e renunciam à posse sobre as mulheres do pai. Esta é a origem da exogamia e da proibição do incestos, o início da 'obediência às leis', a qual seria apenas a forma de expiar o complexo de culpa pela extinção do pai, uma forma de reconciliação com ele". COELHO, op. cit., p. 83.

[502] FREUD. *Totem e Tabu...*, p. 40. Cf. sobre o tema: ROXIN, Claus. *Derecho Penal,Parte General – TOMO I. Fundamentos de la estrutura de la teoria del delito*. Trad. Diego-Manuel Luzón Pena, Miguel Diaz y Garcia Conlledo, Javier de Vicente Remesal. MADRID: Civitas, 1997, p. 91.

[503] BARATTA, Alessandro. *Criminologia Crítica e Crítica do Direito Penal, Introdução à sociologia do Direito Penal*. Trad. Juarez Cirino dos Santos. Rio de Janeiro: Editora Revan, Instituto Carioca de Criminologia, 2002, 3. ed., p. 50.

indivíduo encarregado de prolatar a decisão.[504] Exponencial, também, nesse sentido, o legado de Alexander e Straub, ao propor um verdadeiro estudo integrado da dinâmica da Psicanálise com a análise etiológica criminal.[505]

Vale lembrar que concepção de ar determinista e eminentemente reducionista dos estudos das *Escolas Psicanalíticas* criminológicas viria a ser alvo de críticas posteriores,[506] mas, de qualquer forma, sua contribuição e sua influência para com as abordagens vindouras do fenômeno da punição jurídico-penal são de suma importância. Seriam elas as responsáveis por fazer com que o vasto campo dos saberes *psi* pudesse encontrar um caminho a ser percorrido dentre o estudo jurídico de cunho criminal.

É diante da realidade desvelada por desdobramentos dessa senda de opiniões, certamente, que podemos invocar o Carnelutti que assim refletia: "o perigo mais grave é o de atribuir ao outro a nossa alma, ou seja, julgar aquilo que ele sentiu, compreendeu, quis, segundo aquilo que nós sentimos, compreendemos, queremos".[507]

E é seguindo esse provocativo alerta oferecido por Carnelutti que procuraremos direcionar nossos argumentos, máxime no presente tópico, tomando a decisão judicial nos processos envolvendo crimes contra a liberdade sexual como pano de fundo para nossa discussão. Poderíamos ter, desde logo, como hipótese, inicialmente, o fato de que, em boa parte das vezes em que a atividade decisória (judicial) é posta em prática, algo muito além de uma mera decisão processual quando à relação dialético-probatória dos autos está sendo invocado.

Primeiramente, caberia ressaltar o porquê de se operar, diante de toda esteira temática jurisdicional, justamente, com os crimes contra a liberdade sexual. A resposta é simples e nos é fornecida por Souza, quando esse explica que há, nas decisões dos processos que tratam sobre esses delitos, o nítido envolvimento da situação psíquica do julgador, dado o fato de que "por se tratar de área criminal, em que as situações críticas afloram mais agudamente, as emoções quase podem dizer-se à flor da pele", aduzindo ainda que as mesmas são, "ao contrário das decisões de mérito prolatadas em outras áreas do direito, um veículo vivo e palpável

---

[504] "O nosso lado negativo, a assim chamada sombra, produz, como conteúdo consciencial inibido através da instância do superego, sentimentos de culpa inconscientes que procuram ser descarregados. Em todo homem existe a tendência em transferir essa sombra sobre uma terceira pessoa, objeto da projeção, ou seja, a transportá-la para o exterior e, com isso, a concebê-la como alguma coisa de externo, que pertence a um terceiro. Em lugar de voltar-se contra si próprio, insulta-se e pune-se o objeto dessa transferência, o bode expiatório para o qual é sobretudo característico o fato de que se encontra em condição indefesa" NAEGELI, E., "Das Gessellchaft und die Kriminellen" *apud* BARATTA, op. cit., p. 56.

[505] ALEXANDER, Franz. STRAUB, Hugo. *Psicologia Judiciária. Os Criminosos e seus Juízes.* Trad. Leonídio Ribeiro. Rio de Janeiro: Guanabara Waissman-Koogan Ltda., 1934, especialmente p. 175-201.

[506] BARATTA, op. cit., p. 57-58.

[507] CARNELUTTI, Francesco. *As Misérias do Processo Penal.* Trad. José Antônio Cardinalli. Campinas: Bookseller, 2002, 2. ed., p. 51.

do que se passa, simultaneamente, no físico e no psiquismo dos envolvidos com o problema que ela busca solucionar".[508]

Bueno de Carvalho vai além e discorre sobre o fato de que, no momento em que o julgador se depara com a necessidade de atuar em processos envolvendo crimes onde o objeto gira em torno das questões sexuais "tornam-se presentes as próprias fantasias, frustrações, temores, prazer (sofrido ou não). Ou seja, ao falar de crimes sexuais, por maior que seja a busca do possível distanciamento (talvez até distanciamento crítico em viés bretchiano) sempre explode a minha sexualidade".[509] Pode-se dizer que se trata, em termos de jurisdição penal, da extremidade máxima onde o sujeito-julgador se afasta do fictício e insustentável modelo (neutro) de *sujeito cartesiano*, uma vez que, na construção da decisão judicial, não há (mais do que nunca) como separar *a decisão* de *quem* a profere em um movimento ilusório de afastamento *científico*.[510]

E, na temática sexual, o problema parece exposto de forma mais frágil. A lida com a circulação do imaginário e do desejo sexuais é delicada e geradora de controvérsias, dado o fato de que, como pondera Almeida, a luxúria é *"pecado da carne e da paixão"*, opositora, por excelência, da Razão,[511] e assim são seus temas correlatos: atrelados, muitas vezes, a uma (i)racionalidade que não aquela, *egóica*.

É necessário assumir que, "se a exegese envolve ator e texto, no momento judicante a situação vai, agressivamente, muito mais longe no que tange à sexualidade", uma vez que a própria sexualidade do julgador está sempre presente nos jogos discursivos e cognitivos da decisão judicial, ainda que este se proponha (inutilmente) a lançar mão de um discurso *"aerótico e ilibado (sem libido)"*.[512] Sabemos que a mais absoluta imprecisão semântica permeia a linguagem natural (Warat) e que as brechas para uma ruptura – tendenciosa ou não – com a neutralidade *racionalista* (Japiassu) estão em todo lugar.

Um conflito eminentemente interno (do julgador) pode ganhar contornos em meio à decisão judicial, dado o fato de que (mesmo que de forma imperceptível à primeira vista) sobre o *decisum* operam "conceitos, tendências, preconceitos, substratos culturais" e outros elementos que atuam *sobre* o julgador e por ele são, até mesmo, *produzidos*.[513] Ainda mais quando a suposta prática delitiva pela qual

---

[508] SOUZA, José Guilherme de. *Vitimologia e violência nos crimes sexuais. Uma abordagem interdisciplinar.* Porto Alegre: Sergio Antonio Fabris Editor. 1998, p. 126.

[509] CARVALHO, Amilton Bueno de. "As majorantes nos crimes sexuais violentos", in CARVALHO, Amilton Bueno de. CARVALHO, Salo de. *Aplicação da Pena e Garantismo.* Rio de Janeiro: Lumen Juris, 2004, 3. ed. ampliada, p. 101.

[510] Idem ibidem.

[511] ALMEIDA, Angela Mendes de. *O Gosto do Pecado. Casamento e sexualidade nos manuais de confessores dos séculos XVI e XVII.* Rio de Janeiro: Rocco, 1993, 2. ed., p. 92.

[512] CARVALHO, Amilton Bueno de. "As majorantes nos crimes sexuais violentos"..., p. 102.

[513] SOUZA, José. op. cit., p. 126

está sendo o Réu julgado configura fonte imanente de fantasias e representações psíquicas de sexo e violência:

Em outras palavras: creio que o fato do crime de estupro (...) pode mexer com a sexualidade do próprio julgador, fazendo com que, inconscientemente, ele se projete na pessoa do réu, ou da vítima, com mórbido prazer, ou intenso sofrimento. Isto poderia redundar em conduta benevolente, ou excessivamente rigorosa .[514]

Diante do fato de que a psique eclode em manifestações inconscientes muitas vezes inesperadas e inoportunas (Jung), e tem o condão de guiar, finalisticamente, nossa atividade "racional", podemos ter como forte a premissa suscitada para o ato judicial, apoiando-se por um lado em Calamandrei,[515] por outro em Miranda Coutinho,[516] para concordar com Lopes Jr.: muitas vezes, a decisão judicial ocorre em outros âmbitos que não os (meramente) dos autos, não o (simplesmente) processual. Por vezes, os procedimentos não são mais do que a mera *justificativa* encontrada pelo julgador para percorrer um *iter* já traçado inconscientemente (*extra*-racionalmente), o que faz dos elementos do rito judicial, muitas vezes, palco para um verdadeiro "golpe de cena".[517]

O mesmo Calamandrei é quem, com precisão, questiona: "Mas quantas vezes a fundamentação é uma reprodução fiel do caminho que levou o juiz até aquele ponto de chegada? Quantas vezes o juiz está em condições de perceber com exatidão, ele mesmo, os motivos que o induziram a decidir assim?".[518]

Assim, a decisão judicial pode se transformar em um viés para uma representação psíquica particular. O julgador está suficientemente protegido para vislumbrar seus elementos profundos na figura do Réu ali passível de ganhar tutela estatal. De acordo com toda a complexa maquinaria inconsciente que pode operar paralelamente aos processos da Razão-consciência e direcionar esses últimos, inclusive (como vimos no Capítulo 2, acima), cabe a pergunta: quem ou o que, de fato, está sendo

---

[514] SCAPINI, Marco Antônio Bandeira. "Acesso à Justiça e Gênero" in *Feminino, masculino: igualdade e diferença na Justiça*. Porto Alegre: Sulina, 1997, p. 30.

[515] "Só o jurista' puro' pode dar-se ao luxo de tratar as leis como instrumentos de precisão, que em contato com os homens, considerados em série e todos equivalentes, sejam capazes de se acionar sempre do mesmo modo, assim como se dar ao luxo de pretender que ao simples toque a máquina inanimada dispare sempre do mesmo modo". CALAMANDREI, Piero. *Instituições de Direito Processual Civil*. Trad. Douglas Dias Ferreira. Campinas: Bookseller, 2003, 2. ed., p. 225-226.

[516] "É interessante notar, todavia que, naquilo que mais nos atormenta e nos faz agir (para só depois dizer: perdi a cabeça!), o movimento partiu de um lugar que fala, que nos empurra, mas do qual não sabemos nada, não temos a mínima condição de identificar (...) À opção – ou escolha, como quer Carnelutti – no processo, não se deixa de levar em consideração tudo aquilo que não está nos Autos, arrastando consigo o que pode ser – e às vezes é – muito pior do que o jogo de dados de Rabelais. Basta entender que a sorte, no dito jogo, pode premiar o jogador; e tem-se um domínio do íter. Na opção, contudo, não poucas vezes, sequer o agente sabe o porquê; e o íter é uma mera representação". MIRANDA COUTINHO, "Glosas ao Verdade, Dúvida e Certeza de Francesco Carnelutti...". p. 82-86.

[517] LOPES JR. Aury. "O Interrogatório On line no Processo Penal: entre a Assepsia Jurídica e o Sexo Virtual" in *Revista de Estudos Criminais*, ano V, nº 19. NOTADEZ: Sapucaia do Sul, 2005, p. 85

[518] CALAMANDREI, Piero. *Eles, os Juízes, vistos por um advogado*. Trad. Eduardo Brandão. São Paulo: Martins Fontes, 2000, p. 175.

levado a julgamento em cada decisão? Há franca possibilidade de o Magistrado utilizar o Réu, de certa forma, como se objeto de escopo psicológico próprio fosse.

Não faltam meios para que essa relação vertical e hipersuficiente seja vivificada nas realizações necessárias em busca de um alívio psíquico particular: nos vazios de sentido a serem preenchidos pela palavra do Magistrado, "há espaço para que no olhar do 'outro' se julgue a si próprio".[519] Como expõe Gorra, a decisão judicial é amplamente passível de se deixar invadir por parâmetros estranhos a aqueles eminentemente jurídico-processuais dos quais o julgador *terzo* deveria se valer com neutra exclusividade.[520]

Verifica-se uma relação particularmente conflituosa e ambivalente entre Réu e julgador, e nela, a clara posição privilegiada deste último, legitimado pela própria função que ali representa:[521] o julgador pode se valer da decisão para – inconscientemente – ponderar uma realidade situada além das fronteiras da Razão, cujo resultado no plano da consciência (a efetiva condenação ou absolvição) vai atingir outro (o Réu).[522]

No ato de julgar, em se tratando de crimes contra a liberdade sexual, é identificável, por vezes, muito da velha histeria idealizada por Freud quanto aos aborígenes que afrontavam o *tabu* e invocavam assim o desespero psíquico dos demais membros da tribo. É certamente impactante (ainda que apenas inconscientemente) para o julgador absorver a informação proveniente dos autos, descrevendo em detalhes curiosos a prática do ato sexualmente expressivo, aliado, muitas vezes, a uma contextualização violenta que vai lhe gerar e invocar impressões, indubitavelmente.[523]

---

[519] MORAIS DA ROSA, Alexandre. "O papel do Juiz Garantista e a Execução Penal em tempos Neoliberais: Eichmann e Big Brother" in *Crítica à Execução Penal*. CARVALHO, Salo de (org.). Rio de Janeiro: Lumen Juris, 2006, 2. ed., revista, ampliada e atualizada, p. 338.

[520] "Secondo me l'analisi dell'interazione tra le scienze psicologiche e l'attività del giudice deve innanzitutto partire dall'esame dei compiti che il magistrato è chiamato a svolgere. È proprio nel momento dell'applicazione della norma da parte del giudice che possono entrare in gioco fattori psicologici e sociali estranei ai parametri che il giudice deve utilizzari". GORRA (intervenção) in DE CATALDO NEUBURGER, op. cit., p. 187.

[521] "DOSTOIEVSKI já descrevia em Crime e Castigo, num arguto exame de suas subjetividades, a relação perversa que se estabelece entre o juiz e o criminoso. Uma relação que infesta os envolvidos, que os determina por meio de um ato irreversível, que sempre estará aí, assinalando o passo de cada um. A diferença está, talvez, no fato de que o juiz sempre poderá apelar, auto-protetoramente, para uma condição de legitimidade consagrada por valores absolutos". GAUER, Ruth M. Chittó. "Alguns aspectos da Fenomenologia da Violência" *in A Fenomenologia da Violência*. GAUER, Gabriel J. Chittó e GAUER, Ruth M. Chittó (org.). Curitiba: Juruá, 1999, p. 18

[522] CARVALHO, Amilton Bueno de. "O Juiz e a Jurisprudência: um desabafo crítico" in *Garantias Constitucionais e Processo Penal*. BONATO, Gilson (Org.). Rio de Janeiro: Lumen Juris, 2002, p. 6.

[523] Importante contribuição para o tema se dá na análise dos resultados do experimento de BARGH, que avaliou o impacto no raciocínio humano da leitura de certas palavras em associação (inconsciente) imediata com seu conteúdo significativo. Na referida pesquisa, foi constatada a reação de pessoas quanto à leitura de palavras sendo algumas portadoras de significação semântica que exprimia agressividade. Posteriormente, as mesmas pessoas foram submetidas a testes que consistiam em emitir um parecer sobre as atitudes de um protagonista em uma cena a qual foram expostos. Para os voluntários que leram as palavras "agressivas", a ocorrência de considerações quanto à suposta "agressividade" percebida no protagonista da cena foi substancialmente maior do que para aqueles que foram submetidos à leitura de palavras de tom diverso, ajudando, dessa forma, na conclusão de que: "Informações que deveriam ser desconsideradas quando avaliamos alguém acabam, de modo não-consciente, interferindo no processo avaliativo como um todo". VASCONCELLOS, Silvio José Lemos.

Não é à toa que muitos dos *Manuais* orientadores dos confessores eclesiásticos do século XVI exprimiam cautela em procurar dispor – mesmo em meio à ânsia inquiridora quanto à conduta social e religiosa dos fiéis – de normas rígidas de permissividade ou não para alguns questionamentos. Mesmo com a presunção de onipotência imaculada reinante quanto à atuação do pároco frente aos fiéis, era preocupante para os religiosos a nítida possibilidade de a *excitação sexual* do próprio confessor prejudicar seu ofício.[524] Como professaria Nietzsche: "Quem combate monstruosidades deve cuidar para que não se torne um monstro. E se você olhar longamente para um abismo, o abismo também olha para dentro de você".[525]

Em que aspecto essa informação pode atingir (ativar) a psique desse julgador? Em que posição (metaforicamente falando) o Julgador, talvez, gostaria de se colocar[526] perante o imaginário da cena que, ali, nos autos, vai descrita? Poderíamos crer que existe mesmo possibilidade de um agir mecânico, neutro, indiferente na seara em que aqui é invocada?[527]

Se não há como apartar as "evidências" de uma Razão-consciente do bojo cognitivo geral (como pensava Descartes), se a aquisição e transmissão dos saberes opera em uma escala perspectivista (Nietzsche), se a Sentença, definitivamente, não é um "pedaço de lógica" (Couture), se a proposta silogística é marca retumbante de uma ingenuidade primária (Ferrajoli), e mais, se possuímos todo um universo psíquico exterior aos limites da esfera da consciência (Freud) e se esse universo, dinâmico, *transcendente* e latente de equilíbrio (Jung), *precisa* se manifestar quando negligenciado ou mal trabalhado, como negar a clara possibilidade de que as tonalidades psíquicas do julgador possam escoar justamente para onde ele (*cartesianamente* adestrado) crê utilizar a Razão calculadora como ferramenta solitária?[528]

Mesmo que haja obliteração retórica das manifestações inconscientes, elas se fazem sempre presentes, em maior ou menor gradação, sendo que, para Morais da Rosa, podem ser tidos, inclusive, enquanto *"co-produtores da decisão"*,

---

GAUER, Gabriel José Chittó. "Contribuições da Psicologia Cognitiva para a compreensão dos diferentes olhares direcionados ao comportamento delinqüente" in *Revista de Estudos Criminais*. Ano IV, N. 14. Sapucaia do Sul: NOTADEZ, 2004.

[524] "Manuais da primeira metade do século XVI – como os de Soto de Navarro e a Summa Sylvestrina – aconselhavam a não-utilização excessiva de perguntas, ou de minúciais nelas, sobretudo com mulheres e jovens. A preocupação da igreja não era apenas relativa aos penitentes, mas também ao confessor, que poderia excitar-se ao interrogar". ALMEIDA, op. cit., p. 22.

[525] NIETZSCHE, Friedrich. *Além do Bem e do Mal*. São Paulo: Companhia das Letras, 2005, p. 70.

[526] "Em determinado órgão judicante (singular ou coletivo) de algum lugar do mundo, em certo momento da história, julgava-se delito de atentado violento ao pudor (sexo anal). O prolator do ato referia na decisão ao autor deste ato nojento, bestial, anormal. Enfim, colocava o ato sexual anal no limite do animalesco. No entanto, ele era reconhecidamente homossexual (...) O que explode? A sua (homo) sexualidade mal resolvida...". CARVALHO, Amilton Bueno de. "As majorantes nos crimes sexuais violentos"..., p. 105.

[527] "Pode o Direito legislar sobre o desejo, ou será o desejo que legisla sobre o Direito?". CUNHA PEREIRA, op. cit., p. 23.

[528] "Quando um juiz prolata uma sentença, esse tipo particular de produção jurídica por suposto que carrega em si toda uma carga de dados que fluíram diretamente do seu prolator para o produto final". SOUZA, José, op. cit, p. 128.

aliados a condicionantes subjetivos não racionais de outras – e mais diversas – ordens (ideológicos, criminológicos, midiáticos, etc.).[529] Portanto, (muito) adiante de uma, mais do que devida, assunção ideológica (e Hartmann pontua isso com destreza[530]) é preciso conviver com a hipótese de que o julgador não está "sozinho" no momento da decisão e isso não configura uma simples opção discursiva facilmente identificável (como assumir ou não componentes ideológicos). A influência inconsciente está lá, acima de direcionamentos racionais atrelados ao *Ego*:[531] "Para além do assentimento sincero existem mecanismos inconscientes que roubam a cena".[532]

A peça pregada pela psique carente de manifestação integrada, em especial quanto ao julgador, pode se dar diretamente em seu ofício; exclusivamente no momento em que a carga racionalista se encontra (de forma pretensamente sólida) em seu estado de tensão maior (direcionamento exclusivamente racional, portanto, *egóico*). A forja da moldura intelectual onde são preparados os Magistrados (Nalini), em cotejo com as pretensões ideológicas inerentes à carreira e a ela tributárias (Wolkmer, Zaffaroni) e o modelo defasado dentre o qual são formados os nossos Magistrados, e, ainda, com uma verdadeira megalomania dogmática reinante em meio às cátedras jurídicas (Ferraz Jr.), negaceia de forma leviana o fato incontestável de que "uma sentença funciona como se fosse o 'espelho' do pensamento que a presidiu, quer esse pensamento esteja presente de forma explícita, quer ele o esteja implicitamente, isto é de forma não diretamente 'legível'".[533]

Persiste a doutrina nacional, majoritariamente *ferrariana* e simplista, no entanto, negligenciando a questão, tratando do senso crítico do Magistrado e de seus fatores subjetivos como "agregados" à análise eminentemente processual no momento de decidir, e considerando a Sentença de Mérito proferida por juiz-singular como o oposto do sistema de julgamento *secundum conscientiam* que se verifica, por exemplo, nas decisões do Júri Popular.[534]

---

[529] MORAIS DA ROSA, Alexandre. *Decisão Penal...*, p. 266.

[530] "A todo momento, quem decide opta entre se forjar neutro e mostrar a cara (...) A garantia de verdade como produto de uma racionalidade legal neutra, objetiva e pura – que fundamenta as decisões e justifica o que for preciso, inclusive resultados contraditórios – procura esconder a influência do hermeneuta nas decisões, mas acaba apontando um absurdo (uma inconsistência) em relação ao postulado em que se estrutura". HARTMANN, Helen. "À guisa da Introdução" in *Direito e Psicanálise. Interseções a partir de 'O Processo' de Kafka.* COUTINHO, Jacinto Nelson de Miranda (Coord.). Rio de Janeiro: Lumen Juris, 2007, p. 8-9.

[531] "A consciência plena é ilusória. Esse ir ao encontro do um-juiz humano, portador de uma subjetividade que opera dentro da 'Instituição', para encontrar emoções, desejos, complexos, é um caminho rumo à democratização do ato decisório. Não se trata evidentemente de eclipsar seu lugar (...) Cuida-se de reconhecer a influência do inconsciente do um-julgador no momento do ato decisório, uma vez que (citando MIRANDA COUTINHO) 'não tem sentido manter uma venda nos olhos para fazer de conta que o problema não existe'". MORAIS DA ROSA, *Decisão Penal...*, p. 277.

[532] MORAIS DA ROSA, *Decisão Penal...*, p. 273.

[533] SOUZA, José, op. cit., p. 129.

[534] CAPEZ, *Curso de Processo Penal...*, p. 23.

A "operação" judicial decisória (especialmente quando nos referimos aos crimes contra a liberdade sexual) não pode ser tida como se sempre produto exclusivo da Razão fosse, mas, sim, intertextualizada levando em conta, inclusive, fatores que navegam para além da racionalidade *egóico-cartesiana*. A dialética dos conteúdos inconscientes, por sua própria característica, tensiona a racionalidade judicial, introduzindo, sob a frieza da lógica, componentes visivelmente emocionais[535] em meio ao ranço moralista típico[536] e agregando, à mesma, fatores das mais variadas ordens.

[535] SOUZA, José. Op. cit., p. 143.

[536] Impossível não fazer menção à notoriedade adquirida pelo Acórdão do Tribunal de Justiça do Estado de Goiás, que julgou uma apelação-crime interposta pelo Ministério Público diante de sentença absolutória quanto à denúncia oferecida por crime de atentado violento ao pudor, em Junho de 2004. O caso informava a prática de coito anal tendo como sujeito passivo do ato posto em prática pelo acusado, um amigo seu com quem comungava da prática de sexo grupal, juntamente, ainda, com mulher identificada como amásia desse último. O curioso desfecho judicial do caso presumivelmente se deve muito ao fato de que a situação diverge de uma prática sexual "simples", no instante em que operada em meio ao que o Tribunal classificou como "bacanal". O texto da ementa do Acórdão é claro quanto ao posicionamento dos julgadores sobre o tema: "Ementa: Apelação criminal. Atentado violento ao pudor. Sexo grupal. Absolvição. mantença. Ausência de dolo. 1) A prática de sexo grupal é ato que agride a moral e os costumes minimamente civilizados. 2) Se o indivíduo, de forma voluntária e espontânea, participa de orgia promovida por amigos seus, não pode ao final do contubérnio dizer-se vítima de atentado violento ao pudor. 3) Quem procura satisfazer a volúpia sua ou de outrem, aderindo ao desregramento de um bacanal, submete-se conscientemente a desempenhar o papel de sujeito ativo ou passivo, tal é a inexistência de moralidade e recato neste tipo de confraternização. 4) Diante de um ato induvidosamente imoral, mas que não configura o crime noticiado na denúncia, não pode dizer-se vítima de atentado violento ao pudor aquele que ao final da orgia viu-se alvo passivo do ato sexual. 5) Esse tipo de conchavo concupiscente, em razão de sua previsibilidade e consentimento prévio, afasta as figuras do dolo e da coação. 6) Absolvição mantida. 7) Apelação ministerial improvida". Válido, também, destacar trecho do voto do Relator: "Ademais, o grupo de amigos reuniu-se com o propósito único de satisfazer a lascívia de cada um e de todos ao mesmo tempo, num arremedo de bacanal, que o vulgo intitula de sexo grupal. Nesse tipo de congresso a regra moral dá lugar ao desvario, e enquanto perdurar a euforia, ninguém é de ninguém. A literatura profana que trata do assunto, dá destaque especial ao despudor e desavergonhamento, porque durante a orgia consentida e protagonizada não se faz distinção de sexo, podendo cada partícipe ser sujeito ativo ou passivo durante o desempenho sexual entre parceiros ou parceiras. Tudo de forma consentida e efusivamente festejada". (BRASIL. Tribunal de Justiça do Estado de Goiás. Acórdão em Apelação Criminal, N° 25220-2/213 (200400100163). Relator Des. Paulo Teles. Goiânia, 29 de Junho de 2004). No caso, o fator de estarem, acusado e vítima, envolvidos em uma prática sexual coletiva onde, segundo o próprio texto da decisão, antes do fato, houve inclusive consumo excessivo de álcool e de drogas (maconha) parece ter sido preponderante, mesmo ante à circunstância de que a vítima estaria comprovadamente embriagada ao ponto de não conseguir opor defesa ou rejeição ao intuito do acusado. O "desregramento do bacanal" permite tudo, e ao que parece, na opinião dos julgadores, a vítima não tem o direito de protestar quanto ao fato diante da realidade "assumida" com a participação na empreitada grupal, onde "ninguém é de ninguém". A ideia explorada no julgado utiliza, de forma estranha, elementos volitivos de assentimento, mesmo ficando claro dentre o próprio Acórdão que não se estava tratando de consentimento expresso nem de qualquer tipo admitido de exclusão de ilicitude, por exemplo, quando "o ofendido, no momento da aquiescência, esteja em condições de compreender o significado e as conseqüências de sua decisão, possuindo, pois, capacidade para tanto" (ASSIS TOLEDO, Francisco. *Princípios Básicos de Direito Penal*. São Paulo: Saraiva, 1991, 4. ed., p. 215). A posição ora adotada parece ser absolutamente destoante da jurisprudência comumente exarada pelo insigne Tribunal e mesmo de precedentes da própria Câmara julgadora quanto à temática da falta de possibilidade de defesa da vítima, por embriaguez, como elemento que decididamente caracterizaria a presunção de violência do então vigorante Artigo 224, alínea "c" do Código Penal e não exclui a culpa do acusado. Os julgados do próprio Tribunal enfatizam a embriaguez (ou o análogo estado motivado pelo uso de entorpecentes) como exemplo circunstância em que a vítima "não pode oferecer resistência" ao agressor, caracterizando a conduta punível (ver: BRASIL. Tribunal de Justiça do Estado de Goiás. Acórdão em Recurso em Sentido Estrito, N° 818-2/220. Relator Des. José Lenar de Melo Bandeira. Goiânia, 24 de Agosto de 2004 e também BRASIL. Tribunal de Justiça do Estado de Goiás. Acórdão em Apelação Criminal, N° 14258-0/213. Relator Des. João Canedo Machado. Goiânia, 22 de Novembro de 1994). Causa estranheza, portanto, que nesse (específico caso) mesmo que a vítima estivesse comprovadamente incapaz de

Nossa hipótese de um "Réu interior" (ou vários) presente em cada decisão, de cada julgador, se alia nos dizeres de Gulotta, para quem *"concedendo a impunidade, o juiz, tem muitas vezes a sensação de permitir ao culpado aquilo que a si mesmo proíbe"*.[537]

Correto, bem como igualmente o é a recíproca: proibir (punir) os outros por algo que, a si, consente.

3.3. O julgador e sua *sombra*

> *Conta a lenda que dormia, uma Princesa encantada. A quem só despertaria um Infante, que viria de além do muro da estrada.*
>
> *Ele tinha que, tentado, vencer o mal e o bem, antes que, já libertado, deixasse o caminho errado, por o que à Princesa vem.*
>
> *A Princesa adormecida, se espera, dormindo espera, sonha em morte a sua vida, e orna-lhe a fronte esquecida, verde, uma grinalda de hera.*
>
> *Longe o Infante, esforçado, sem saber que intuito tem, rompe o caminho fadado, ele dela é ignorado, ela para ele é ninguém.*
>
> *Mas cada um cumpre o Destino. Ela dormindo encantada. Ele buscando-a sem tino pelo processo divino que faz existir a estrada.*
>
> *E, se bem que seja obscuro tudo pela estrada fora, e falso, ele vem seguro, e vencendo estrada e muro, chega onde em sono ela mora,*
>
> *E, inda tonto do que houvera, a cabeça, em maresia, ergue a mão, e encontra hera, e vê que ele mesmo era a Princesa que dormia.*
>
> Fernando Pessoa, *Eros e Psique*[538]

Conforme leciona Von Franz a concepção *junguiana* do termo *projeção* é tomada da sabedoria *psicanalítica*, ganhando, muito embora, contornos inteiramente novos. Para Freud projetamos no exterior (sumamente em outras pessoas e

---

oferecer resistência (por maciça embriaguez/uso de entorpecentes), a decisão tenha situado que o ofendido tenha "participado" do ato de "forma voluntária e espontânea" e "aderido" ao desregramento do "bacanal". Percebe-se que o referido moralismo, abrupto, verificado na decisão termina por "punir" a vítima, uma vez que ignora a manifesta existência de elementar do tipo em questão, no intento de não conferir provimento ao apelo que visava reforma na sentença absolutória. Na situação *sui generis* do "bacanal", por estar imerso em circunstância que, segundo o Acórdão, ofende princípios "mínimos", a vítima é tida por "consciente" do "conchavo concupiscente" ali entravado. Ecos inegáveis da visão eclesiástica inquisidora se verificam em meio ao conteúdo decisional, na tentativa (nem um pouco velada) de defesa da vigência de um regramento moral e sexual uniforme. O alarmismo com o qual a questão vai solucionada, no Acórdão comentado, faz lembrar ALMEIDA, que, estudando o *Manual* do Confessor CORELLA, pontua: "A sodomia, ou 'pecado nefando', é abordada com indignação, quer se trate do ato de um homem com uma mulher, quer de um homem com outro. Esta última possibilidade vem sempre associada ao ato sexual 'com as bestas' (...) Quando tratam da relação sodomítica por parte do marido, os manuais esclarecem sempre que esta iniciativa dava direito à esposa de negar-lhe o 'débito', uma vez que ela 'só fez entrega de seu corpo para uso do matrimônio pelo modo humano, e não pelo modo bestial'". ALMEIDA, op. cit., p. 103-104.

[537] GULOTTA, op. cit., p. 16-17.

[538] PESSOA, Fernando. *Poesia Lírica e épica*. Lisboa: Editorial Verbo, 1985, p. 165-166.

em suas condutas) elementos inconscientes de nossa psique que se mostram antagonistas dos anseios conscientes, como meio de defesa próprio do *Ego*.[539] Já em Jung a projeção é uma forma comum e cotidiana de *exteriorização* dos conteúdos psíquicos. Ela é, em última análise, um "erro de julgamento".[540]

E é um erro de julgamento na medida em que, enquanto ato contínuo de exteriorização de conteúdos inconscientes, a *projeção* faz com que visualizemos nos "objetos" características que no fundo pertencem a nós, "sujeitos", e, com fulcro exclusivamente nelas, passemos a avaliar aqueles.[541] A filosofia *perspectivista* atenta para o fato de que conhecer o "objeto" não é descobrir escrituras de um núcleo essencial que ele possua, mas sim, ato que está intimamente ligado às possibilidades cognitivas e (em último caso) às próprias intenções do "sujeito" (Fogel). A Psicologia Analítica vai mais longe: muitas vezes, descobrir algo no "objeto" não é nada mais do que "descobrir-se" nele, ainda que imperceptivelmente.

Para Jung, trata-se, para além da noção *freudiana* de uma reação *egóica* frente a elementos psíquicos desagradáveis, uma forma de manifestação inconsciente voltada para o desenvolvimento psíquico do próprio indivíduo: aspectos negligenciados (negativos ou mesmo positivos, em um sentido moral) em demasia são exteriorizados através de sua identificação com o *outro* em uma espécie de medida amenizante. Descarregar aspectos *internos* no *outro* é medida padrão, em um movimento inicial, espécie de mecanismo psíquico direcionado à suavização dessa carga para que ela seja vislumbrada e, posteriormente, reconhecida pelo *sujeito* como própria (como parte de *sua* totalidade psíquica). Muito da nossa impressão do mundo se dá exclusivamente através da *projeção* de nossos elementos e esquematizações inconscientes e, para Jung, uma das principais vias para o bom desenvolvimento psicológico é uma (por vezes difícil) compreensão do mundo livre da primariedade de algumas *projeções*:

> Quando agora, na linguagem da psicologia moderna, designamos a libertação da alma "e compedibus corporis" (dos grilhões do corpo), de acordo com as alusões de Dorneus, como sendo recuo das projeções ingênuas, por meio das quais modelamos a realidade que nos circunda e a própria imagem de nosso caráter, então chegamos de uma parte à "cognitio sui ipsius" (conhecimento de si próprio, autoconhecimento), e de outra parte também a uma intuição e uma concepção do mundo exterior, que é realista e aproximadamente livre de

---

[539] "Em psicanálise o termo é usado por Freud para descrever o processo pelo qual um sujeito localiza fora de si aquilo que rejeita ou não reconhece como próprio, razão pela qual atribui a outro sujeito atitudes ou sentimentos dos quais experimenta vergonha". PIERI, op. cit., p. 398. Cf. FREUD. *Além do Princípio do Prazer*. Ver Nota nº 398, acima.

[540] "Carl Gustav Jung tomou o termo projeção de Sigmund Freud; em virtude de sua concepção própria de inconsciente, este conceito, porém, recebeu dele uma uma interpretação totalmente nova. Jung qualifica de projeção um fenômeno psicológico verificável, a princípio, no cotidiano de todos os homens, ou seja, estamos sujeitos, em nossas concepções acerca de outras pessoas e de situações, a erros freqüentes de julgamento que precisam ser corrigidos mais tarde, mediante uma melhor compreensão". VON FRANZ, op. cit., p. 9.

[541] "Na psicologia analítica junguiana o termo indica o processo psicológico de estranhamento segundo o qual o sujeito – na relação que mantém com um objeto – transfere e inclui no próprio objeto qualquer gênero de conteúdos que sejam fundamentalmente de sua pertinência". PIERI, op. cit., p. 397.

ilusões. O separar a realidade das camadas da ilusão que a envolvem nem sempre é sentido como agradável, mas antes como penoso e até doloroso.[542]

Na maioria dos casos, contudo, a análise da correspondência *pessoal* existente nos conteúdos da *projeção* não é bem aceita pelo indivíduo, uma vez que a função por ela exercida, muitas vezes é, realmente, a de confronto, de choque, para evidenciar uma realidade negaceada (psiquicamente). Dada a disjunção na exagerada manifestação e/ou *identificação* da totalidade psíquica com alguns de seus elementos (ex: a *Persona*) a tendência *finalista* do *Inconsciente* faz com que – visando o equilíbrio – alguns elementos tornem-se evidentes. Ultrapassando a concepção de mecanismo defensivo, a *projeção* tem uma função *positiva* e/ou *pró-ativa*: "A hipótese é de que um encontro entre o ego e tais conteúdos inconscientes tem de alguma forma um valor".[543]

Os conteúdos de *Sombra*, por estarem carregados de possibilidades que geralmente confrontam o *Ego* e seus aspectos *ideais*, são pródigos e propensos em se mostrarem quase sempre projetados.[544] Afinal, dado o fato de que os conteúdos *sombrios* são a mais fiel representação de uma imagem negativa, melhor dizendo, de uma imagem avessa à concepção que o ser humano culturalmente integrado tem de si próprio (Cloninger).

Quando se trata do julgador, e da análise e decisão sobre crimes envolvendo sexualidade, contígua à violência (presumida ou não), a temática assume vulto interessante: como o mérito da decisão poderia ser afetado no caso de o Magistrado projetar conteúdos inconscientes sombrios no Réu? Morais da Rosa ensina que a decisão penal é esteira para que desfilem "com todo vigor" julgamentos (em sentido amplo) eivados de um conservadorismo exagerado, onde os Magistrados podem se auto arvorar como "censores de toda-a-ordem-moral"[545] (ou "diretores de consciência", à moda sacerdotal, como reflete Almeida[546]) e julgar o Réu com

---

[542] JUNG, Carl Gustav. *Mysterium Coniunctionis: pesquisas sobre a separação e a composição dos opostos na alquimia.* Trad. Waldemar do Amaral. Petrópolis: Vozes, 1990, p. 276.

[543] SAMUELS, com SHORTER e PLAUT, op. cit., p. 164.

[544] Idem ibidem.

[545] "Sempre que passava pelo parque Ibirapuera, em São Paulo, eu via ali, como todos os que por lá passam, nos dias de sol, casais de namorados abraçados sobre a grama, trocando carícias. Eram namorados, ao que tudo indicava, vivendo a vida. O fato que ali eu presenciava poderia denominar-se um namoro, palavra que talvez hoje não tenha a relevância que tinha naqueles mais de quarenta anos passados. Concluído o curso jurídico, resolvi prestar concurso para ingresso na magistratura, obtendo êxito. Para a minha surpresa, a partir daí, eu não mais conseguia ver casais de namorados quando passava pelo mesmo parque. Não era um namoro aquilo que eu via, mas tentativas de sedução (ou, pior, atos preparatórios de estupro), atos obscenos ou atentados ao pudor. O mero fato normal da vida passou a adquirir para o nóvel juiz uma qualificação jurídica. Pior: as pessoas não mais eram criaturas normais vivendo uma vida normal em uma seriedade normal, mas violadores da lei, ou na iminência de sê-lo. Tudo por força dos óculos profissionais que me colocaram sobre o nariz. Os mesmos óculos que levaram a proibir beijos em praça pública. Só eu conheci dois que assim procederam, em nome da moral e dos bons costumes". SUANNES, Adauto. "Violência Institucional" in *Aspectos Psicológicos na Prática Judiciária*. ZIMERMAN, David e COLTRO, Antônio Carlos Matias (orgs.). Campinas: Millenium, 2002, p. 331.

[546] ALMEIDA, op. cit., p. 19.

"desdém demoníaco", muitas vezes procedendo em um verdadeiro julgamento interior que visa a supliciar o "inimigo interno", que possuem:[547] a própria *Sombra*.

O *"jogo perverso"* (Gauer) instalado entre o julgador e o Réu permite que o último possa ser visto, por vezes, enquanto um verdadeiro *bode expiatório*[548] para a exteriorização dos conteúdos inconscientes: enquanto o *Ego* se coliga à expectativa moral/social, da qual a *Persona* é tributária, os "problemas" e obscuridades são vislumbrados exclusivamente no outro, no Réu, por intermédio da *projeção* da *Sombra*, para o que o Tribunal é um solo fértil, como ensina Prado.[549]

O perigo se revela quando nos damos conta de que a decisão penal é por excelência uma via propícia para que o Magistrado exercite o *acting out*, isto é, em termos de análise psicológica, a "exteriorização" ou "tradução para fora de uma tensão psicológica de origem conflituosa, que se alivia respondendo à situação presente num modo que é apropriado para uma situação pregressa que produziu o conflito, e que tem alguns elementos em comum com a situação presente, mas que é inapropriado nos confrontos dessa última".[550]

De forma resumida, pode-se dizer que, na perspectiva do *acting out*, conflitos psicológicos particulares do julgador podem vir a ser revividos *em meio* à decisão, orquestrados pelas associações psíquicas promovidas diante do material descritivo contido nos autos: *"o presente* (situação do Réu acusado da prática de um crime sexual a ser decidida pelo julgador) *vem vivido em função do passado* (quando o julgador identifica seus próprios conflitos psicológicos em meio à narrativa processual – interrogatório, discursos da acusação, da defesa, relatos testemunhais, etc) *de modo particularmente intenso* (julgando – em meio ao processo – demandas psíquicas particulares)".[551]

Para Gulotta, "os homens punem e se punem com base nos ditames de uma justiça interior que tenta por via largamente inadequada, porque inconsciente e emocional, resolver as suas contradições instintivas, sentidas como culpáveis".[552] Se não se pode generalizar levianamente quanto à tese, somos, todavia, levados a concordar que ela espelha em larga escala uma possibilidade manifesta e alarmante.

---

[547] MORAIS DA ROSA. "O papel do Juiz Garantista...", op. cit., p. 336.

[548] "A linha demarcatória ética mais precisa, traçada pelo Cristianismo no mundo dos espíritos, em princípio, corresponde psicologicamente a uma conscientização mais clara daquilo que Jung designou como sombra: todos aqueles aspectos animalescos e de alguma maneira inferiores da personalidade consciente, que costumam se condensar em uma 'imagem de inimigo', inescrupulosamente projetada nas pessoas circundantes. Esta imagem pessoal de inimigo, contudo, como já mencionamos, pode ser percebida de maneira não muito difícil, mediante um pouco de autocrítica; se nos propusermos a isso poderemos nos apanhar em flagrante, dizendo ou fazendo justamente o que mais odiamos nos outros". VON FRANZ, op. cit., p. 139.

[549] PRADO, Lídia Reis de Almeida. *O Juiz e a Emoção. Aspectos da lógica da decisão judicial*. Campinas: Milennium, 2003, 2. ed., p. 100.

[550] GULOTTA, op. cit., p. 16.

[551] Idem ibidem

[552] Idem, p. 18.

Mormente em se tratando de crimes contra a liberdade sexual, a questão ganha um componente bastante relevante, sendo um conceito do qual não podemos nos furtar à análise o de *gancho projetivo*. Von Franz analisa a questão, explicando que, normalmente, a *projeção*, quando direcionada a uma pessoa, recai sobre alguém que possivelmente possui algum elemento atrativo a ela.[553] Uma característica do "objeto" pode muito bem passar incólume pelo olhar de um observador e deter de forma surpreendente a atenção de outro. Mais do que um mero exagero adjetivo na caracterização de um "objeto", a interpretação de um dos aspectos desse "objeto" pode estar intimamente relacionada a algum elemento bem próprio do "sujeito" cognoscente.

Afinal de contas, o *gancho* não gera a *projeção*, mas a estimula, com correspondência à tendência projetiva do outro para aquele aspecto específico: "Ainda que exista realmente certa característica no outro indivíduo, deve-se considerar, porém, que para quem projeta, a característica percebida de fora passa a ser também um conteúdo interior. Essa imagem existe ao lado, ou melhor, na base de toda percepção, e sua vida autônoma permanece inconsciente no indivíduo enquanto aparentemente coincidir com o objeto exterior".[554]

Uma interpretação exageradamente adjetivada de um "objeto" pode não ser mais do que essa coincidência aparentemente exterior entre uma característica que ele indica ou sugere e os próprios anseios projetivos do "sujeito" que se conectam a esse *gancho*, a essa (por vezes evidente, por vezes tênue) indicação. Morais da Rosa sustenta que alguns julgadores, como reflexo dessa realidade, "adjetivam demais" em meio à decisão.[555] Na mesma esteira, abordando a gestão "adjetiva" dos discursos judiciais em relação ao crime de estupro, Pandjiarjian e Pimentel expõem:

> Em alguns operadores do Direito há muita veemência e repúdio ao delito em si, havendo a utilização de expressões contundentes e desqualificadoras em relação ao estuprador. Contudo, freqüentemente, outros expressam desrespeito à parte ofendida, levantando dúvidas quanto às suas declarações e à sua própria moralidade.[556]

Se a separação entre sujeito e objeto nos moldes *cartesianos* é fictícia, mais do que as *possibilidades* do sujeito cognoscente ditando os limites do conhecimento (Foucault), devemos atentar para uma análise *qualitativa* desse conhecimento e dessas possibilidades, jamais negando sua profunda imbricação com a realidade psíquica do próprio sujeito.[557]

---

[553] VONZ FRANZ, op. cit., p. 31.

[554] Idem, p. 33.

[555] MORAIS DA ROSA. "O papel do Juiz Garantista...", p. 336.

[556] PANDJIARJIAN, Valéria. PIMENTEL, Sílvia. "O Estupro como Cortesia. Direitos Humanos e gênero na Justiça Brasileira" in *Cadernos Themis. Gênero e Direito*. Ano I, n° 1. março/2000, p. 56-57.

[557] "Jung manifestou muitas vezes que, se a própria pessoa tivesse apenas três por cento do mal que ela vê ou projeta no outro, e este possuísse objetivamente os restantes noventa e sete por cento, não obstante seria mais sábio levar em conta somente os três por cento, pois só em nós mesmos podemos mudar alguma coisa; nos outros, como se sabe, é quase impossível". VON FRANZ, op. cit., p. 33.

Ignorar esse caráter *qualitativo* é fechar os olhos para todo o leque de subjetividade que pode funcionar em meio à estrutura da decisão,[558] por exemplo, quando do verdadeiro "portal inconsciente" aberto pela "ponderação" do Julgador singular em meio à aplicação da pena em sentença condenatória, quanto às circunstâncias do Artigo 59 do Código Penal, que assim dispõe em seus *caput* e *incisos*:

> O juiz, atendendo à culpabilidade, aos antecedentes, à conduta social, à personalidade do agente, aos motivos, às circunstâncias e conseqüências do crime, bem como ao comportamento da vítima, estabelecerá, conforme seja necessário e suficiente para reprovação e prevenção do crime: I – as penas aplicáveis dentre as cominadas; II – a quantidade de pena aplicável, dentro dos limites previstos; III – o regime inicial de cumprimento da pena privativa de liberdade; IV – a substituição da pena privativa da liberdade aplicada, por outra espécie de pena, se cabível.

Não é preciso muito para se perceber que o roteiro legal estabelecido em forma de diretrizes orientadoras da medição da fixação inicial da pena[559] não cumpre a função original de sua própria proposta: ao invés de legar ao julgador um rol de critérios objetivos coligados a uma (pretensão de) uniformidade principiológica, termina por transformar a tarefa de estabelecer o *quantum* da pena-base (momento crucial) em uma atividade necessariamente calcada em parâmetros vagos, notadamente imprecisos e visivelmente marcados por caracteres subjetivos que certamente dizem tanto (ou mais, em alguns casos) sobre os valores sociais, o psiquismo e a intencionalidade do aplicador da pena do que os do autor do fato.

Critérios-curinga, e de definição juridicamente inexistente (ou, por esse mesmo motivo, *ilimitada*), como o da avaliação da "conduta social do réu" ou da "personalidade do agente", são terreno certo para que o julgador exerça – de forma, frise-se, absolutamente incompatível com os postulados básicos do exercício jurisdicional-penal em um estado democrático – juízos moralizantes e normalizantes, ao arrepio da principiologia constitucional que simboliza o modelo republicano e *secularizado*[560] adotado por nossa Carta Magna. Vão, sim, corroborados por parte da autorizada doutrina pátria, que crê estar contida na sentença, como "carta branca", a prerrogativa de o juiz expelir ditames sobre a má ou boa "educação" do réu ou, ainda, em um misto de exercício de misticismo com terrorismo

---

[558] Cf. OLIVEIRA, Rodrigo Moraes de. *Fatores Subjetivos na mediação da pena: uma abordagem crítica.* Dissertação apresentada para a obtenção do título de Mestre em Ciências Criminais. Pontifícia Universidade Católica do Rio Grande do Sul. Porto Alegre, 1999.

[559] "A estrutura do art. 59 do Código Penal impõe as fases de aplicação da pena. Assim, ao atender às circunstâncias descritas (culpabilidade, antecedentes, conduta social, personalidade do agente, motivos, circunstâncias, conseqüências e comportamento da vítima), deve seguir as etapas previstas pelo legislador: (1ª) eleição da pena aplicável ao caso, na existência de cominação alternativa; (2ª) aplicação da quantidade da pena; (3ª) determinação do regime inicial; e (4ª) possibilidade de substituição da pena privativa de liberdade por outra espécie de pena". CARVALHO, Salo de. "Aplicação da pena no Estado Democrático de Direito: Postulados Garantistas" in CARVALHO, Amilton Bueno de. CARVALHO, Salo de. *Aplicação da Pena e Garantismo.* Rio de Janeiro: Lumen Juris, 2004, 3. ed. ampliada, p. 35.

[560] CARVALHO, Salo de. "Aplicação da pena no Estado Democrático de Direito: Postulados Garantistas"..., p. 14-18.

inquisitório à moda do antigo Tribunal do Santo Ofício, "revelar" uma possível "propensão para o mal" que o sentenciado *contenha*.[561]

Em se tratando, aqui, de um ensaio que envolva ditames psicológicos, não há como negar que nosso maior espanto reside na questão da avaliação da "personalidade do agente": teratologia tão inaceitável como (de forma paradoxal) indiscriminadamente aplicada, que termina por se caracterizar, sem dúvida, como o momento mais canhestro de toda a operação de fixação da pena legalmente coordenada.

Na lição de Boschi, vemos que tanto a geralmente verificada ausência de qualquer domínio de conteúdos não jurídicos em pertinentes à questão (tais como conceitos rudimentares de psicologia, psiquiatria ou mesmo antropologia), quanto a ação do próprio psiquismo do julgador termina por gerar uma "avaliação" amplamente deficitária, onde os Magistrados geralmente lançam mão de definições genéricas que a nada conduzem, do ponto de vista técnico. E assim, a complexa questão da "avaliação da personalidade" do agente se vê resumida a uma análise pobre de míseros resíduos informacionais que terminam por desaguar em diagnósticos anêmicos como os de "personalidade boa" ou "má".[562]

Isso sem falar na manutenção do arcabouço que sempre tem como núcleo central um alicerce moralista que há muito já se esperava banido da lógica da atividade decisória. Conforme explica Carvalho, a doutrina clássica de arroubos a-críticos dá sustento à sinistra visão das circunstâncias estipuladas no Artigo 59 do Código Penal para funcionarem enquanto lastro de gestão moral por parte do juiz da seara penal, e a avaliação da "personalidade" igualmente não escapa dessa delimitação.[563]

Somos tendentes a crer que a concentração errônea de elementos tributários a um moralismo padronizado em forjas conservadoras na análise da "personalidade do agente" cumpre importante papel enquanto (mais um) sustentáculo da visão de atividade judicial como ela é percebida pela doutrina jurídica *standard*: diante da negação quanto a qualquer possibilidade de contato disciplinar que ultrapasse as barreiras eminentemente legalistas, os juristas tradicionalistas apelam para uma

---

[561] "A conduta social consiste no modo pelo qual o agente exerceu os papéis que lhe foram reservados na sociedade. Trata-se de averiguar, através dessa circunstância, o seu desempenho na sociedade, em família, no trabalho, no grupo comunitário, formando um conjunto de fatores do qual talvez não tenha surgido nenhum fato digno de registro especial, mas que serve para avaliar o modo pelo qual o agente se tem conduzido na vida de relação, exame esse que permitirá concluir se o crime é simples episódio, resulta de má educação ou revela sua propensão para o mal". AGUIAR JÚNIOR, Ruy Rosado de. *Aplicação da Pena (aula proferida no Curso de Preparação ao Concurso de Juiz de Direito – Escola Superior da Magistratura/RS). Texto básico ampliado e atualizado em março de 2002).* Porto Alegre: AJURIS, 2002, 3. ed., p. 36.

[562] BOSCHI, José Antônio Paganella. *Das penas e seus critérios de aplicação.* Porto Alegre: Livraria do Advogado, 2000, p. 211.

[563] "Em Hungria, por exemplo, a noção de personalidade é antes de tudo, (referencial) 'de caráter, síntese das qualidades morais do indivíduo. É a psique individual, no seu modo de ser permanente. Mirabete definirá equivocada e superficialmente personalidade como as qualidades morais, a boa ou a má índole, o sentido moral do criminoso, bem como a sua agressividade e o antagonismo contra a ordem social intrínsecos ao seu temperamento" CARVALHO, Salo de. "Aplicação da pena no Estado Democrático de Direito: Postulados Garantistas"..., p. 59.

verdadeira absorção de conceitos para dentro do "universo jurídico", onde estes são remodelados às expensas de todo seu sentido e sua complexidade originária (descomplexificação) e ganham novos moldes passíveis de serem apropriados e trabalhados.

Assim como nada mais fácil do que transmutar as esferas da "personalidade" de uma pessoa para conceituações pasteurizadas como "agressividade" ou "antagonismo temperamental contra a ordem social" para favorecer os encaixes *necessários*, nada mais apropriado para estabilizar e blindar a lógica vigente do que eliminar de forma sofista e irresponsável a problematização das questões, com base em opiniões que vão na contramão do saber especializado. A referência feita por Carvalho a Hungria,[564] quando este último define a existência de um "modo de ser permanente" para a esfera psíquica do indivíduo (passível de ser "desvendado" pelo julgador), é por demais emblemática. Apenas dá mais vazão ainda para a tensão provocada pelo choque de uma visão exclusivamente jurídica da atividade decisória do julgador. Com o lastro dos estudos *junguianos*, sabemos que buscar uma fixidez de identidade apenas auxilia a eclosão de nossas demais *identidades*. Talvez o julgador da teoria de Hungria se creia enquanto dotado da unidade identitária racional de nos falou Hall, o que não é muito difícil de supor dado o apego desmedido da epistemologia jurídica clássica à *filosofia da consciência* e sua notada resistência no (re)pensar de seus institutos.

Não custa, ainda, filosofar acerca do fato de que, se é capaz, o julgador, de gerir a índole do réu a partir de severos juízos paternais (analogia mais do que bem vinda neste caso) de valor em meio à decisão (no caso, a sentença, através dos conceitos tradicionais sobre os meandros significativos do Artigo 59 em questão), é porque ele detém a ordem dos padrões morais necessários à sociedade. Não é passível de ser avaliador das "*qualidades*" de índole de uma pessoa quem não esteja (ou não se visualize) acima delas e creia ter, delas, perfeita noção não deturpada. O julgador penal, nessa óptica, se arvora da condição de proprietário da cartilha social de bons modos. E de uma Razão mais esclarecida.

Cremos não ser necessário maior dispêndio de tempo para uma destruição dessa imagética falsária da legítima atuação jurisdicional decisória, em meio a um ordenamento jurídico eminentemente constitucional que prime pelos ditames democráticos de um julgador necessariamente garante das premissas da Lei Maior e respeitador do princípio reitor que brota de um Sistema Acusatório,[565] alheio, pois, ao papel equivocado de fornecedor de diagnósticos de uma retidão moral que, em níveis doentios revela algo de suspeito em sua postura quase bélica.

Para Souza, definitivamente, o texto do dispositivo legal acima referido pode ser visto como mero "escopo para a condenação" se configurando, a regra de fixação da pena ali acrescentada, como "um instrumental medíocre, uma espécie de

---

[564] Na Nota anterior.

[565] CARVALHO, Salo de. "Aplicação da pena no Estado Democrático de Direito: Postulados Garantistas"..., p. 53-54.

termômetro subdimensionado para as altas temperaturas que sóem ser encontradas no caldo de cultura da macrossociedade, quando o assunto é comportamento sexual desviante".[566]

Como diria Jung, a projeção, enquanto *erro de julgamento* faz , muitas vezes, com que tudo de equivocado possa ser enxergado no outro. *Apenas no outro e nunca em mim.*

Se a *Projeção* é quase como uma função psíquica automática, é fundamental que em um cotejo entre o saber da Psicologia Analítica e a análise da função jurisdicional no que tange às decisões processuais sobre crimes que aviltam a liberdade sexual, se releve a questão da projeção *sombria*. O julgador se vê diante de um quadro singular, onde, mais do que as evidências oriundas da análise minuciosa dos elementos processuais, o que pode vir a ter real valor, no momento da decisão, é sua capacidade ou não para lidar com seus próprios elementos sombrios: amplamente desconhecidos, ou mesmo veementemente negados, facilmente poderão ser "projetados" sobre o Réu, que vai ser visto como seu portador único e exclusivo.

Dessa forma, a tensão no momento da decisão judicial ganha mais uma tonalidade, com a adição de um inesperado componente: sendo a *Projeção* um meio extremo de visualização dos próprios conteúdos inconscientes, ignorá-la ou mesmo descartar a existência de um lado sombrio particular, torna impossibilitada a consciência de que as decisões judiciais proferidas podem vir a se caracterizarem tal um instrumento patológico de descarga. Como alerta Schmookler, "existe um certo consolo em demonizar as pessoas mais monstruosas e perniciosas dentre nós, como se o fato de elas serem um 'tipo diferente' de criatura tornasse o seu exemplo irrelevante para nós (...) na dança diante do espelho, encontramos uma falsa paz interior ao demonizar o inimigo. Mas reconhecer que até mesmo um inimigo realmente demoníaco é feito da mesma substância que nós faz parte do verdadeiro caminho em direção à paz".[567]

Podemos arriscar dizer que a demonização, em se tratando de casos de crimes contra a liberdade sexual é expediente de fácil e corriqueira verificação: seja, de fato, culpado ou inocente, o acusado traz consigo uma imensa propensão que age como o *gancho projetivo*. A ele vão imputadas condutas que causam repúdio e ódio na mesma proporção que excitação e fascínio. O ser humano possui um lado escuro e destrutivo que é muitas vezes espelhado pela sua sexualidade[568]. E questões atinentes à sexualidade, ao sexo, ao pudor, não são experimentadas pelo julgador com a frieza (ou com a substancial frieza) legada a outras.

---

[566] SOUZA, José, op. cit., p. 204.

[567] SCHMOOKLER, Andrew Bard. "O reconhecimento de nossa cisão interior" in *Ao encontro da sombra. O potencial oculto do lado escuro da natureza humana.* ABRAHAMS, Jeremiah. SWEIG, Connie (orgs.). Trad. Merle Scoss. São Paulo: Cultrix, 2004, 4. ed, p. 212.

[568] GUGGENBÜHL-CRAIG, Adolf. "O lado demoníaco da sexualidade" in *Ao encontro da sombra. O potencial oculto do lado escuro da natureza humana.* ABRAHAMS, Jeremiah. SWEIG, Connie (orgs.). Trad. Merle Scoss. São Paulo: Cultrix, 2004, 4. ed, p. 119.

A delicadeza da questão reside, justamente, no amplo leque de possibilidades que podem ser verificadas. A dificuldade imposta à pessoa do julgador para aceitar suas potencialidades inconscientes mais contraditórias à normalidade moral pode fazer, muitas vezes, com que a punição aplicada ao acusado seja via obrigatória: seja para manifestar horror àquela realidade da qual se crê isento, seja para punir ele pelo fato de que sua conduta serviu (através do ato sexual bruto e não consentido) para espelhar aquilo que o responsável pela decisão, em seu íntimo, gostaria, talvez, de praticar. Afinal, "é raro que a vida sexual real esteja plenamente de acordo com as fantasias sexuais".[569]

Somem-se a isso tudo, vestígios de uma pressão representada pela repercussão sempre ampliada que possuem as decisões sobre os crimes atentatórios à liberdade sexual e o sentimento de "responsabilidade pública" a que sua tutela jurisdicional segue acoplada dada a gravidade (sempre acentuada) da questão. Ignorante (no sentido de *aquele que ignora*) quanto à própria *Sombra*, o julgador pode ser envolvido pela sensação de prazer conjunta à diluição em meio ao *coletivo* e seus valores psíquicos próprios (conectando-se à *Persona* idealizada e registrando os aspectos sombrios apenas nos *outros*), ou mesmo burlá-los freneticamente em um movimento mecânico de contradita rebelde.[570]

Na esteira da primeira proposição, Jung[571] nos fornece o pano de fundo onde terá respaldo a saliente possibilidade identificada por Carvalho[572] quanto ao meio jurídico, e por Iserhard[573] especificamente quanto à decisão judicial.

O fato é que, ao dar vazão a somente um dos movimentos da *Projeção* (lançá-la ao exterior), e não ao não *recolhe-la*, trabalhando com o autoconhecimento psíquico que pode advir da experiência da visualização do material inconsciente/obscuro, o julgador vai pura e simplesmente depositar toda sua negatividade no acu-

---

[569] GUGGENBÜHL-CRAIG, Adolf, op. cit. p. 119.

[570] "No seu aspecto irracional, a sentença sofre o stress social, que pesa sobre o magistrado, ativando instâncias neuróticas que contaminam as decisões representadas ainda parcialmente, de um ponto de vista psicocultural, pelos 'acting-out' mascarados pelo mecanismo defensivo da racionalização e, de um ponto de vista cultural, da intelectualização, de modo que o magistrado, numa perspectiva sociocultural pode ser compelido a um imobilismo neurótico que o oriente para a homeostase, isto é, a manutenção do status quo a qualquer custo ou, inversamente, para um comportamento emotivamente revolucionário". GULOTTA, op. cit., p. 22.

[571] "O campo amplo e vasto do inconsciente, não alcançado pela crítica e pelo controle da consciência,acha-se aberto e desprotegido para receber todas as influências e infecções psíquicas possíveis. Como sempre acontece quando nos vemos numa situação de perigo, nós só podemos nos proteger das contaminações psíquicas quando ficamos sabendo o que nos está atacando, como, onde e quando isso se dá". JUNG, Carl G. *Presente e Futuro*. Trad. Márcia de Sá Cavalcante Petrópolis: Vozes, 1999, 4. ed., p.3.

[572] "A proliferação desses desejos ébrios de vingança, do sadismo coletivo mascarado, sobrepõe o sentimento individual emotivo ao processo público de racionalização das situações problemáticas, invadindo, inclusive, o imaginário dos operadores do direito". CARVALHO, Salo de. "Da Necessidade de Efetivação do Sistema Acusatório no Processo de Execução Penal" in *Crítica à Execução Penal*. CARVALHO, Salo de. (org.). Rio de Janeiro: Lumen Juris, 2006, 2. ed., revista, ampliada e atualizada, p. 417.

[573] "O juízo singular e os juízos coletivos, funcionando como instâncias autônomas do social, têm nos seus atores, participantes ativos da cena ritual, com papéis e funções bem definidas, os reprodutores do latente desejo de condenação, de punição, de vingança, existentes na sociedade". ISERHARD, Antônio Maria. *O Caráter vingativo da Pena*. Porto Alegre: Sergio Fabris, 2005, p. 101.

sado, o que fará, certamente, com que o *erro de julgamento* (Von Franz) verificado na *Projeção* possa ser entendido em uma acepção literal.

3.4. A toga enquanto máscara: uma "violência" autorizada

> *Se o amor foi impiedoso contigo, sê impiedoso com ele. Fere o amor só por ferir e serás o vencedor dessa luta. Alcancem-me algo com que esconder o meu rosto. Uma máscara para outra máscara! Que me importa que olhares alheios e curiosos observem minhas deformidades? Aqui está a carranca que irá envergonhar-se por mim.*
>
> William Shakespeare, *Romeu e Julieta*

> *Quem não tem caráter torna-se outro para servir-se e não para servir.*
>
> Roberto Lyra

Jung, sobre a clínica terapêutica, costumava dizer que "o médico só age onde é tocado" uma vez que "só o ferido cura": se o paciente "nada significa" para o analista, o analista não tem ponto algum de "apoio". Nenhum contato tem qualquer eficácia real se entre os pólos da relação houver uma *Persona*, uma couraça que encobre a interpessoalidade do momento, maquiando a comunhão incontornável e sustentando a total falácia residente em uma lógica de sujeito-objeto.[574]

Bem como o analista deve buscar um ponto de apoio na "ferida" do "doente", o julgador não pode prescindir da noção quanto ao fato de que há (necessariamente) algo no Réu que diz respeito a ele próprio, em maior ou menor aspecto. Como lembrava Nietzsche, sobre a "enfermidade" da alma, que é o *ressentimento* ascético, esse só pode ser ultrapassado com maestria se vivenciado, sentido, por ambos os lados.[575]

A assunção dessa comunicabilidade psíquica, porém, implica, muitas vezes, o difícil reconhecimento de aspectos de *Sombra* e redunda em uma dolorosa identificação, ainda que exterior e volitivamente (*egoicamente*) impensável em um primeiro momento. Reconhecer-se igualmente "ferido" quando do papel de "curador" é algo que pode ser tão árduo quanto o é para o julgador se reconhecer ocultamente em algum elemento do ato nefasto atribuído ao acusado ou no destino da vítima, ambos relatados nos autos (Bueno de Carvalho). Sabemos, com Jung, que a *Persona* é uma faceta psíquica naturalmente mais confortável: tributária à

---

[574] JUNG. *Memórias, Sonhos, Reflexões...*, p. 123.

[575] "Estar livre do ressentimento, estar esclarecido sobre o ressentimento – quem sabe até que ponto nisso devo ser grato à minha longa enfermidade! O problema não é exatamente simples: é preciso tê-lo vivido a partir da força e a partir da fraqueza". NIETZSCHE, Friedrich. *Ecce Homo*. Trad. Paulo César de Souza. São Paulo: Companhia das Letras, 1995, p. 30.

adequação moral exterior, a *Persona* é espécie de *alter-ego* que adquire a "admiração" do *Ego*, o que geralmente leva certas pessoas "a acreditarem que são o que imaginam ser".[576]

Assim como o Jacobina de Machado de Assis teve sua humanidade "absorvida" pelo uniforme de Alferes e por todo o poder e prestígio que ela lhe conferia, a pessoa do julgador pode ser "absorvida" pelo julgador-função, buscando coibir, mesmo que de forma velada e imperceptível (em um primeiro momento) fatores individuais que com essa imagem sejam inconciliáveis. Ensina Stein que: "na medida em que a consciência do ego de uma pessoa é identificada com a persona e está de pleno acordo com ela, não há lugar para qualidades de personalidade e expressão de individualidade que divirjam das imagens coletivas".[577]

O universo das Ciências Criminais, especialmente quanto ao Direito Penal (e seus reflexos inegáveis em meio à lógica processual), foi, e ainda é, em larga escala, baseado em alguns curiosos e alegóricos pilares doutrinários de sustentação. Um deles é a notável ficção gerada, no estudo da Teoria do Delito, especificamente quando da análise da punibilidade de fatos típicos praticados de forma não intencional pelo agente (delitos *culposos*), em torno de um modelo ideal de conduta. Um modelo atrelado a um indivíduo-conceito desconectado metafisicamente da realidade de qualquer caso concreto. Um ser que não *é-no-mundo* e se caracteriza, principalmente, em meio ao universo dogmático e à antiquada visão jurisprucencial por um ar etéreo e alheio à tragédia cotidiana: o "homem médio".[578]

O "homem-médio" é um parâmetro de "normalidade" inteiramente ilusório e de frágil alicerce teórico: é tido como ferramenta de avaliação de conduta, ser-

---

[576] JUNG. *O Eu e o Inconsciente...*, p. 69.

[577] STEIN, op. cit., p. 127.

[578] "Ocorre que, em virtude das infinitas possibilidades de ocorrência do crime culposo, este não está previsto na lei de forma exaustiva, com todos seus elementos previamente estabelecidos. Neste caso, a lei não define, exatamente, no que consistiria a conduta culposa, deixando a critério do julgador a apreciação dos conceitos legais absolutamente vagos, de imprudência, negligência e imperícia. A fragilidade de tal cenário dogmático dá, por sua vez, margem a uma série de subterfúgios doutrinários, como é, in casu, o homem médio. Tal critério teria como objetivo instrumentalizar o Magistrado na árdua tarefa de definir, diante do caso concreto, o que deve ou não ser considerado conduta descuidada. O Julgador, para definir o dever de cuidado na apreciação do crime culposo, utilizaria a fórmula abstrata do homem médio, através da seguinte operação: compara-se o comportamento do acusado com aquele que teria um homem médio, homem razoável e prudente, na mesma situação concreta vivenciada por ele. Se desta equação resultasse que o homem médio haveria agido de forma diversa do acusado, ou seja, de forma mais cautelosa, evitando assim o resultado danoso, concluir-se-ia que o réu não agiu com o dever de cuidado exigido pela lei no caso concreto e, portanto, de maneira típica". D'AVILA, Fábio Roberto. "Reflexões sobre o Homem Médio na estrutura dogmática do Crime Culposo" in *A Fenomenologia da Violência* GAUER, Gabriel J. Chittó e GAUER, Ruth Maria Chittó (orgs.). Curitiba: Juruá, 2000, p. 156. Seguindo a mesma linha de definição: "A doutrina penal tem mantido, já há alguns anos, e na linha de determinação estritamente objetiva do dever de cuidado – partindo-se da idéia de que o caráter normativo da culpa obriga à concretização do cuidado de acordo com critérios objetivos – a postura de buscar modelos médios de comportamento, intitulados de 'homem ideal', ou 'homem médio', 'agente modelo', 'pessoa consciente e cuidadosa', 'reasonable man test', 'pessoa prudente de discernimento', e tantas outras denominações que se prestem à função instrumental de servir como parâmetros para a determinação do dever objetivo de cuidado". SANTANA, Selma Pereira de. *A Culpa temerária. Contributo para uma construção no direito penal brasileiro*. São Paulo: Revista dos Tribunais, 2005, p. 145-146.

vindo, basicamente, de chave de comparação entre as condições em que se deu o fato típico posto em prática e a expectativa de ação/volição que seria tolerável para a situação, como parâmetro de imputação ou não de resultado criminoso *culposo*.

Com efeito, a fim de não desvirtuar o rumo de nossos trabalhos, não pretendemos, aqui, perder mais tempo em considerações sobre esse artifício retórico que simula uma possibilidade de comparação válida entre um alguém, e seus correlatos atos mundanos, com uma hipótese modelar arbitrariamente assentida como normal ou correta, dotada de uma generalidade uniforme e, portanto, francamente equivocada.[579]

O que gostaríamos de salientar é o fato de que muitos doutrinadores e profissionais da lida forense jamais se deram conta que o próprio julgador é sempre erroneamente tipo enquanto "médio", alguém encarado sob *"o ponto de vista estatístico"*, caracterizado como um verdadeiro *"produto do hábito, desprovido de fantasia, razoável"*,[580] e a ele sendo sempre aplicada (institucional e ideologicamente) essa mesma lógica, na medida em que se desconsidera completamente sua condição *subjetiva*.[581] Estuda-se sua atividade tomando-se nos dias de hoje, na maioria das vezes, por base, um modelo idealizado que carrega, em sua genética conceitual, sinais do standard de *"mero executor"* (Alpa).

A imagem que os Magistrados majoritariamente terminam por associar (internalizar) ao próprio molde externo que sempre será enquadrado enquanto bússola é a do cientista eminentemente *cartesiano*: (i)libado, ponderado, guiado pela Razão, sensível apenas quando conveniente (Ferrara), e, principalmente, identitariamente uno (Hall).

Desconsidera-se a hipótese de que o *Ego* do Magistrado pode, amalgamado à sua *Persona*, "escolher" vivenciar uma identidade ao invés de sua própria individualidade. E é bastante conveniente (sobretudo para aqueles Magistrados que procuram trilhar sua carreira no esquema da já mencionada "seqüência semelhante de ajustamentos pessoais" – Goffman) que a identidade escolhida seja aquela que mais condiz com as expectativas sociais aguardadas para sua postura. Afinal, a "clareza da apresentação pessoal é algo praticamente muito importante, pois a

---

[579] Na esteira de D'AVILA, cremos que, na averiguação de existência de conduta culposa punível, a utilização do artifício da comparação da conduta praticada pelo agente com a de um "homem médio" hipotético é prática perigosa, uma vez que confia a imputabilidade penal a critérios flexíveis, inteiramente opinativos, com a possibilidade de se ferir gravemente o Princípio da Legalidade e ainda por cima abrindo uma senda para que o julgador estipule, de acordo com seus ditames exclusivamente pessoais, um modelo de "homem razoável" *ad hoc*, configurando a atuação da tutela penal enquanto uma notada arbitrariedade (D'AVILA, op. cit., p. 157-159).

[580] HUNGRIA, Nelson. *Comentários ao Código Penal. Volume I. Tomo II*. Rio de Janeiro: Forense, 1978, p. 188-189.

[581] "O um-juiz, todavia, é uma singularidade, não existe como sujeito abstrato e único. São diferentes no tocante ao sexo, idade, instrução, ideologia, trilhamento do Complexo de Édipo, experiências pessoais, são neuróticos, obsessivos, paranóicos,psicóticos e esquizofrênicos, capazes de num processo, ao invés de julgar o acusado, estar, na verdade, diz Bueno de Carvalho, condenando ' a si', mas quem vai para o presídio é 'o outro'". MORAIS DA ROSA. *Decisão Penal...*, p. 284.

sociedade só reconhece o homem médio, isto é, aquele que só tem uma coisa na cabeça, porque se tivesse duas não realizaria um trabalho apreciável: seria demais".[582] Ponderando a questão, se vê que ao Magistrado é, sutilmente, oferecida (por todo o arcabouço institucional, além de uma série de fatores cuja multiplicidade não nos permite aqui arrolar, simplesmente), às margens de uma imposição sub-reptícia, uma configuração de si mesmo enquanto julgador que se atrela a uma espécie de "homem médio" conceitual: um "julgador médio", que apenas se legitima enquanto buscar equiparação ao *reasonable man* idealizado dentro dos ditames de uma concepção marcante de filosofia da consciência.

O vulto (de Magistrado) doutrinariamente construído e socialmente enaltecido (Nalini) é o mesmo que vai corporativamente exaltado, caracterizando-se por ser aquele que termina institucionalmente exposto como padrão. Mesmo que negue veementemente (*egoicamente*), o Magistrado não é "homem médio" desincumbido das agruras psíquicas e pairando sobre sua condição pessoal: é *ser-aí*, e seu ato decisório é inserido *no-mundo* (Giacomolli e Duarte). O fanatismo jurídico em operar tendo-se em vista, sempre e quase somente, padrões ideais e modelagens abstratas termina por criar uma forma empática de se vislumbrar a atividade judicial, seguida pela maioria e passível de tolerar poucos registros desviantes.

O que termina ocorrendo é um afogamento pessoal em meio à impessoalidade (re)legada ao ofício jurisdicional, o que leva o julgador a buscar identificação máxima com o encaixe que dele *se espera* enquanto representante de uma função e, portanto, de um perfil (Wolkmer). A *Persona* do Magistrado tende a acolher traços de toda essa esperança/idealização de conduta que sobre "a função" recaem. E em sendo a *Persona* direcionada inteiramente à atmosfera social-moral circundante, não há como não ter como previsível a hipótese de que há uma verdadeira armadilha psíquica aguardando os mais desavisados: o julgador pode deixar de ser *pessoa* para ser *Persona*. Dito de outro modo: se o *Ego* que clama por adaptação vê na *Persona* seu ponto ótimo no que diz para com inserção cultural, ele com ela procurará fusão. E se a *Persona* facilmente se submete à imagética que dela é quista, o ambiente está concatenado para que um Magistrado passe a *viver* exclusivamente, dentre suas (sub)*personalidades*, aquela condizente com tamanho reflexo de aceitação exigida.

Dizendo, ainda, de forma mais direta: a Toga pode agir como o uniforme do alferes e absorver o Magistrado. E não há metáfora nem símbolo mais perfeito para discutir a questão da *Persona* no ofício jurisdicional do que a própria Toga: essa marca "*sumptuária*", esse revestimento "talar" (que cobre o corpo inteiro de quem usa[583]), que denuncia a "*aristocracia de quem a veste*".[584] A Toga que

---

[582] JUNG. *O Eu e o Inconsciente...*, p. 69.

[583] "Ao Tribunal compete o tratamento de 'egrégio', e os seus integrantes usarão, nas sessões públicas, vestes talares". BRASIL. Resolução n° 1 de 1998. *Regimento Interno do Tribunal de Justiça do Rio Grande do Sul.*. Art. 2°, "Das disposições iniciais". Porto Alegre: Livraria do Advogado, 2000, 5. ed., p. 9

[584] GARAPON, Antoine. *Bem Julgar. Ensaio sobre o ritual judiciário*. Trad. Pedro Filipe Henriques. Lisboa: Piaget, 1999, p. 75-76.

pode ser tida como emblema da pertença ao mundo "autorizado" de quem opera no (ritual do) processo e trafega dentre sua linguagem própria.[585] A Toga é por excelência o símbolo do *status* do julgador, uma vez que evidencia (mais, ainda) a separação entre quem integra efetivamente o ritual (e nele dispõe de fala, *poder*) e aqueles que não: ela é um prolongamento da *cancella* que separa os atores processuais do público ordinário que assiste ao evento tribunalício.[586]

Como em Rohden, ao tratar do *habitus* dos Sacerdotes, poderíamos aqui dizer: "O que é interessante é que o vestuário, aqui, não só esconde, mas também indica e aponta uma condição. A roupagem, portanto, mostra uma ambigüidade. O ato de se vestir, que é fundamentalmente um ato de velamento, passa a ser de desvelamento".[587] A Toga fala: ela deixa claro ritualisticamente que o julgador deve ser encarado enquanto uma *entidade* diferenciada.

E se o intuito originário da Toga é expor, com maior evidência, um suposto caráter superior e impessoal do julgador e seu perfil de *"indiferença perante as cores da vida"*,[588] sob o ponto de vista psicológico essa intenção fracassa de forma retumbante. Afinal, não é à toa que Andrés Ibáñez pontua que a Toga, mais do que uma vestimenta cerimoniosa e procedimental, pode *"imprimir caráter"*.[589]

Quanto mais for reforçada a couraça, maior será o abismo que afasta o julgador (que também é "ferido", embora negue, ou não saiba em qual aspecto) do Réu, a ponto da decisão processual servir de símbolo máximo de uma barreira abrupta (que não deveria existir) entre ambos. Nos jogos inerentes aos "julgamentos" cotidianos,[590] na polaridade entre a condescendência e o rigor, entre a compreensão acolhedora e a intolerância ríspida, uma *Persona* dominante e voltada aos valores sócio-morais pode vislumbrar *projetada* na tensão sexual extremamente delicada dos autos a ilustração própria do cabedal de horrores que negaceia quanto a si própria. E essa reação será, presumivelmente, de rejeição.

Disso, costumeiramente, resultam, decisões processuais que, nominal ou subliminarmente, mais do que prestar a jurisdição, deixam à mostra resquícios de uma ojeriza manifesta pelo Magistrado frente ao caso julgado, às circunstâncias do crime sexual levadas aos autos e ao próprio Réu. Pimentel, Schritzmeyer e

---

[585] "A vestimenta envolve, um pouco como uma protecção maternal, todos os profissionais do processo num só corpo. Estes não têm senão um só corpo, a toga, uma só linguagem, o direito e uma só alma, a justiça". GARAPON, op. cit., p. 88.

[586] GARAPON, op. cit., idem.

[587] ROHDEN, op. cit., p. 83.

[588] "O negro da toga, a ausência de cor, simboliza, pois, a indiferença perante as cores da vida. É sinônimo de abnegação, de privação, de castidade.Remete para uma idéia de força não despendida, contida, e conseqüentemente disponível". GARAPON, op. cit., p. 81.

[589] "A toga é forma, porém nem só forma nem forma inocente. Está carregada de sentido e pode chegar até a 'imprimir caráter' como se faz visível nas atitudes vaidosas e solenes de alguns dos seus portadores mais convencidos". ANDRÉS IBÁÑEZ, op. cit., p 220.

[590] STEIN, op. cit., p. 119.

Pandjiarjian[591] pontuam essa realidade em obra pródiga em exemplos: desde os Réus que são apontados como a *"ralé"*[592] da sociedade, até acusados que cometem *"monstruosas façanhas"* a serem vingadas posteriormente pela *"implacável justiça de Deus"*.[593]

Não se pode esquecer que o discurso moralista da *Persona* tem trânsito livre em meio ao discurso da Toga: a violência (discursiva) de quem está (in)vestido na Toga é *autorizada* e não pode ser objetada, pelo fato de que ali não fala um ser humano qualquer, mas alguém que integra uma função maior, dentre uma ritualística mítica.[594] A Toga não é "vestida" pelo julgador em meio ao ritual judiciário, mas nesse momento é ela quem habita ele, permitindo a quem a veste a "identificação com a sua personagem". Garapon, por tudo, sinaliza que "contrariamente ao provérbio, no processo, é o hábito que faz o juiz, o advogado e o procurador".[595] A Toga é uma *máscara*[596] que confere poder ao julgador e é o símbolo pelo qual suas atitudes perante o Réu não podem ser tidas por *pessoalizadas*. Ela "autoriza a agressividade" no instante em que "socializa a violência dos oradores".[597] Quem usa a Toga pode tudo em meio à fala ritual autorizada, sacralizada.

Trajando a Toga, o Magistrado está liberado para "violentar", para transgredir. Muitas vezes o réu interior é freneticamente absolvido e justificado, quiçá em se tratando de processos onde na berlinda estão os crimes contra a liberdade sexual: demonstrando uma patente "virilidade", encobridora de uma verdadeira identificação psicológica com estereótipos de gênero,[598] o julgador se vê possuído por uma imagem "dura", tributária ao *logocentrismo* do *Animus*, e assim expressa seu pavor e sua repulsa à sensualidade típica de uma manifestação de *Anima*, visualizada (geralmente) no *feminino*. O caminho não é muito longo de uma verdadeira ojeriza para com essa *feminilidade* redundante à verdadeira "caça às bruxas"

---

[591] PIMENTEL, Silvia. SCHRITZMEYER, Ana Lúcia P. PANDJIARJIAN, Valéria. *Estupro: crime ou "cortesia"? Abordagem sociojurídica de gênero*. Porto Alegre: Sergio Fabris, 1998.

[592] PIMENTEL, SCHRITZMEYER , PANDJIARJIAN, op. cit., p. 113.

[593] Idem., p. 130. MORAIS DA ROSA, analisando a mesma obra ora citada, faz relevante anotação, no que diz para com trecho da p. 149, onde o Magistrado lá referido, em meio à sentença tratando de um único acusado, resvala em uma conjugação verbal e, de forma notável, discursa não apenas em relação ao Réu (único): "Tenho a certeza de que o tempo que o acusado já permaneceu preso, deve ter servido para se penitenciar de todos os pecados que porventura tivessem (sic) cometido ou até pensado em cometerem (sic)". MORAIS DA ROSA. *Decisão Penal...*, p. 291.

[594] "O uso da violência legítima não suja as mãos de quem a exerce, visto esse uso ser autorizado pelo ritual. A toga protegerá aqueles que a usam de qualquer conluio com o criminoso e de qualquer confusão com o horror do crime". GARAPON, op. cit., p. 85.

[595] GARAPON, op. cit., p. 86.

[596] Idem ibidem.

[597] GARAPON, op. cit., p. 88.

[598] PANDJIARJIAN e PIMENTEL. "O Estupro como cortesia...", p. 53-54.

medieval,[599] até uma espécie de combate reacionário,[600] punindo, de certa forma, a sexualidade como mácula em si.[601]

Se o curso processual não lhe conferir probabilisticamente ares de pureza que remetam a uma imagética de fundo "virginal", a suposta ofendida não se

---

[599] PRADO, Lídia Reis de Almeida, na op. cit., p. 51-66, comenta fatores ainda hoje correlatos a um ambiente social-psíquico repleto de nuances que fomentam uma espécie de "medo do feminino", através de inúmeros vieses de repressão e supressão de elementos que são referentes às características psiquicamente relativas ao arquétipo da *Anima*. Para tanto, traz à baila uma análise do texto de um dos grandes pilares doutrinários e procedimentais dos inquisidores, o *Malleus Maleficarum* publicado em 148, em Colônia, pelos reverendos Henrich Kramer e James Sprenger, que é específico na questão da persecução pelos Tribunais Eclesiásticos à prática da bruxaria. Cf., especialmente o capítulo referente à "*Questão VI – Sobre as bruxas que copulam com demônios. Por que principalmente as Mulheres se entregam às Superstições Diabólicas*" in KRAMER, Henrich. SPRENGER, James. *Malleus Maleficarum – O Martelo das Feiticeiras*. Trad. Paulo Fróes. Rio de Janeiro: Editora Rosa dos Tempos, 1991, p. 112-123.

[600] Inolvidáveis as palavras de BOFF, quanto ao *leitmotiv* dos inquisidores medievais: "Dessa forma, toda a capacidade de criar, de produzir, de decidir dos não-ordenados, dos leigos, deixa de ser aproveitada, ou o é de forma atrelada. O corpo eclesial aparece depauperado, formalizado, marcadamente machista, enrijecido e mandonista. A dimensão da 'anima', pela exclusão das mulheres e pelo recalque da dimensão feminina nos homens de poder, subtrai ao corpo clerical de qualquer irradiação benfazeja e humanizadora. O excesso de poder mostra dimensões necrófilas em quase tudo que pensa, diz e faz". BOFF, Leonardo. "Inquisição: um espírito que continua a existir" in EYMERICH, Nicolau. *Directorium Inquisitorum. Manual dos Inquisidores*. (escrito em 1376. Revisto e Ampliado por Francisco de la Peña em 1578). Trad. Maria José Lopes da Silva. Rio de Janeiro: Editora Rosa dos Tempos, 1993, p. 24. Qualquer semelhança com a lógica enrijecida e tradicionalista na moldagem tecnicista hodierna (FERRAZ JR.) dos Magistrados pode não advir de uma mera coincidência.

[601] "Réus e vítimas têm seus comportamentos referentes à sua vida pregressa julgados durante o processo em conformidade com os papéis tradicionalmente determinados a homens e a mulheres. Quando a estas últimas, na prática, há uma exigência de que as vítimas se enquadrem no conceito jurídico de 'mulher honesta', apesar de não haver previsão legal para tanto. Prevalece, pois, o julgamento moral da vítima em detrimento de um exame mais racional e objetivo dos fatos (...) No processo judicial é levada em consideração a conduta da vítima, em especial com relação à sua vida sexual, afetiva e familiar. Há extremos em que se traça o perfil da vítima como de moral sexual leviana, ou mesmo como prostituta, como se isso pudesse justificar a desqualificação da mulher que vive uma situação de violência". PANDJIARJIAN e PIMENTEL. "O Estupro como cortesia...", p. 54. Veja-se, para tanto trecho de voto proferido pela Relatora de Acórdão da 8ª Câmara Criminal do Tribunal de Justiça do Estado do Rio Grande do Sul (com grifo nosso): "A presunção de violência, como é aceita hoje, não é tida como absoluta, pois cede diante de prova de que a vítima, no caso concreto, e não em considerações genéricas, levava vida dissoluta, desregrada, era ela corrompida e afeita aos prazeres do sexo, ou seja, já experiente. Mas não é esta a realidade dos autos. Nada foi provado neste sentido em desfavor da menor Diane. É bem verdade que, o conjunto probante revela que a menina Diane estava inserida num meio social pouco saudável para fins de formação de sua personalidade, já que sua mãe, Leila, trabalhava como prostituta em casa noturna, que segundo os relatos contidos nos autos, pertenceria a Maria de Lourdes, que, por sua vez, era casada com o acusado. Nesse contexto, a vítima Diana residia na casa de Maria de Lourdes e do réu Sebastião, sob seus cuidados, já que Leila, mãe de Diana, não tinha condições financeiras de criá-la" (BRASIL. Tribunal de Justiça do Estado do Rio Grande do Sul. Acórdão em Apelação Criminal, n° 70009840273. Relatora Desa. Lúcia de Fátima Cerveira. Porto Alegre, 29 de Novembro de 2006). Necessário observar que não vamos em sentido contrário à relativização do instituto da violência presumida nos crimes contra a liberdade sexual, em função da idade da vítima (Art. 224, alínea 'a' do Código Penal brasileiro), como foi veiculado na decisão, em oposição à draconiana hipótese de considerar o texto da norma como portador de caráter absoluto, inquestionável e inacessível à flexibilização casuística. No entanto, somos obrigados a frisar, tendo em vista a lição doutrinária logo acima exposta, o fato de que o Acórdão equipara de forma temerária, como fórmula de análise da conduta e da personalidade da vítima, noções como "dissoluta", "desregrada" e "corrompida" com a afeição ou não aos "prazeres do sexo" e à "experiência" no mister. Saliente-se, igualmente, a, em nosso ver, absolutamente inoportuna referência à ressaltada probabilidade de a vítima, no caso, desenvolver personalidade social "pouco saudável", dado o fato de que fora criada em um "meio" propício para tal, sendo o fato de que sua mãe trabalhava como prostituta um indício inequívoco disso, de acordo com o que se extrai em interpretação simples do conteúdo decisório.

enquadrará naquilo que Figueiredo estabelece como "Vítima Genuína", podendo fazer com que o resultado do julgamento seja orientado por uma sorrateira troca simbólica em nível inconsciente.[602]

Daí, supostamente, é que emerge uma flagrante (apesar da tentativa de velado mascaramento) agressividade em algumas decisões que não representam mais do que um desfile moralista do julgador acoplado à *Persona*, relegando questões jurídicas flagrantemente simples para assumir, para além da investidura mundana,[603] uma função de gestor da moral coletiva.[604]

Esse é o tipo de julgador mais perigoso, para Lopes Jr., quando, munido da autorização para a *agressividade* (em meio ao rito purificador) conferida pela Toga, passa a exercer o papel de "verdadeiro guardião da segurança pública e da paz social", uma vez que absorve um discurso de "limpeza".[605]

[602] "Do ponto de vista judicial, o estupro 'padrão' é aquele onde o agressor é um estranho, a vítima está dominada fisicamente e não 'contribuiu' para o ataque, e a relação sexual é completa. Se a vítima de estupro conseguir se caracterizar durante o julgamento como livre de culpa, sexualmente não disponível ao agressor, e desconhecida para o mesmo, ela provavelmente será tratada como vítima 'genuína' e receberá a simpatia e a proteção da corte. Virgens, moças muito jovens, senhoras idosas, mulheres que opuseram resistência física, e mulheres que perdoaram a agressão sofrida dos parceiros, têm chances muito maiores de serem retratadas como 'verdadeiras' vítimas". FIGUEIREDO, Débora de Carvalho. "Vítimas e vilãs, 'monstros' e 'desesperados'. Como o discurso judicial representa os participantes de um crime de estupro" in *Linguagem em (Dis)curso. Vol 3, n. 1*. Tubarão: Editora Unisul, 2002, p. 140-141.

[603] "É preciso termos presente que toda a trama ritual passa-se a nível institucional, pois não é o juiz-pessoa, o juiz homem, dotado de crenças, valores e ideologias, quem julga, mas sim o representante do Estado, mais especificamente do poder judiciário, em nome de uma instituição sagrada, que é a magistratura". ISERHARD, op. cit., p. 106.

[604] É importante referir que, com os argumentos apresentados, não se pode partir para uma espécie de generalização no estudo das decisões judiciais. Um bom exemplo disso está no Acórdão da Revisão Criminal n° 70002052959 (4° Grupo Criminal do Tribunal de Justiça do Rio Grande do Sul, Relator Des. Tupinambá Pinto de Azevedo): em análise apurada do caso sob o prisma constitucional, o Grupo decidiu pela aplicação frente ao então requerente da retroatividade do entendimento legal do STF quanto à questão da hediondez ou não dos crimes de estupro e atentado violento ao pudor quando da inexistência de violência grave no ato. Assim, incidindo (retroativamente) o novo entendimento do STF, foi parcialmente provida a Revisão para que o réu tivesse excluída de sua imputação a pecha legal do hediondez (Lei n. 8.072/1990, Artigo 1°, incisos V e VI) e assim lograsse o benefício da progressão de regime, afastada a incidência do Parágrafo 1° do Artigo 2° da mesma lei, que, à época, estipulava o regime *integralmente* fechado para o cumprimento das penas pelos crimes ali dispostos. Em artigo publicado (DIAS, Maria Berenice. "Estupro: um crime duplamente hediondo" in *Revista Síntese de Direito Penal e Processual Penal. Volume 2, n. 11, Dezembro/Janeiro*. Porto Alegre: Síntese, 2002), a Desembargadora Maria Berenice Dias se manifestou contrária ao teor da decisão, alegando entre outras coisas, que o entendimento representaria um *"retrocesso das conquistas feministas"* (op. cit., p. 53). Diante da salutar discussão constitucional travada, cremos que a manifestação da autora – trazendo, contudo, para a pauta um tema absolutamente pertinente – carecia, no debate em tela, de contextualização, além de desfraldar um ato de militância investido contra um alvo, a nosso ver, equivocado. É preciso tomar cuidado com o sectarismo, em ambos pontos de vista. Logicamente, não se pode afirmar sempre que decisões *in bonam partem* no quesito vão configurar manifestações preconceituosas veladas.

[605] "Esse juiz representa uma das maiores ameaças ao processo penal e à própria administração da justiça, pois é presa fácil dos juízos apriorísticos de inverossimilitude das teses defensivas; é adepto da banalização das prisões cautelares; da eficiência antigarantista do processo penal; dos poderes investigatórios/instrutórios do juiz; do atropelo de direitos e garantias fundamentais (especialmente daquela 'tal' presunção de inocência); da relativização das nulidades pro societate; é adorador do rótulo 'crime hediondo', pois a partir dele pode tomar as mais duras decisões sem qualquer esforço discursivo (ou mesmo fundamentação) ; introjeta com facilidade os discursos de 'combate ao crime'; como (paleo)positivista, acredita no dogma da completude do sistema jurídico, não sentindo o menor constrangimento em dizer que algo 'é injusto, mas é a lei, e, como tal, não lhe cabe questionar';

Dessa maneira, o uso da Toga (*máscara*) "faz com que seu portador possa praticar a violência sem correr riscos e exercer a vingança sem recear represálias".[606] Justamente aí que o conforto identitário se revela mais nocivo: ao se associar à *Persona* e crer nela, mais do que um modelo idealizado, sua real afirmação, o *Ego*, negligencia a existência de sua parte *sombria*, e pode a ocasionar rompantes desorganizados que não são mais do que a mera *projeção* desse conteúdo obscuro na pessoa do Réu.: exteriorização do conteúdo inconsciente negligenciado tem de se fazer de algum modo; os gradientes *energéticos* da psique precisam ser acionados.

A Toga (e seu simbolismo imanente, em todos os sentidos), age como a materialização e núcleo da *Persona* do Magistrado, uma vez que seu uso em meio ao ritual pode ser artífice para dissimular os contornos psíquicos da *pessoa* que proferiu a decisão: "*Ao mascarar os elementos que tomam parte na decisão, a toga contribui para a mistificação da justiça*".[607]

Em uma análise com escopo na Psicologia Analítica, um dado muito interessante pode ser acrescido às constatações de Garapon: se a toga é o elemento que assinala a "*vitória do parecer sobre o ser*" e marca a superioridade temporária (e ritual) da "*instituição sobre o homem*",[608] ela não é simplesmente um encobridor que possibilita um leque de "transgressões" não usuais e de acobertamento da "verdadeira" face.

Muito mais do que isso: a noção do equilíbrio do psiquismo (Jung) se revela mais nítida do que nunca, no instante em que percebemos que a Toga não oculta uma face para a criação de um "personagem novo", mas sim recobre, reveste a própria *Persona*, protegendo-a da identificação com a metade *sombria*, que por ventura venha a se exteriorizar.

O julgador não simplesmente "transgride" oculto pela máscara. Ele se revela. A Toga e a "máscara cotidiana" se neutralizam, deixando escoar, por vezes, o ser que nem mesmo nós sabemos que há em nosso psiquismo: "Longe de se perder na aparência, o actor judiciário encontra nela, pelo contrário, a sua plena identidade".[609]

Shakespeare sabia muito bem disso quando, pela voz de Mercucio, em *Romeu e Julieta*, propôs que jamais se coloca, simplesmente, uma máscara sobre a face, senão que uma máscara sobre *outra máscara*.[610] A *Persona*, enquanto faceta social de nosso psiquismo já é, por si só, uma máscara na qual vivemos, uns mais

---

sente-se à vontade no manejo dos conceitos vagos, imprecisos e indeterminados (do estilo 'prisão para garantia da ordem pública', 'homem médio', 'crimes de perigo abstrato', etc.), pois lhe permitem ampla manipulação, etc.". LOPES JR. *Introdução Crítica ao Processo Penal...*, p. 77.

[606] GARAPON, op. cit., p. 87.

[607] Idem ibidem.

[608] Idem, p. 86.

[609] GARAPON, op. cit., p. 87.

[610] SHAKESPEARE, William. *Romeu e Julieta*. Trad. Beatriz Viégas-Faria. Porto Alegre: L&PM, 1998, p. 33.

(em nível patológico) outros menos, investidos. A identidade ficcional, funcional apenas no âmbito mítico do ritual judiciário, vai amalgamada à *Persona* do Magistrado.

A Toga não simplesmente mascara o sujeito, ocultando seu "rosto" e, assim possibilitando, a ele, a prática da fala agressora. A Toga, mesmo que máscara metaforizada, paradoxalmente, não esconde. Expõe. O que pode ir exposto, no entanto, é algo que nosso *Ego*, temente à *Persona* como sói é propenso a ser, teima em dizer que não lhe diz respeito. Mercucio acertadamente propõe, depois de devidamente mascarado para o baile: *"Aqui está a carranca que deverá se envergonhar por mim"*.[611]

E se a Toga, aqui representando todo um traço da própria função jurisdicional, em si, faz com o que o sujeito efetivamente seja *outro*, libertando-o de si próprio,[612] não podemos olvidar do pensamento de Lyra: "Quem não tem caráter torna-se outro para servir-se e não para servir".[613]

Na possibilidade de "trajar" a confortável *Persona*,[614] toda a violência, toda a (possível) repugnância decantada dos autos (e o desgosto/angústia por elas provocado) ultrapassa o Magistrado. A possibilidade de *"servir-se"* do instante em que é *outro* pode ser mais uma flagrante abertura para que, ao exercer a jurisdição, o Magistrado deposite sua obscuridade no Réu, e a ele, enquanto alheio, destine seu julgamento, julgando, por vezes, a si próprio: seus temores, conflitos, imoralidades, etc. Quando investido de seu poder, o julgador se transforma naquele que *"vê as partes"*, mas *"sem ser visto"*.[615] Ou melhor: é visto, mas não claramente, em outro lugar, que não aquele seguro sob a máscara.

---

[611] SHAKESPEARE, op. cit., idem.

[612] "A toga judiciária esconde o corpo cobrindo-o até um pouco acima dos tornozelos. 'Trata-se', observa J. Brun, 'de permitir a quem a ostenta de mudar de pele e de dar a si mesmo, e até aos outros, a impressão de ter estado na pele de qualquer outro, sendo esse outro, aliás, muitas vezes um tipo cuja generalidade permite numerosas variações em torno de um mesmo arquétipo' (J. Brun, La Nudité humaine, Paris, Fayard, col. 'Évolutions", 1973, p. 45). O juiz, o procurador e o advogado escondem-se atrás de sua toga, que os liberta deles próprios e os despersonaliza". GARAPON, op. cit., p. 86.

[613] LYRA, Roberto. "Pensamentos de Roberto Lyra" disponível in *Núcleo de Pesquisa Lyriana* – http://www. nplyriana.adv.br . (Acesso em 17 de Julho de 2007).

[614] "A personagem do ritual judiciário é uma personagem teatral, que existe apenas para representar. É apenas exterioridade. Talhada numa peça à volta da toga que ostenta, fala apenas a uma só voz, sem dar espaço a qualquer ambivalência, sendo esta, contudo, inerente a qualquer ser humano. O ritual estabelece relações exteriores, quase impessoais, relações entre máscaras. Nesse sentido, a personagem judiciária é uma figuração do sujeito de direito. Nas relações jurídicas, é confiado a cada parte um papel, ficando esta a salvo de ter de se entregar totalmente à operação. Aliás isso é comprovado pela etimologia: os juristas romanos viam na máscara de teatro, a persona, o modelo da pessoa jurídica que deve manter-se escondida sob a forma que a representa". GARAPON, op. cit., p. 92.

[615] GARAPON, op. cit., p. 90.

3.5. O crepúsculo das divindades

Senhor! Eu sou o único ser na terra a quem Tu deste uma parcela da Tua Onipotência: o poder de condenar ou absolver meus semelhantes. Diante de mim as pessoas se inclinam; à minha voz acorrem, à minha palavra obedecem, ao meu mandado se entregam, ao meu gesto se unem, ou se separam, ou se despojam. Ao meu aceno as portas das prisões se fecham às costas do condenado ou se lhe abrem, um dia, para a liberdade. O meu veredicto pode transformar pobreza em abastança, e a riqueza em miséria. De minha decisão depende o destino de muitas vidas. Sábios e ignorantes, ricos e pobres, homens e mulheres, os nascituros, as crianças, os jovens, os loucos, os moribundos, todos estão sujeitos desde o nascimento até a morte, à Lei que eu represento, e à Justiça, que eu simbolizo.

João Alfredo Medeiros Vieira, *A Prece de um Juiz.*

Determinado sultão nomeou Abu Hannifah para a função de juiz. Por se julgar carente dos atributos exigidos pelo cargo, recusou-se a assumi-lo. Foi, então, imolado pelo poderoso. Morte duplamente perversa. De um lado, ceifou a vida de um iman. De outro, criou situação deplorável: quantos de nossos juízes não exercem a magistratura apenas por medo de não morrer? Mas, o tempo cobriu com um véu até mesmo o exemplo do iman. Caso todos os tolos que hoje se proclamam a serviço da Justiça tivessem consciência da sua condição, andaríamos sultanatos inteiros sem encontrar nenhum juiz a afirmar-se apto para resolver disputa sobre camelo velho e famélico.

Odim Bradão Ferreira, *Laiaali.*

Prado pontua, levando em consideração a teoria *junguiana* dos *Arquétipos*, que a figura do julgador (representante corpóreo da Justiça) sempre esteve presente em todos os povos e culturas, embora com características e roupagens diversas que permitem inúmeras ilustrações, possuindo, contudo, um fundo comum.[616]

Não é difícil imaginar que, o próprio ato de julgar e a decisão judicial são reconhecidos *arquetipicamente*, tanto pelas partes processualmente envolvidas, tanto pelo próprio Magistrado que elas gerencia. Muito mais do que profissão,[617] o exercício da jurisdição possui profundos enraizamentos ritualísticos,[618] que são recepcionados de forma singular pela compreensão (psíquica) humana, uma vez que quando se fala no *ato de julgar* não se está meramente tratando um procedi-

---

[616] PRADO, Lídia Reis de Almeida. op. cit., p. 37.

[617] Idem, ibidem.

[618] GARAPON, op. cit., p. 18. ISERHARD traz contribuição no mesmo entendimento: "O juiz, figura proeminente do ritual, é portador de um símbolo muito forte, pois representa mais do que a instituição da magistratura. Representa a sociedade em sua totalidade, confundindo-se com a própria justiça. Apresenta-se aos demais integrantes do ritual, bem como a toda sociedade, como um ente mítico, portador de toda imparcialidade e neutralidade na condução do processo ritual". ISERHARD, op. cit., p. 109.

mento jurídico-estatal, mas, também, em uma verdadeira *"experiência estética da justiça"*.[619]

Paralelamente à cerimônia jurídica protocolar, se revela uma realidade conjunta que opera frente ao psiquismo de seus partícipes e nele causa marcantes impressões eis que a mesma guarda traços visíveis de alegoria ritual em praticamente todos os seus aspectos: inegáveis signos de referência cosmológica, mitológica, religiosa e histórica permeiam desde as práticas judiciais coordenadas até a arquitetura dos Tribunais.[620] A racionalidade *"diurna"*, eminentemente linear é inundada pelas imagens *arquetípicas* verificadas no cotidiano (como as imagens oníricas para um indivíduo, *"sonhos"* massificados[621]), que a delineiam sub-repticiamente.

De Cataldo Neuburger assevera que o caráter ritual, divino, do exercício jurisdicional antecede, e até hoje impregna o esquema do ofício do julgador, que "encarna;' e "torna verbo" em meio ao *decisum*, uma série de elementos inconscientes, povoados por mitos e outros fatores que dizem para com o antigo "sagrado" da jurisdição.[622] Peirano contribui para o debate ao pontuar sobre a questão dos *rituais* e sua vivência hodierna, pretensamente "extinta", mas sempre presente.[623]

Rohden explica que "Eliade, como Jung, acredita que o mundo moderno, em seu racionalismo, ao não ser capaz de abolir o mito da psique humana, retirou-o da consciência. Entretanto, mesmo depois de sua repressão, o mito continua a ter um papel importante".[624] Por isso, diante de todo o caráter ritual do ato (evento) de julgar, bem como dos ares míticos que a função jurisdicional resguarda, o resultado, não raramente, são Magistrados que não parecem possuir noção de uma completa falta de discernimento (inconscientemente manifesta) quanto à realidade pessoal, e terminam enveredados em meio às imagens *arquetípicas*.

Sabendo (com Eliade) que nossa visão de mundo é essencialmente mítica e que obedecemos a uma padronização de impressões que, muitas vezes, não passa de uma superposição de imagens *arquetípicas*, podemos propor que o Magistrado pode vir a desenvolver uma ideia de si mesmo (enquanto pertencente à sua categoria) que prima pela crença na hipótese de que "os juízes são homens aos quais incumbe uma tarefa sobre-humana, para a qual se devam tornar dignos" uma vez

---

[619] "O processo é o enraizamento principal do direito na vida, é a experiência estética da justiça, esse momento essencial em que o justo ainda não se encontra separado do vivo, e em que o texto do direito está ainda mais próximo da poesia do que da compilação jurídica". GARAPON, op. cit., p. 19.

[620] GARAPON, op. cit., p. 27.

[621] MAFFESOLI, op. cit., p. 61.

[622] DE CATALDO NEUBURGER, op. cit., p. 183-184.

[623] "A natureza (do ritual) não está em questão: eles podem ser profanos, religiosos, festivos, formais, informais, simples elaborados (...) não nos interessa seu conteúdo explícito – interessa, sim, que eles tenham uma forma específica, um certo grau de convencionalidade, de redundância, que combinem palavras e ações, etc. Consideramos ritual um fenômeno especial da sociedade que nos aponta e revela valores e representações de uma sociedade, expande, ilumina e ressalta o que já é comum a um determinado grupo". PEIRANO, Mariza. *Rituais. Ontem e Hoje*. Rio de Janeiro: Jorge Zahar, 2003, p. 9-10.

[624] ROHDEN, op. cit., p. 110.

que exercem, sobre a terra, uma função divina (reconhecida psiquicamente como tal),"até aí unicamente reservada a Deus".[625]

O problema parece residir no fato de que a relação das práticas jurídicas como um todo (e em especial destaque, o ofício jurisdicional), com sua ritualística própria e imanente, se perfaz em uma espécie de simbiose. A ritualística judicial é *"tenaz"* e não se configura enquanto adereço cerimonioso, simplesmente.[626] Afinal, antes de leis, direito, juízes e palácios, como pontua Garapon,[627] havia, na gênese, um ritual.

Vivenciar a experiência judicante conduz à inevitável e análoga vivência do próprio mito, do próprio *Arquétipo* representativo do poder, da Justiça, do ser superior (fática e simbolicamente[628]) que *diz o direito* e equilibra as contendas do mundo. A vivência de uma aura de divindade, que habita um plano diverso, um patamar diverso, alheio ao tempo[629] e à conjuntura "profana". O *"espaço"* judiciário se mostra como uma realidade paralela funcional em meio ao mundo "normal".[630] A realidade da atividade do julgador é, toda ela, coordenada por simbologias, desde a mais evidente (a Toga, por exemplo) às mais estruturais e veladas. O próprio conjunto visual de um Tribunal já impõe imperceptivelmente a olhos desatentos, uma espécie de normatividade cogente.[631]

A liturgia do ato jurisdicional impulsiona a psique dos confrades do evento às remissões ancestrais de um cerimonial cosmogônico,[632] onde o próprio tempo é suspenso. A repetição (à moda própria dos ritos religiosos) faz com que se ingres-

---

[625] GARAPON, op. cit., p. 29-30.

[626] Idem, p. 17.

[627] Idem, p. 25.

[628] "A toga dá majestade e provoca respeito. Por mais desabusado que seja o indivíduo que se dirija a um juiz, algum cuidado porá nas palavras e nos gestos se o encontrar revestido na toga". BARRETO, Plínio. "A obrigatoriedade do uso da toga" (transcrição de O Espírito Santo Judiciário) in VITRAL, Waldir. *Deontologia do Magistrado, do Promotor de Justiça e do Advogado. Decálogos, Mandamentos, Preces, Máximas e Pensamentos.* Rio de Janeiro: Forense, 1992, p. 230.

[629] "Numa fórmula sumária, poderíamos dizer que, ao 'viver' os mitos, sai-se do tempo profano, cronológico, ingressando num tempo qualitativamente diferente, um tempo 'sagrado', ao mesmo tempo primordial e indefinidamente recuperável". ELIADE, op. cit., p. 21.

[630] GARAPON, op. cit., p. 34.

[631] "A porta de um palácio da justiça nunca se encontra ao mesmo nível da rua: está sempre acima deste. Para aceder a um palácio da justiça, é preciso sempre subir um grande número de degraus (...) o espaço do público está separado do centro da sala de audiências, onde se desenrolam os debates, por outra pequena barreira. Encontramos uma barreira em tudo idêntica na arquitectura interior da catedral ou da igreja cristã,cuja finalidade é separar o coro dos fiéis. A dita barreira surge em Roma, no baixo Império. Nas basílicas, a *cancella* encerrava o *cancel*, ou seja, o local onde se encontrava o imperador e os seus representantes, ou a sua imagem (...) O espaço judiciário é um espaço sagrado. A separação do resto do mundo funda o templo". GARAPON, op. cit., p. 37-40.

[632] Para ELIADE, "'Viver' os mitos implica, pois, uma experiência verdadeiramente 'religiosa', pois ela se distingue da experiência ordinária da vida quotidiana. A 'religiosidade' dessa experiência deve-se ao fato de que, ao reatualizar os eventos fabulosos exaltantes, significativos, assiste-se, novamente, às obras criadoras dos Entes Sobrenaturais; deixa-se de existir no mundo de todos os dias, e penetra-se num mundo transfigurado, autoral, impregnado da presença dos Entes Sobrenaturais" (op. cit., p. 22). Não é à toa que MAFFESOLI crê que a principal característica do modo de vida contemporâneo é a evidência dos "fenômenos arcaicos que a modernidade acreditou ultrapassados" que "tendem a voltar ao primeiro plano da coisa social" (op. cit., p. 69).

se em um tempo mítico, ou um "*não-tempo*" mítico,[633] onde a justiça será exercida em prol da correção na "ranhura" operada no mundo (perfeito) com a contenda que à corte é levada.

Nessa perspectiva, podemos analisar perfeitamente o Processo Penal: "O ritual judiciário faz eco de um ritmo simbólico composto por um regresso ao caos (re-cognição probatória – reconstrução do fato delituoso), seguido de um confronte entre o bem e o mal (debates e confrontação probatória buscando o convencimento do julgador quanto a uma verdade) e que termina com um regresso à paz" (decisão judicial como metáfora de um retorno ao status-quo equitativo social).[634]

O julgador é o gestor tanto do tempo mítico operado pela discursividade ritual (donde os procedimentos positivados, por vezes, não são mais do que reflexo), quanto, muitas vezes, do tempo fático, "real", o que torna fértil o campo para a consagração de um verdadeiro estado psicológico de onipotência, que, ao contrário de outros aspectos igualmente prejudiciais, não pode ser combatida em âmbito processual por remédios eminentemente jurídico-procedimentais de cunho garantidor.[635]

Equilibrar, repetimos, as contendas do mundo. Promover uma "volta ao passado" e reatualizar algo para imprimir-lhe a "nova ordem". Por certo, uma função divina, que tem o poderio necessário para suspender, temporariamente, "todas as diferenças habituais de categoria entre os homens, substituindo-as por outras", encarnando a ordem e realizando em meio à corrupção da vida e à imperfeição do mundo, uma perfeição temporária e ali circunscrita.[636] "O procedimento é um jogo ritual e constitui, na movência latina, a invenção de uma técnica de tomar conta

---

[633] MAFFESOLI, op. cit., p. 65.

[634] "O ritual judiciário,cuja função é anular o crime, não se limita a restabelecer a ordem antiga: ele regenera a ordem social e cria ordem a partir da desordem". GARAPON, op. cit., p. 65.

[635] LOPES JR. e BADARÓ tecem comentários a cerca do inciso LXXVIII do Artigo 5º da Constituição Federal, incluído no corpo da Carta Magna pela Emenda Constitucional nº 45 de 2004, que assim versa: "a todos, no âmbito judicial e administrativo, são assegurados a razoável duração do processo e os meios que garantam a celeridade de sua tramitação". Por um lado, a medida configura inegável avanço, por enjeitar, de uma vez por todas, em meio ao texto constitucional diretriz que já era constante do chamado Pacto de San José da Costa Rica (Convenção Americana sobre Direitos Humanos), subscrito e ratificado pelo Brasil (portanto dotada de normatividade válida no território nacional – conforme Art. 5º, inc. LXXVIII, parágrafos 1º, 2º e 3º, CF/88). Por outro, peca por relegar a uma avaliação extremamente vaga e não orientada por parâmetros postos a questão da *razoabilidade* da duração processual. Discorrem os autores: "Como bem destaca BARTOLI, 'a avaliação do que seja razoável para regular a marcha processual, pela carga de subjetividade que impregna o próprio vocábulo, extremamente vago, vai depender exclusivamente da idiossincrasia de cada juiz, no momento de analisar, alternativamente, caso a caso, as circunstâncias referentes à complexidade do processo, à conduta das partes, às conseqüências da demora, o prejuízo ao jus libertatis do réu, etc'. PASTOR também critica o entendimento dominante do não-prazo (como o adotado pela Constituição brasileira, com a mera referência à duração razoável do processo), pois se inteligentemente, não se confia nos juízes a ponto de lhes delegar o poder de determinar o conteúdo das condutas puníveis, nem o tipo de pena a aplicar, ou sua duração sem limites máximos e mínimos, nem as regras de natureza procedimental, não há motivo algum para confiar a eles a determinação do prazo máximo razoável de duração do processo penal, na medida em que o processo penal, em si mesmo, constitui um exercício de poder estatal e, igual à pena, às buscas domiciliares, à interpretação das comunicações, e todas as demais formas de intervenção do Estado, deve estar metajuridicamente regulado, com precisão e detalhe". LOPES JR., Aury. BADARÓ, Gustavo Henrique. *Direito ao Processo Penal no Prazo Razoável*. Rio de Janeiro: Lumen Juris, 2006, p. 86.

[636] GARAPON, op. cit., p. 46.

ou de recuperar os sujeitos, exatamente como alhures opera uma outra feitiçaria, e principalmente a dança", ensina Legendre.[637]

Mesmo o *idioma* hermético reverenciado pela tradição jurídica é objeto de composição da aura cênica da função jurisdicional, pelo fato de que é patente a "tentativa de muitos juízes de utilizarem construções frasais pouco comuns, recorrendo freqüentemente a vocabulário em desuso. A utilização de uma linguagem diferenciada da comum busca emprestar ao texto interpretativo um caráter sacro, impessoal, como se não partisse efetivamente de uma única pessoa, sujeita às mesmas condições que os demais".[638] Ao Magistrado de assim não atuar, ares de censura e isoltivo são comumente voltados ares de censura e isolamento corporativo, uma vez que se esquivam à *communis opinio doctorium* e assim cometem a heresia de dessacralizar a função.[639]

É, simplesmente, nesse ambiente *carregado* que transita o julgador, que, se não for esmagado pelo cerimonial por ser demasiado "débil",[640] corre o risco de ser, paulatinamente, engolfado por ele, dada a propensão fantástica do meio circundante para lhe proporcionar a *inflação*, armadilha do psiquismo estudada pela Psicologia Analítica, decorrente de uma exacerbação na qual todos podemos vir a recair.[641] Prado trabalha com essa categoria situando o que chama de *aspecto bipolar* do *Arquétipo*.

Conforme seu entendimento o *Arquétipo* enquanto "potencialidade inata de pensar, sentir, ou agir", contém uma inerente bipolaridade: "o homem reage arquetipicamente a alguma coisa ou a alguém quando se defronta com uma situação recorrente e típica. A mãe reage arquetipicamente ao filho, o homem reage arquetipicamente à mulher, o juiz reage arquetipicamente a aquele que está sendo julgado".[642] E no outro gume *arquetípico* (daí a bipolaridade) algo que lhe parece inverso, lhe soa estranho: lhe é antagônico.[643]

Como o julgador no exercício de sua função está propenso a aderir a ela, e como o ambiente mítico circundante evoca nele próprio uma manifestação *arque-*

---

[637] LEGENDRE, Pierre. *O Amor do Censor. Ensaio sobre a ordem dogmática*. Trad. Aluísio Menezes e Potiguara Mendes da Silveira Jr. Rio de Janeiro: Forense Universitária/Colégio Freudiano, 1983, p. 101.

[638] ROCHA, op. cit., p. 43.

[639] Idem ibidem.

[640] GARAPON, op. cit., p. 20.

[641] "Refere-se em um grau maior ou menor a uma identificação com a psique coletiva causada por uma invasão de conteúdos arquetípicos inconscientes ou em resultado de uma consciência ampliada. Existe desorientação acompanhada ou de um sentimento imenso de poder e imparidade ou de um senso de desvalor ou de não se ter nenhuma importância. O primeiro representa um estado hipomaníaco, o segundo, depressão. Jung escreveu que 'a inflação é uma regressão da consciência para a inconsciência. Isso sempre acontece quando a consciência admite em si conteúdos inconscientes em quantidade demasiada e perde a faculdade da discriminação' (CW 12, parág. 563). Um conteúdo arquetípico 'prende a psique com uma espécie de força primeva e a obriga a transgredir os limites da humanidade. A conseqüência é uma atitude ensoberbada, perda do livre arbítrio, delírio e entusiasmo pelo bem ou pelo mal, indiferentemente (CW 7, parág. 110)'". SAMUELS, com SHORTER e PLAUT, op. cit., p. 112.

[642] PRADO, Lídia Reis de Almeida, op. cit., p. 44.

[643] STEIN, op. cit., p. 126.

típica conectada à ritualística e ao poder "divino" que a judicância lhe confere,[644], não há dúvidas quanto ao fato de que, ao julgar, o Magistrado simplesmente encarna o Tribunal.[645] A ação *arquetípica* do meio circundante, e da situação, como um todo, pode ser irresistível: "Quando um arquétipo se constela de maneira súbita e intensiva, nos sentimos como que atingidos pelos projéteis de um ser superpoderoso que nos descobre e nos subjuga".[646]

Não custa recordar que o *Si-mesmo* é o eixo central da psique, e que o mesmo atua tal e qual a "voz de Deus" para o global psíquico: identificado, aderido a algum caráter imagético-supremo que invoca seu imaginário mítico, o indivíduo, sem se dar conta, pode passar a, de forma *egóica*, "vivenciar" o *Si-mesmo* em uma absorção que não pode ser concretizada sem gerar um efeito catastrófico.[647]

Resquícios de um autoritarismo e de uma soberba (seja em maior ou menor grau) inerentes à função jurisdicional[648] podem fazer com que o julgador se desconecte da "humanidade" do ato decisional, percebendo-se, involuntariamente, como um ser superior frente à pessoa que ali ocupa o papel do Réu.[649] E no instante em que o choque entre a *pessoalidade* do intérprete e sua pretensão de *distanciamento* se faz mais agudo (o julgamento de matéria envolvendo crimes contra a liberdade sexual), um simulacro desse falho distanciamento pode se promover.

Identificado com sua própria carga imagética,[650] o Magistrado pode vir a empregar um afastamento moral (e virtual) e decidir como se estivesse lançando

---

[644] "O termo (inflação) foi introduzido por Jung para indicar o evento do totalitarismo psíquico, pelo qual uma parte qualquer da psique se identifica com toda a vida psíquica". PIERI, op. cit., p. 267.

[645] "Depressa se dá conta de que o juiz não é só uma pessoa como as demais, como encarna uma instituição: ele é o tribunal". GARAPON, op. cit., p. 55.

[646] VON FRANZ, op. cit., p. 30.

[647] PIERI explica que na concepção *junguiana* existem dois tipos de manifestação da "inflação": um deles, chamado de "Redução" ocorre quando "se anulam linhas de confim que haviam instituído regiões ou partes psíquicas diferentes entre si, razão pela qual cada uma destas não teria mais podido expandir-se sobre a outra" (PIERI, op. cit., p. 267). O que ocorreria é que algum elemento psíquico "inflado" não permitiria a autonomia dos demais, da forma equilibrada. A outra forma de inflação, que nos interessa especificamente, ocorre quando o *Ego* se vê como que englobando elementos arquetípicos e vivenciando-os, em uma espécie de "Possessão": "A partir da topologia, em base à qual a psique se compõe de elementos individuais e coletivos, que por sua vez podem ser conscientes ou inconscientes, Jung constrói uma fenomenologia específica da inflação pelo que se refere às relações intrapsíquicas (...) Sobre a segunda forma de inflação, Jung ao invés, escreve: 'A acentuação sobre a personalidade do eu e sobre o mundo da consciência pode facilmente assumir tais proporções, que as figuras do inconsciente sejam psicologizadas, e o Si-Mesmo, em conseqüência, assimilado ao Eu' (...) Além do plano das relações intrapsíquicas, o fenômeno é descrito num plano da psicologia da personalidade e das relações interpessoais. A este respeito, Jung escreve que o termo indica 'uma expansão da personalidade além dos limites individuais, ou, em outras palavras, uma presunção. Em tal estado, a pessoa ocupa um espaço que normalmente não pode preencher". PIERI, op. cit., p. 267-268.

[648] "Se Deus intencionava tornar-se objeto de amor, deveria inicialmente renunciar ao fato de julgar e fazer justiça; um juiz, mesmo sendo clemente, nunca é objeto de amor". NIETZSCHE. *A Gaia Ciência...*, p. 155.

[649] "Dessa maneira, a possível repressão do pólo do arquétipo pode levar o magistrado a acreditar que o ato antijurídico nada tem em comum consigo: que o mal só existe no réu, fraca criatura, que vive num mundo totalmente diverso do seu". PRADO, Lídia Reis de Almeida, op. cit., p. 45.

[650] "Essa situação significa que o juiz torna-se tão-somente juiz, esquecendo-se que tem como possibilidade um réu dentro de si. O ego identifica-se com a persona, fato muito lesivo, porque redunda na ofuscação da consciência por um conteúdo inconsciente. O magistrado tenta ser divino, sem máculas, incidindo, às vezes, na hybris (descomedimento) de se considerar a própria justiça encarnada". PRADO, Lídia Reis de Almeida, op. cit., 45.

mão de artifícios objetivamente imaculados e plenos de neutralidade, quando, na verdade, não mais está fazendo do que classificando (Warat) as condutas de forma meticulosamente programada e usando o teatro jurisdicional para o enfoque de lapsos de intimidade para os quais o *decisum* em questão é mero pano de fundo.

A *identidade mítica* que acompanha o exercício do ofício jurisdicional, se não for objeto de trabalho e cuidados específicos, pode passar a gerir o movimento socioafetivo do julgador (como diria Stein: sem que nos demos conta, quando mal se vê "as palavras são ditas, os atos são realizados"[651]), envolvendo em um jogo *arquetípico* suntuoso que pode desvelar uma "tendência à soberba, à arrogância, ao complexo de autoridade".[652] A pergunta que deve ser feita nesse instante é colocada por Prado, quando indaga se "é possível, em termos humanos, que o juiz permaneça sempre capaz, equilibrado, eticamente sereno, sem mácula, enquanto que o outro, no caso, aquele contra quem é movida a ação, continue sendo apenas o infrator?".[653]

Bueno de Carvalho vai ainda mais longe e questiona, diante das circunstâncias (tanto ideológicas, políticas, éticas, sociais e mesmo psicológicas) se a atividade judicante *penal*, como um todo, seria *possível* ao indivíduo:[654] colocando em pauta novamente a questão do círculo hermenêutico formado entre *intérprete* e "objeto" *interpretado*, já tratado em outra obra citada,[655] pontua a imensa dificuldade que um indivíduo "saudável" possui para exercer o ofício da Magistratura (dificuldade, essa, jamais sentida por um grande número de Magistrados que o autor, ao lado de Zaffaroni, conceitua como *doentes*[656]), supondo elementos intrínsecos da psicologia do julgador como condicionantes de certas posturas acríticas e tendenciosas ao *uso* da função judicante para um verdadeiro *descarrego* patológico.[657]

Para uma aproximação, que jamais pode ser considerada uma possibilidade finda de resposta ao questionamento apresentado, uma proposta, revelada em

---

[651] Ver Nota n° 335.

[652] "Esse problema é agravado porque a psique coletiva reforça o que ocorre no plano individual, uma vez que aos juízes se outorga autoridade". PRADO, Lídia Reis de Almeida, op. cit., p. 45-46.

[653] PRADO, Lídia Reis de Almeida, op. cit, p. 47.

[654] "*Propõe-se a questão relativa à possibilidade de um ser humano historicamente localizado e minimamente saudável psicologicamente ser capaz de mandar alguém para o presídio, ou seja, dizer 'sim' à ambição condenatória, sendo que é sempre possível dizer o 'não'*". CARVALHO, Amilton Bueno de. "O (im)possível julgar penal" in *Revista de Estudos Criminais*, ano VII, n. 24, Sapucaia do Sul: NOTADEZ, 2007, p. 69.

[655] CARVALHO, Amilton Bueno de, "As Majorantes nos crimes sexuais violentos".

[656] "O juiz burocratizado que, por pressão do ambiente se vê forçado a se comprometer publicamente com a ideologia sectária e sem retorno possível à posição neutra e 'asséptica', perde a segurança que lhe brindava sua tradicional assepsia e, normalmente, procura compensar essa segurança com uma verdadeira radicalização sectária e com demonstrações externas de subserviência às vezes incríveis. O produto é francamente lamentável e, no plano pessoal, é a mais completa agressão à saúde mental de uma pessoa". ZAFFARONI, *Poder Judiciário...*, p. 163.

[657] "Pensamos que há uma espécie de gozo no condenar desenfreado! Na fúria de decretos prisionais cautelares não fundamentados ou por termo, muito além do permitido pela legalidade ou em teratóide inominável: cidadão preso cautelarmente durante o processo e depois de condenado é solto. Na negativa escancarada – sem o menor pejo – dos direitos legalmente reconhecidos daqueles que estão a cumprir pena. Faz-se isso sem o mínimo rubor na face!". CARVALHO, Amilton Bueno de. "O (im)possível julgar penal...", p. 75-75.

forma de postura ativa do Magistrado, é colocada por Prado: que os julgadores tornem-se, também *julgados*, não em um ensaio de frenéticos e desmesurados auto-exames psíquicos, mas em profunda assunção do seu papel enquanto gestor *humano* de uma relação igualmente *humana*:

> Por outro lado, o juiz que tem consciência da própria sombra pode, sem dúvida, prestar um grande serviço ao Direito e à Justiça. Vou chamá-lo de *julgador-julgado*, porque entendo que essa denominação bem expressa o magistrado que – embora procure orientar sua vida e seu trabalho pela legalidade e pela ética, sabe que contém, como possibilidade, aquele condenado interior.[658]

Talvez seja um artifício a ser utilizado para refrear, ou ao menos *mitigar* uma batalha praticamente perdida contra um modelo de julgador que é captado para a instituição através de um rito de passagem (concurso público) que, não raro, serve apenas como delineamento inicial de um tipo ideal (metódico, *racionalista*, dogmático, pretensamente neutro e eivado de conservadorismo), dados os – em muitos aspectos, inúteis – critérios de seleção em meio aos quais fora pinçado, como afirma Morais da Rosa:

> Percebe-se corriqueiramente a quantidade cada vez mais crescente de candidatos aos concursos públicos, sendo que aprovados somente os, em tese, mais preparados. É verdade, de outra face, que cada Tribunal organiza como quiser a prova e os avaliadores possuem imensa liberdade no que perguntar, gerando, não raras vezes, perplexidade sobre o conteúdo indagado, deixando a *latere* qualquer subjetividade: afinal o juiz é, para eles, *neutro*. Somente questões objetivas importam, acreditando-se que os juízes, no fundo, precisam é decorar a lei. Argumenta Andrade que: *"Decora-se o Direito dogmático, e a aprovação é um corolário. Desnecessária qualquer sensibilidade e senso de justiça social. Um desumano de memória fotográfica pode tirar primeiro lugar"* (Lédio Rosa de Andrade. *Direito ao Direito.* Curitiba: JM, 2001, p. 36).[659]

O círculo vicioso despudoradamente mantido, uma vez que a modelagem que termina idealizada pelo candidato (padrão) é aquela perseguida pela instituição (Zaffaroni). Afora o embate das provas seletivas para a Magistratura, a etapa da *entrevista* cumpre igual papel no delineamento referido, eis que, assim como no caminho para o dispositivo decisional, muito já está decidido (Coutinho, Calamandrei, Lopes Jr.): já se sabe o se *quer escutar* do candidato e ele já sabe o que *deve* falar.[660]

---

[658] PRADO, Lídia Reis de Almeida. op. cit., p. 47-48. E também BUENO DE CARVALHO: "O interpretar se interpretando, o julgar se julgando: o mandar a si mesmo, o mau que existe dentro de si mesmo, para o inferno (...) O gozo de mandar a si mesmo, via outro, para o suplício gótico! (...) Penso que aqui há um caminho a ser seguido: o juiz deve ter empatia com o acusado. DAVID ZIMMERMAN explica que empatia vem do grego em (dentro de) mais pathos (sofrimento, dor), ou seja, conseguir se colocar na pele de outro, no lugar do outro, e, juntamente com ele, sentir suas dores emocionais. Aí, presumo, está a raiz da solidariedade: conseguir se colocar no local (na dor) do outro. Empatia que difere de simpatia: estar ao lado do outro, algo menor, menos intenso, portanto!". CARVALHO, Amilton Bueno de. "O (im)possível julgar penal"..., p. 76-79.

[659] MORAIS DA ROSA, *Decisão Penal...*, p. 281.

[660] Idem, p. 282.

Lotado e *investido*, pois, um julgador que, frente à violência (sexual) que lhe é oferecida pelo tramite processual, para que ele sobre ela decida (se exponha), retribui com uma ministrada (consciente ou inconscientemente) violência *simbólica*, constante, em muito do poderio que vai acoplado à função que se encontram autorizados a exercer: um poderio que pode se transformar em meio escamoteio para uso próprio,[661] para, por trás do conflito judicial, nas entrelinhas inconscientes, servirem-se os próprios julgadores. Na esteira do que refletiu Lyra e do que alertou Garapon, a *função* passa a ser a brecha (im)pessoal através da qual escorre a possessão inconsciente pelas imagens *arquetípicas* de grandeza e senhorio: "E o poder eleva a arrogância a status de dogma: ao juiz é vedado o não-julgar, a recusa, o reconhecimento de sua incapacidade (o não sei). Julgarás, não importa se bem ou mal. Julgarás!".[662]

De forma absolutamente nociva a um exercício judicante mais humano e democrático, a fartura de corroborações institucionalmente praticadas faz com que tenhamos uma figura de julgador cujo semblante parece contrariar inteiramente a sapiência de Fabrício, sendo que uma das lições mais elementares (a função judicante não é um *poder* – em todos os sentidos, mas sim uma investidura a serviço do bem comum estatal), parece castigada por sua simplicidade e manifestamente desacolhida:

> O Juiz não é o Poder Judiciário. O Poder, exercido por cada Juiz nos limites que a lei lhe fixa, não se incorpora à pessoa nem ao patrimônio individual do Juiz. O poder-dever de dizer o direito é exterior à pessoa do Juiz e não se confunde com a individualidade de cada um dos membros do Poder. Não se trata de uma encarnação, mas de uma investidura. Sendo um indivíduo da espécie humana, o Juiz, com o ser Juiz, não deixa de ser um homem, uma pessoa, um cidadão. Abstraindo-se do singular poder que lhe foi cometido, por trás deste se há de ver uma pessoa, portanto, um jurisdicionado, no sentido de indivíduo submetido ao poder jurisdicional. O Poder é atributo do Estado, não do Juiz.[663]

Há quem, (in)vestido da proteção da *Persona*, imbuído em uma carga mítica *arquetípica* e pretensamente não ciente da necessidade de controlar essa onipotência "divina" que sucede o uso da Toga, passe a crer piamente em uma espécie de aura imaculada contígua à posição "magistral". Uma farsa[664] contra qual poucos integrantes ativos da instituição parecem ousar protestar. Afinal, uma vez imersos na grandiloquência que os associa a figuras sacras emblemáticas,[665] alguns

---

[661] MORAIS DA ROSA. *Decisão Penal...*, p. 283.

[662] CARVALHO, Amilton Bueno de. "O (im)possível julgar penal"..., p. 76.

[663] FABRÍCIO, Adroaldo Furtado. "O Juiz e o poder" in *Revista da Ajuris*. N. 31, Ano XI. Porto Alegre: Ajuris, 1984, p. 39

[664] *"O Juiz erra: é homem, sujeito às debilidades e contingências da condição humana".* FABRÍCIO, op. cit., p. 40.

[665] "Senhor! Eu sou o único ser na terra a quem Tu deste uma parcela da Tua Onipotência: o poder de condenar ou absolver meus semelhantes. Diante de mim as pessoas se inclinam; à minha voz acorrem, à minha palavra obedecem, ao meu mandado se entregam, ao meu gesto se unem, ou se separam, ou se despojam. Ao meu aceno as portas das prisões se fecham às costas do condenado ou se lhe abrem, um dia, para a liberdade. O meu veredicto pode transformar pobreza em abastança, e a riqueza em miséria. De minha decisão depende o destino de

julgadores se negam a deixar de vivenciar o prazer e o poder fático que a função coligida à sua força *arquetípica* e mitológica possuem.[666]

É nesse instante que a força mítica do "sagrado", pretensamente abolido da vida do homem moderno, ressurge com força total e irrefreável.[667] Não há como olvidar que o terreno é, em tese, fértil para a proliferação dessa lógica, como refere Carnelutti: a decisão judicial *muda o mundo* de certa forma.[668]

Assim, o julgador vai internalizando inconscientemente os ditames que a função jurisdicional assume e invoca, podendo passar a tomar uma consciência distorcida de si, identificado com toda a grandeza e toda a amargura que um comportamento *deificado* tende a carregar. De tanto ver sobre si *projetada* uma figura *arquetípica* que mescla traços de Deus e de aura paternal, o julgador pode passar a assumi-la e por ela ser possuído. Na relação com a comunidade, o Magistrado passa a se ver como o *Pai*, como destino das súplicas por parte dos seus tutelados.[669]

É por isso que, diante dos casos envolvendo os crimes contra a liberdade sexual, é bastante comum vermos nas decisões judiciais reflexos desse espectro do *Pai censor* dotado de poderes para gerir a moralidade coletiva,[670] em um entrelaça-

---

muitas vidas. Sábios e ignorantes, ricos e pobres, homens e mulheres, os nascituros, as crianças, os jovens, os loucos, os moribundos, todos estão sujeitos desde o nascimento até a morte, à Lei que eu represento, e à Justiça, que eu simbolizo". VIEIRA, João Alfredo Medeiros. "A Prece de um Juiz" in *VITRAL*, op. cit, p. 22.

[666] "Quem, após uma vida sendo levada para ser inserido nessa fantasia, quer, posteriormente, desistir do sonho?". DIVAN, op. cit., p. 38.

[667] ROHDEN, op. cit., p. 121.

[668] "O juízo do juiz, não o das partes, facit ius, o que quer dizer, vincula, ou seja, determina através do mecanismo de direito, a conduta alheia. Depois que o acusador conclui que o imputado é culpado e o defensor que ele é inocente, o mundo segue como antes; mas quando, pelo contrário, uma ou outra coisa é o juiz quem diz, o mundo muda, porque, entre outras coisas, o imputado, se era livre, é capturado, ou vice-versa, se estava detido é posto em liberdade". CARNELUTTI. *Lições... Volume 4*, p. 66.

[669] "Na relação com a comunidade, o juiz representa, no inconsciente das pessoas, a figura do pai. Evidente que o juiz, enquanto regra, aceita/assume esta figura. Ele é aquele que pune, repreende, autoriza o casamento, determina a separação conjugal, distribui os bens. A comunidade, quando não consegue resolver seus problemas, busca socorro na figura do pai/julgador. A relação 'familiar' é tão forte que há até controle da sexualidade do juiz pela própria sociedade, além, é óbvio, de controles menores: na maneira de vestir, de se portar, em relação aos seus amigos. É algo forte, presente, marcante". CARVALHO, Amilton Bueno de. "O Juiz e a Jurisprudência...", p. 9.

[670] "... Sob o aspecto penal, cuida-se de delito de atentado violento ao pudor, cujo objeto jurídico é a liberdade sexual, sendo sujeitos ativos e passivos qualquer pessoa, tanto homem quanto mulher. A conduta típica consiste em constranger alguém, mediante violência ou grave ameaça, a praticar ou permitir que com ele se pratique ato libidinoso (aquele que visa ao prazer sexual) diverso da conjunção carnal. Este ou libidinoso deve ser ofensivo ao pudor coletivo, contrastando com o sentimento de moral médio, sob o ponto de vista sexual". Sentença em processo de n° 048/2.03.0000372-0, 1ª Vara, Comarca de Farroupilha-RS, julgada em 13 de Junho de 2005. Não obstante a técnica e escorreita explicação do julgador quanto aos caracteres típicos do delito em questão, desperta curiosidade em meio ao corpo da decisão a menção ao fato de que o ato libidinoso punível "deve ser ofensivo ao pudor coletivo", contrastando com o "sentimento de moral médio". São critérios de definição que manifestamente não foram extraídos do ditame legal respectivo, estando, inclusive, em dissonância com a polida explicação anterior: o critério de análise deve passar por exclusivamente pela análise da violação ou não da liberdade sexual da vítima na casuística e a menção a um "sentimento moral médio" é absolutamente desnecessária. O que a lei protege, e que deve estar em evidência, é o direito da vítima de exercer a atividade sexual em liberdade (Sobre o tema: GOMES, Luis Flávio. "Presunção de violência nos crimes sexuais (enfoque crítico) – 1ª Parte" in *Revista Brasileira de Ciências Criminais*. v. 15. São Paulo: Revista dos Tribunais, 1996, p. 159-181). Aliás, como já vimos (D'ÁVILA), o estabelecimento de padrões "médios" é falho e principiolo-

mento (promíscuo) e perigoso entre os próprios intuitos morais do Magistrado em relação a si mesmo e à sociedade, e toda a carga de moralismo que ele absorveu e que ele é, por essa própria sociedade, pressionado a revitalizar e defender em meio ao seu ofício jurisdicional.[671]

Há, do mesmo modo, Magistrados que, como um Titã severo (tal como um *Pai* impositor da ordem, sob a óptica psicanalítica, um rompante arquetípico que invoca a imagem de Zeus, para a Psicologia Analítica), denotam claramente o julgado enquanto instrumento vingativo, donde, capazes de fazer o réu purgar pelo delito cometido, igualmente o submetem à punição agrupando em sua motivação até mesmo fatores que dizem para com as consequências tidas enquanto (*certamente*) *vindouras* do ato.[672]

gicamente nocivo na esfera da aplicação do Direito Penal, em qualquer circunstância. Não podemos deixar de recordar, contudo, que, existe, logicamente, parte da doutrina especializada para quem a lei, frente a fatos típicos como o ora em tela, "reprime as condutas anormais, consideradas graves, que afetem a moral média da sociedade" (CAPEZ, Fernando. *Curso de Direito Penal. Volume 3*. São Paulo: Saraiva, 2007, 5. ed., p. 1.). Seria abusivo propor, aqui, uma discussão a respeito de uma definição sobre o que o referido autor entenderia por uma manifestação sexual "*anormal*", se, aliás, existe, de fato, uma postura sexual que possa ser elevada à condição de "normal" ou sobre onde, afinal, a lei autoriza um debate sobre a "moral média" da sociedade em meio ao trato com os tipos descritos. A tutela penal, repetimos, se dá quanto à "liberdade sexual" da pessoa, e não autoriza uma gestão generalizada de parâmetros "morais". A citação é válida, também, para reforçar nosso exemplo da influência da cultura manualística "concursal" dentre o *senso comum teórico* de uma parcela considerável de Magistrados.

[671] Sobre o tema, em relação ao crime de Estupro, PIMENTEL, SCHRITZMEYER e PANDJIARJIAN (*Estupro...*, p. 205): "Entre os operadores do direito é variável, significativamente, o maior ou menor cuidado e respeito com que lidam com o tema do estupro. Esse cuidado, entretanto, não tem relação com a variável sexo – homem ou mulher – dos operadores do Direito. Há muita veemência e repúdio ao delito em si, havendo a utilização de expressões contundentes e desqualificadoras em relação ao estuprador. Contudo, freqüentemente, falas expressam desrespeito à parte ofendida, levantando dúvidas quanto às suas declarações e à sua própria moralidade. Talvez, se possa dizer que é maior a rejeição a um ato 'disfuncional' da sociedade, ofensivo aos seus bons costumes, do que um efetivo respeito à parte ofendida em sua cidadania". O próprio Código Penal pátrio localizava os crimes contra a liberdade sexual em um título nomeado como "Dos Crimes contra os Costumes", passando, apenas em 2009 com o advento das modificações trazidas pela Lei nº 12.015 a denominar o título de "Dos Crimes contra a Dignidade Sexual". Sempre fomos filiados à tese da total incorreção da premissa original do Código, uma vez que é absurdo estipular legalmente uma tutela penal para "os costumes" quando se está tratando de um rol de condutas típicas que caracterizam ofensa à "dignidade sexual da pessoa" ou mesmo à própria "pessoa". Sobre a questão da incorreção da nomenclatura legalmente estipulada e as antigas reivindicações de reforma do texto estabelecido, remetemos, momentaneamente, a NUCCI, Guilherme de Souza. *Código Penal Comentado*. São Paulo: Revista dos Tribunais, 2000, p. 579-580. Para um questionamento semelhante em meio à doutrina portuguesa, Cf. *Comentário Conimbricense ao Código Penal. Parte Especial*. Tomo I. FIGUEIREDO DIAS, Jorge de. (diretor). Coimbra: Coimbra Editora, 1999, p. 441.

[672] "... Certo é que o evento monstruoso, brutal e desumano reservará, indefinidamente, péssimas, incômodas e traumáticas lembranças àquela então menor de 14 anos...". BRASIL. Tribunal de Justiça do Estado de Minas Gerais. Acórdão em Apelação Criminal, nº 1.0024.01.604182-4/001(1) Relator Des. Armando Freire. Belo Horizonte, 31 e Março de 2005. Ao incutir em meio à motivação decisional, enquanto aspecto de relevância para a mantença da condenação, entre outros fatores, uma espécie de expectativa obrigatoriamente sombria para o futuro da vítima em relação à conduta praticada, alguns Magistrados nos fazem crer que dispõe de um aparelho análogo a aquele imaginado por ZAFFARONI, o *periculosômetro*, que, segundo a ironia do autor argentino, serviria para que os criminólogos defensivistas pudessem medir a periculosidade e o potencial de provável reincidência dos encarcerados, a fim de garantir sua não liberação/não progressão de regime prisional. Juízos que levam em conta estabelecimentos de aspectos futuros (ainda que possíveis, ou, mais, prováveis) caracterizam, sempre, em última análise, procedimentos anti-democráticos e ausentes de conformidade com a principiologia constitucional. Para mais: ZAFFARONI, Eugenio Raul. *Criminología. Aproximación desde un margen*. Bogotá: Editorial Temis, 2003, Tercera reimpressión. Sobre termos como "monstro", e/ou "monstruoso" em referência

DECISÃO JUDICIAL NOS CRIMES SEXUAIS

E Miranda Coutinho, agora mais pragmático do que nunca, discorre, com maestria, de forma que fazemos nossas suas palavras: "Mas poderia ser diferente com uma estrutura técnica como a que acabamos de verificar, onde eventuais críticas dizem tão-somente com o periférico? Até que ponto seria exigível de um magistrado, com tal formação, que não se sentisse um semideus? A realidade do cotidiano tem ajudado a desmistificar tal postura ou tem contribuído para sua exasperação?".[673]

Já é mais do que dada a hora de vir à tona todo o jogo e a artimanha das falácias rituais que envolvem o exercício judicante, sob pena de seguirem as mesmas protegidas pela obscuridade e continuarem imperando silenciosamente. Enquanto se prosseguir negando a possibilidade de um julgador "ferido" (*julgador-julgado* – Prado), continuar-se-á potencializando a lógica do julgador-divindade.[674] Quem não reconhece em si mesmo a possibilidade de uma *Sombra*, permanecendo em um simulacro de altar acima do bem e do mal (ou, ainda: atrelado à imagem do *bem* coletivo ligada à *Persona*) cedo ou tarde se deparará com algum efeito desastroso da eclosão sombria desorganizada em virtude do desequilíbrio psíquico. Em se tratando do julgador, mais do que uma tarefa com vistas ao seu desenvolvimento psíquico particular, uma obrigação democrática em prol do bom exercício da função que lhe é constitucionalmente legada.[675]

Na verdade, com Cordero, temos que o poder "divino" e a posição intangível e "sacerdotal" a que vão alçados alguns representantes da Magistratura são em muito causadas pelo fato de que os próprios operadores do direito se recusam a romper com a lógica, não percebendo que todo o jogo teatral não passa de encenação e que por trás das Togas e dos ritos, também (e não só no banco dos réus), há pessoas de carne e osso, sendo o "fluxo micro-histórico" onde o processo opera apartado da "realidade", pura ilusão, em certo aspecto.[676] A escolha parece estar entre *potencializar* essa ilusão contida em nossa apreensão psíquica do mundo (negaceando quanto à sua existência) ou em trabalhar para criar consciência de

---

aos réus nos crime contra a liberdade sexual (especificamente sobre o crime de Estupro), a observação de FIGUEIREDO: "O primeiro padrão de nomenclatura usado para se referir a estupradores desconhecidos, termos negativos, indica que o evento é considerado sério e que o agressor é visto como perigoso, criminoso e distinto do grupo de homens 'normais'". FIGUEIREDO, op. cit., p. 146.

[673] MIRANDA COUTINHO. "O papel do novo juiz...", p. 15

[674] "O juiz porta a máscara sacerdotal, ele toma o lugar sagrado do intocável, ele representa este Outro, o onipotente e o ausente com que se mistifica a instituição medieval para viver e fazer viver. Quando ele pronuncia a sentença, ele diz o Direito, e sua consciência própria desaparece ('o juiz não deve julgar de acordo com sua consciência, mas segundo as alegações'); quando ele julgou, não é ele que fala, mas a Verdade da Lei ('a coisa julgada tem o lugar da verdade' *res judicata pro veritate habeatur*)". LEGENDRE, op. cit., p. 101.

[675] "Parece-me emergente a necessidade de se oferecer ao futuro juiz a possibilidade de aprender algumas técnicas de auto conhecimento, ajudando-o a conscientizar-se de que, mais do que os outros seres humanos, deve cumprir a missão de julgar primeiro a si mesmo, e depois aos outros". GULOTTA, op. cit., p. 20.

[676] "Come ogni rito, il processo appartiene a una sfera artificiale, separata dal flusso microstorico quotidiano (Max Weber discrive queste discontinuità con l'aggetivo 'ausseralltäglich'), anzi la genera; gli spettatori se ne accorgono: avvengono cosi fuori dal solito mondo. Ma è illusione scenica: parti, giudice, testimoni, sono persone di carne ed ossa, legate al tessuto profano locale, carichi delle rispettive storie private; le toghe (equivalenti a maschere) non aboliscono lo spazio-tempo profani". CORDERO, op. cit., p. 152.

vários de seus mecanismos de operação, enfraquecendo-os e deixando de sermos presas fáceis *arquetípica* e *ritualisticamente* falando.[677]

A tarefa judicante é mais árdua do que aparenta. Como diria Calamandrei, "não se chega a ser um hábil jogador de xadrez só por decorar seu manual de regras".[678] A parábola de *iman* Hannifah, trazida por Ferreira,[679] deve estar sempre presente, como símbolo do peso necessário (muitas vezes relegado) manifesto pela carreira jurisdicional: ignorá-lo é ser sobrepujado, esmagado, por ele, e por todos seus aspectos.

Elevados a uma (mais correto seria dizer *imersos em uma*) lógica canônica, que se crê livre de mitologias (OST), e termina por sucumbir fatalmente diante delas (justamente por, racionalmente, renegar e/ou olvidar a força das mesmas) , os Magistrados, muitas vezes, parecem esquecer de uma lição mais do que elementar. O *sentimento* (e a ele se agregam, justamente, as paixões, as ânsias, as angústias, vivenciadas conscientemente, ou não), aquilo que o julgador *sente* é mais do que irracionalismo a ser afastado ou contido (Descartes) é mais do que acessório a ser usado convenientemente e controladamente (Ferrara). É *pressuposto* de uma decisão. E, como tal, deve ser trabalhado, otimizado, identificado (na medida do possível).

Sentença, não por acaso, deriva de *sententiando*, gerúndio do verbo latino *sentire*. O julgador, ao sentenciar, *sente*. Sua decisão é, fundamentalmente, a declaração daquilo que ele *sentiu*, conforme nos recordam Lopes Jr.,[680] Prado,[681] Cappelletti[682] (invocando Calamandrei), e tantos outros.

Finalmente, poderíamos promover um possível desfecho de nossas considerações nesse tópico. E nenhuma opinião parece mais pertinente para tanto do que aquela explicitada por Garapon: "se esse diálogo insólito, da virtude com os seus servidores não se estabelecer, haverá o risco de as forças obscuras do ritual conduzirem os homens – mesmo que animados pelas melhores intenções do mundo – à injustiça. Querer o bem e acabar por praticar o mal: é essa a experiência trágica da justiça".[683]

---

[677] "O ritual judiciário é inafastável, pois o rito, até certo ponto, é garantia fundamental. Mas existe um limite para o ritual, que, uma vez superado, faz com que ele sufoque, conduza à alienação dos atores judiciários (no sentido de que ali-é-nada) e ao autismo jurídico. Um afastamento tal da realidade é o que pode ser presenciado em muitos julgamentos, absolutamente imersos em frágeis categorias artificiais criadas pelo direito e que não encontram a mínima legitimação externa. Trata-se de um erro gravíssimo, mas bastante comum na Justiça Criminal, excessivamente contaminada pelas equivocadas ideologias do repressivismo saneador: a crença de que o simbólico da lei penal irá resolver o problema, real e concreto, que está por trás da violência urbana". LOPES JR. *Direito Processual Penal e sua Conformidade Constitucional...*, p. 127.

[678] CALAMANDREI, Piero. *Instituições...*, p. 225-226.

[679] FERREIRA, Odim Brandão. *Laiaali. A universalidade do problema hermenêutico*. Porto Alegre: Sergio Fabris, 2001, p. 54.

[680] LOPES JR. *Introducção Crítica ao Processo Penal...*, p. 280.

[681] PRADO, Lídia Reis de Almeida. op. cit., p. 14.

[682] CAPPELLETTI, op. cit., p. 16.

[683] GARAPON, op. cit., p. 20.

3.6. Fechamento (III)

Diante do *locus* de abordagem da Psicologia Analítica, vê-se que a emersão de conteúdos inconscientes preenche a lacuna constatada a partir da análise filosófico-epistemológica da inexistência de superioridade hierárquica racional nas operações relacionais e cognitivas, e muitas vezes *coordena* e *comanda*, literalmente, as atitudes do indivíduo.

No caso da função jurisdicional, e mais especificamente daquela voltada para a jurisdição de mérito (Carnelutti) processual penal, a problemática ganha contornos mais salientes: dado o fato de que, por operar, de forma constante, com a esfera da liberdade individual em detrimento de questões meramente patrimoniais-disponíveis (como diria Miranda Coutinho, se caracterizando, o processo penal, como instrumental que coloca em evidência o *"Ser"* e não o *"Ter"*[684]), a preocupação com possíveis reflexos psicológicos orientando de forma sub-reptícia a decisão processual, mediante o apoio em fatores externos "convenientes",[685] precisa ganhar o devido destaque.

Proposta que subsiste há muito, de levante recorrente por estudiosos representantes das mais diversas escolas doutrinárias jurídico-penais,[686] o auxílio psicológico para os Magistrados em atividade, fundamentalmente quanto aos que laboram em notados campos de tensão psicológica – como os Magistrados cuja competência informa a constante atuação em decisões de processos que envolvam crimes contra a liberdade sexual, fator catalisador de perturbações (Souza, Bueno de Carvalho, entre outros) – é alternativa que deve necessariamente ganhar cotejo com

---

[684] MIRANDA COUTINHO. *A Lide e o conteúdo do processo penal...*, p. 18.

[685] "Assim como o médico, enganado por um sintoma, polariza a sua indagação para descobrir a sintomatologia que não existe no caso especial e não observa fenómenos que lhe teriam indicado o verdadeiro caminho, também o magistrado, devido à imperfeição dos seus órgãos dos sentidos e ao daltonismo determinado por uma convicção apriorística, tem uma visão lacunar e unilateral dos acontecimentos. Por conseguinte, principia por ser diferente o material acerca do qual deve proferir-se o julgamento, em virtude da diversa personalidade do juiz, visto nós julgarmos só aquilo que, através da percepção, entrou no domínio da nossa consciência; ora, como já vimos amplamente, os nossos órgãos dos sentidos têm diferente sensibilidade, conforme as opiniões já existentes no nosso patrimônio intelectual. Efectivamente, a percepção só é possível se a nossa atenção vier a fixar-se sôbre um determinado acontecimento; ora a atenção é regulada pelo interêsse, é dominada pela especial orientação da nossa mentalidade. De modo que o juiz seleciona o material sôbre que deve proferir o seu julgamento, antes de submetê-lo ao seu exame". ALTAVILLA, Enrico. *Psicologia Judiciária. Volume 4°. O Advogado, o Ministério Público e o Juiz.* Trad. Fernando de Miranda. São Paulo: Livraria Acadêmica. Saraiva, 1946, p. 129-130.

[686] Trabalhando sob a perspectiva da óptica psicanalítica, ASÚA, há muito, ponderava, de forma ousada: "Para evitar esta 'actuación neurótica' de los jueces, dice que lo mejor es evitar que éstos 'tengan personalidad neurótica; o dicho a la inversa, tratar que las personalidades neuróticas no lleguen a ser jueces'. Por eso insinuamos que – supuesta la existencia de un instituto para formación de magistrados – se someta a los candidatos, antes de su alta investidura, a un estudio psicológico de su personalidad". ASÚA, Luis Jiménez de. *Psicoanalisis Criminal.* Buenos Aires: Editorial Losada, 1942, 3. ed., p. 201-202. Hodiernamente, PRADO, invocando com a perspectiva da Psicologia Analítica, e comentando propositura de NALINI, aduz: "Por ser muito árduo o exercício da judicatura (...) Renato Nalini – que menciona a existência de crises psicológicas rotineira – chega a sugerir a implantação de um mecanismo de acompanhamento dos julgadores (preventivo, quando possível) e de desenvolvimento pessoal. A terapia, para ele, neutralizaria as influências do estresse, causado pelo exercício profissional, além de debelar eventuais sintomas". PRADO, Lídia Reis de Almeida. op. cit., p. 110.

uma nova e oxigenada estrutura de seleção para a investidura no cargo e, visionando de forma mais abrangente, com uma nova e oxigenada epistemologia jurídica que leve em conta, necessariamente, uma perspectiva interdisciplinar[687]. O *status quo* dogmático-epistemológico que, na raiz da formação do "operador jurídico",[688] sedimenta a imagética de julgador que inunda o *senso comum teórico* (Warat, Nalini), possui como efeito colateral a fertilização do campo psíquico para a *inflação* do *Ego* e o fomento da acoplagem *arquetípica* a um ou outro *papel* desejado. Por isso, compreendemos a proposta em tela como uma medida essencialmente paliativa, mas consideravelmente necessária em função do quadro verificado.[689]

Até porque, vale lembrar, que é emblemática, quando não irônica e mesmo *inerente*, a ilustração cabível da ausência de equilíbrio psíquico, mais visível do que nunca em meio aos bancos acadêmico-jurídicos: "Vale dizer que, em nenhum dos outros cursos, observam-se tanto esmero nas aparências dos alunos e tanto empenho em atos transgressivos".[690]

[687] "O fenômeno jurídico não pode dispensar a presença do homem. Uma visão prospectiva do direito e, em especial, do direito processual penal, faz-se mister. Mas, para tanto, não é só necessário a admitir ao jurista – e em especial ao juiz – a criação do direito, como também abrir as portas à interdisciplinaridade, sob pena de não conseguirmos entender o processo de desabrochamento do mesmo e seus efeitos" MIRANDA COUTINHO. *A Lide e o conteúdo do processo penal...*, p. 139. Nesse mesmo sentido, PRADO, Lídia Reis de Almeida. Op. cit., p. 108-113.

[688] "(...) as dificuldades sociais não mais permitem um Direito meramente descritivo, ainda que o espaço de manipulação retórica do discurso democrático fosse – e siga sendo – imenso, com reflexos evidentes no ensino e nas estruturas subjetivas, nas pessoas que se formam. Daí que não se formava – e em grande medida se segue não formando – gente com capacidade transformadora e, portanto, crítica, ou seja, capaz de, por uma análise aberta, colocar em crise o que está dado, de modo a buscar promover uma transformação para melhor". MIRANDA COUTINHO, Jacinto Nelson de. "Dogmática crítica e limites lingüísticos da Lei" in *Crítica à Dogmática: dos bancos acadêmicos à prática dos Tribunais. Revista do Instituto de Hermenêutica Jurídica. Volume 1, n. 3.* Porto Alegre: Instituto de Hermenêutica Jurídica, 2005, p. 39.

[689] "Faz-se, por seu turno, o enterro definitivo da malfadada – porque enganadora – segurança jurídica. Em seu lugar, como parece sintomático, faz-se mister investir na formação dos intérpretes, principalmente dos magistrados, tratando-se de aportar conhecimentos que permitam um melhor trato de si mesmo. Neste aspecto, a Psicanálise é fundamental, por um lado porque denuncia como impossível qualquer atribuição prévia de sentido às palavras resultantes do ato interpretativo, como já se disse, por força das metáforas e metonímias (...) Por outro aspecto, o conhecimento da teoria psicanalítica – e da terapêutica, se for o caso, permite um maior domínio do sujeito e, assim, pode ser que propicie a sublimação. Ela – e outros mecanismos do gênero – não é a solução; mas nada de melhor se tem para o lugar". MIRANDA COUTINHO, "Dogmática crítica e limites lingüísticos da Lei"..., p. 43. Não se descuida do fato de que o autor fala da *Psicanálise*, especificamente, mas temos em conta que sua explanação, independentemente da escola a ser adotada, de seus conceitos particulares e do método terapêutico a ser por ela utilizado, se coaduna com o que aqui ora é proposto. Não nos furtamos, igualmente, de uma visão crítica do conceito psicanalítico da *sublimação*, mas trazer nova carga às considerações já feitas sobre o tema (Cf. nossos tópicos 2.2 e 2.3 do Capítulo 2, supra), aqui, se mostraria demasiado inoportuno

[690] "Algumas observações antigas me intrigam. Comecemos pelas mais simples e pelas mais próximas: por que ser· que, durante cinco anos letivos, os jovens alunos do curso de Direito da PUC se fantasiam como velhos senhores e senhoras, numa 'compostura' que nem sempre se justifica pelas exigências dos estágios para, no final do curso e num dia a isso consagrado, atirarem-se aos maiores desregramentos, praticando vandalismos, inundando os corredores, destruindo móveis e imóveis, desrespeitando funcionários e professores? Por que será que os alunos de todos os cursos de Direito, igualmente trajados no mais convencional dos estilos, institucionalizaram o dia da grande infração ('dia do pendura'), comendo e bebendo ilimitadamente e recusandu-se a pagar as contas? Muitos acabam indo presos, o que d· ao episódio um final particularmente feliz. Vale dizer que, em nenhum dos outros cursos, observam-se tanto esmero nas aparências dos alunos e tanto empenho em atos transgressivos. Um pouco de história põe mais lenha nesta fogueira. Convém recordar que, se o primeiro curso de Direito em São Paulo data de 1828 – tratava-se de formar quadros administrativos para a jovem Nação e, mais que isso, de facilitar o acesso das elites aos lustros da cultura européia e, já na década seguinte os que estudavam

DECISÃO JUDICIAL NOS CRIMES SEXUAIS   **181**

Logicamente se tem em conta de que a perspectiva mítica (enquanto simbólico-religiosa – Eliade) e *arquetípica* (Jung) que temos do mundo, bem como as eclosões inconscientes que nosso (inerente) desequilíbrio energético pulsiona, deslocando, parcial ou totalmente, a racionalidade consciencial do *Ego*, não são passíveis de contenção ou controle.

Porém, mesmo a mera denúncia do problema já se mostra pródiga em gerar resultados positivos, ou mesmo em ajudar a impedir os resultados porventura negativos que da inafastável situação decorram, conforme Gorra:

> Mentre oggi tutti i giudici sono più o meno consapevoli che le loro decisioni sono in qualche modo permeati dalle personali ideologiche politiche o sociali, – il che da alcuni è considerata uma cosa giusta, da altri uma cosa da neutralizzare – pochi, invece, sono consapevoli che tutta la loro personalità e i loro preconcetti concorrono a determinare la loro attività decisionale ritenuta consistere in una serie di silogismi. Proprio per questo motivo, un'adeguato programma di formazione psicologica potrebbe fornire ai magistrati la consapevolezza di questi fattori di distorsione del giudizio. E a mio avviso, la semplice conoscenza deel'esistenza del problema potrebbe essere sufficiente a controlarne gli effeti negativi.[691]

A inexistência (ou, negação) de qualquer tentativa de aproximação ou mesmo consciência quanto ao problema ressaltado faz com que a potência da ritualística seja fomentada em um nível tal que corrobore temíveis consequências que, de um modo geral, sintetizam boa parte das ideias trabalhadas ao longo do texto ora apresentado – desdobradas em meio aos Capítulos através do estudo da obra de vários autores: a consciência funcional plenamente engolfada por uma visão *standard* fomentada pelo senso comum (*teórico* ou não); a deficiência da *alienação* epistemológica dos juristas; e, principalmente, uma autoimagem do julgador enquanto responsável não por gerir garantias constitucionais em meio ao processo, mas sim por agir enquanto representante (*arquetípico?*) de um ideal de "justiça"[692] (simbólica) que pode não ser mais do que sintoma de representação de uma busca inegavelmente particular e interna, apenas exteriorizada no ato de julgar

---

as leis se notabilizavam pelas arruaças, pelas insolências, pelas infrações à ordem e aos bons costumes, a que não faltaram profanações de cadáveres e orgias em cemitérios (cf. Morse, 1970). No plano das idéias, durante a segunda metade do século XIX, a essa duplicidade comportamental correspondia uma dupla vinculação à modernidade: ao Iluminismo doutrinário dos nossos doutores em leis vinha-se somar e a se contrapor o fascínio pelos valores e pelas poses transgressivas do Romantismo, o fascínio, por exemplo, pela figura de Byron. Havia, entre outras coisas do gênero, uma organização dos estudantes de Direito chamada 'Sociedade Epicuréia', cujos membros procuravam viver à maneira de Byron 'mas com tal exagero que fizeram de seu protótipo uma caricatura e caíram na degeneração, entregando-se a orgias e excessos físicos de toda espécie e a um culto mórbido da morte' (Morse, 1970, p. 125)". FIGUEIREDO, Luís Cláudio. "A Lei é dura, mas...(para uma clínica do legalismo e da repressão)" in *Revista da Associação Psicanalítica de Porto Alegre. N. 19 / Outubro.* Porto Alegre: Appoa, 2000, p. 84.

[691] GORRA (intervenção) in DE CATALDO NEUBURGER, op. cit., p. 189.

[692] "Misto de inquisidor e carcereiro, o juiz criminal brasileiro, o juiz criminal brasileiro vai convivendo com essa inadmissível contradição, transformando-se de custos libertatis, que sua razão de ser exige que seja, em mero placitador de atos policiais". SUANNES, Adauto. *Os fundamentos éticos do devido processo penal.* São Paulo: Revista dos Tribunais, 2004, 2. ed. revista e ampliada, p. 391. Sobre a necessidade de afirmação constitucional do papel do julgador, no processo penal, enquanto (principalmente) gestor de garantias, ver BIZZOTTO, Alexandre. RODRIGUES, Andréia de Brito. *Processo Penal Garantista. Visão Constitucional e novas tendências.* Goiânia: AB Editora, 2003, 2. ed., especialmente p. 41 e seguintes.

São, enfim, reles nuanças do que gostaríamos de alinhavar como uma possível propositura construtiva, diante de uma pesquisa com declarados objetivos de *des-cobrir* (retirar a cobertura) de problemas nítidos que ganham evidência com a (tentativa de) uso do saber da Psicologia Analítica para uma leitura da lógica da função jurisdicional.

Reflexões finais

> *Nem todos os nossos pensamentos malévolos são determinados pelo diabo: alguns surgem durante a operação do nosso próprio julgamento.*
>
> Henrich Kramer e James Sprenger,
> *O Martelo das Feiticeiras – Malleus Maleficarum*[693]

> *Que as atrocidades, os horrores, que os mais odiosos crimes não mais te espantem, Eugênia; o que há de mais sujo, de mais infame e de mais proibido é o que melhor incita a imaginação...e é sempre o que nos faz descarregar mais deliciosamente.*
>
> Marquês de Sade, *A Filosofia na Alcova (os preceptores imorais).*[694]

Preferimos nomear estas considerações finais sob a égide do título de "reflexões", eis que cremos tarefa ingrata a elaboração de uma conclusão obtida ao fim da digressão. Diante da pluralidade de temáticas trabalhadas (não obstante o eixo comum investigativo que permeia o trabalho), pois, fica aberta possibilidade de existência de núcleos diversos de resultados alcançados que podem ter melhor visualização se desdobrados no exato caminho traçado pelas propostas e doutrinas utilizadas como suporte.

Não há como deixar de levar em conta o fato de que o trabalho sempre teve como intuito exibir um problema (por nós considerado integrante do panteão de temas vitais dentre o Processo Penal), e demonstrar possíveis resultados da falta de observância quanto a esse problema (a necessidade de abertura epistemológica do Direito, aqui, abordada sob o aspecto da atuação jurisdicional e sua ritualística própria), muito mais do que pretender uma solução definitiva (se é que há soluções definitivas) para ele. Desse modo, uma leitura global do texto talvez conduza o leitor ao ponto por nós desejado, e faça com que seja perceptível que, apresentadas as premissas nos Capítulos 1 e 2, o Capítulo 3 funcione exatamente como uma conclusão (ou síntese) do(s) pensamento(s) trabalhado(s), uma vez que os coloca em choque para extrair o cerne da argumentação e da exposição pretendidas.

---

[693] KRAMER e SPRENGER, op. cit., p. 95.

[694] SADE, Marquês de (Donatien Alphonse François de Sade). *A Filosofia na Alcova (os preceptores imorais).* Trad. Mary Amazonas Leite de Barros. São Paulo: Círculo do Livro, 1992, p. 68.

Contudo, para fazer um delineamento final de nossa caminhada até este ponto, mantendo-se a lógica tridimensional da estrutura da pesquisa (Filosofia-Psicologia--Decisão Judicial), manifestamos, nesse instante três pilares que devem ser entendidos ao mesmo tempo enquanto um fechamento (definitivo) para o texto (e não para o tema tratado, logicamente, para não cair em flagrante contradição com nossa orientação de crítica à pretensão de completude racional-científica), como enquanto novas pontes para uma reflexão pós.

Eis que:

a) verificou-se, filosoficamente, uma total impossibilidade de apreensão e transmissão cognitiva de forma inteiramente *neutra* e desvinculada de aspectos representativos da subjetividade do indivíduo cognoscente/transmissor. Para além de uma equivocada noção que jamais teve como possuir o reforço de uma comprovação cabal empírica ou fática, o *sujeito* cientista *neutro* é muito mais uma construção idealizada por *epistemes* paradigmáticas que com ela se mostravam coniventes (do ponto de vista de uma História das Ideias) do que uma realidade crível, não se sustentando, a ideia, diante de um embate filosófico-crítico mínimo (o que hoje é corroborado, igualmente pelo saber das neurociências, bem como pelas hodiernas teorias psicológicas). Não obstante essa verificada incongruência na crença em um modelo científico de sujeito cognoscente neutro, a epistemologia jurídica segue trabalhando nos moldes de uma *filosofia da consciência* de forte (ainda que velada, omitida ou mesmo despercebida) inspiração *cartesiana*: a preparação-padrão para o exercício da atividade jurisdicional (sobretudo jurisdicional-decisória) é pródiga em desconsiderar a problemática psíquico-subjetiva da pessoa do Magistrado, e permite a entrada no mercado de profissionais forjados em um delineamento essencialmente técnico-legalista, na maioria das vezes, sem um necessário reforço doutrinário de ordens deontológica e zetética e sem serem dotados de qualquer postura crítica quanto à importância da discussão sobre a (im)possibilidade de *neutralidade* no exercício das funções atinentes à própria atividade-fim. Ao contrário: a problemática, na maioria das vezes, é sonegada da agenda "necessária" de discussão;

b) a descoberta *freudiana* da psicologia do inconsciente forneceu o substrato definitivo para que a premissa (fundamentalmente aquela *cartesiana*) de supremacia racional fosse posta em cheque. A Psicanálise se manifesta na direção contrária, e comprova que o sujeito pensante igualmente "existe" onde sua Razão não exerce a consciência-de-si desse pensamento pensante. A estruturação psicanalítica *freudiana* quanto à existência de uma camada psíquica *inconsciente* causou impacto profundo e irreversível na *episteme* da virada do século XIX para o XX e se tornou a partir de então, premissa passível de *sempre* ser levada em conta em qualquer área do conhecimento, máxime em uma área como o Direito, e de forma especial na atividade jurisdicional decisória, onde o objeto de investigação é a própria capacidade intelectual humana para definir uma controvérsia por meio do exarar de um julgamento. Optou-se por trabalhar de forma mais centrada, com a

Psicologia Analítica *junguiana*, pois, ao contrário de apreensões precipitadas comumente encontradas, não tratou de suplantar ou contraditar o saber psicanalítico através de uma negação da estrutura do modelo *freudiano*. Jung procurou uma releitura dos postulados de Freud e contribuiu para o avanço conceitual da própria Psicanálise ao estipular categorias que paulatinamente foram ganhando contornos desvinculados das premissas *freudianas* originais. Suas divergências conceituais, em maioria, são fruto mais de um desdobramento e de uma modernização dos conceitos da Psicanálise tradicional·do que de uma teoria de combate àquela. A principal contribuição de Jung foi a de trabalhar a *intencionalidade inconsciente*. Isto é: há um *finalismo* nas manifestações e erupções de cargas psíquicas inconscientes, e ele tende sempre ao equilíbrio energético de seus conteúdos. A possibilidade do autoconhecimento psíquico pode ajudar o indivíduo a trazer à tona elementos de conteúdos inconscientes inferiores (não manifestos) para que sejam trabalhados de forma tendente à manutenção de uma economia psicológica saudável. Caracteres psíquicos antagônicos entre si devem, nessa esteira, conviver em meio à esfera volitiva (*Ego*) da pessoa, de forma a merecerem sua parcela gradativa de exteriorização. A ausência desse processo de autoconhecimento psíquico faz com que a gradação na manifestação dos conteúdos inferiores e/ou reprimidos seja caótica e desordenada, se notabilizando por eclosões díspares e manifestações de *complexos* que podem assumir o lugar da Razão consciente (*egóica*) e dominar a atitude volitiva do indivíduo;

c) através da óptica da Psicologia Analítica, se pode partir para um campo de análise diferenciada da atividade jurisdicional decisória, com base no fato de que o texto do *decisum* pode servir de mero escopo psicológico para o julgador enfrentar e/ou sucumbir diante dos efeitos do desequilíbrio entre os elementos que constituem sua esfera psíquica. A partir daí, pôde-se concluir que o conteúdo decisório, fundamentalmente a absolvição ou a condenação do réu submetido a julgamento, pode ser repleto de uma carga subjetiva e da ação de mecanismos discursivos inconscientes, que têm condições de forçar o Magistrado no sentido de uma ou outra hipótese decisória, tendo, todo o arcabouço probatório processual, facilidade de passível utilização sub-repticiamente coordenada por fatores fugidios à esfera de percepção consciente do indivíduo. Uma abordagem como essa e um *pensar* em alternativas *a partir* disso, sabemos, se mostram custosos a toda lógica jurídica e seu entrelaçamento profundo com uma paradigmática *racionalista* (no instante em que tem em todo seu cerne vinculado, exclusivamente, à uma visão de sujeito eminentemente consciente – a uma *Filosofia da Consciência*). Cremos, porém, que a mera assunção da problemática, a simples busca por otimização e mesmo o *tempero* da epistemologia jurídica "clássica" com elementos profundamente úteis (em verdade: indispensáveis) do saber psicológico e filosófico (principalmente quanto ao Processo Penal, e o caráter procedimental-dinâmico de seus "personagens") já é indício, não de solução para o problema (insolúvel em *toda* sua dimensão), para uma vitoriosa política de *redução de danos* e *qualificação* na busca por um Processo Penal mais justo e adequado à sua função democrática (por nós assim entendida) de instrumento de garantia dos valores e princípios constitucionais.

Se, para Merleau-Ponty, faltam ao olho condições para ver o mundo na sua integralidade, assim como faltam à tela do pintor condições para espelhar o que o olho viu, entendemos que essas *faltas* não refletem unicamente uma ausência, senão que uma presença de algo que chega para suprir, de algum modo e com alguma coisa, a impossibilidade de se atingir o todo. Mesmo sem a completude de possibilidades de representação, seguimos apre(e)ndendo e retratando o que vemos. Não há vácuo com a impossibilidade de captar o todo, em nossa opinião: há o *preencher* dos espaços de incapacidade com algo que está, já, no olho, e dele brota para ir legado à tela a ser colorida.

Cabe a nós investigar do que é feita essa *presença*, com o que é *preenchido* esse espaço, para que com esses elementos possamos trabalhar em (maior) harmonia, uma vez que, não obstante toda a dor da incompletude, precisamos seguir *olhando* para o mundo.

E *pintando* quadros.

Bibliografia consultada

ABRAHAMS, Jeremiah. SWEIG, Connie. Introdução: o lado da sombra na vida cotidiana. In: ABRAHAMS, Jeremiah. SWEIG, Connie (Orgs.). *Ao encontro da sombra. O potencial oculto do lado escuro da natureza humana.* 4. ed. Tradução de Merle Scoss. São Paulo: Cultrix, 2004.

AGUIAR JÚNIOR, Ruy Rosado de. *Aplicação da Pena.* Aula proferida no Curso de Preparação ao Concurso de Juiz de Direito – Escola Superior da Magistratura/RS. Texto básico ampliado e atualizado em março de 2002. 3. ed. Porto Alegre: Ajuris, 2002.

ALEXANDER, Franz. STRAUB, Hugo. *Psicologia Judiciária:* Os Criminosos e seus Juízes. Tradução de Leonídio Ribeiro. Rio de Janeiro: Guanabara Waissman-Koogan, 1934.

ALMEIDA, Angela Mendes de. *O Gosto do Pecado:* Casamento e sexualidade nos manuais de confessores dos séculos XVI e XVII. 2. ed. Rio de Janeiro: Rocco, 1993.

ALPA, Guido. *L'Arte di Giudicare.* Roma: Laterza, 1996.

ALQUIÉ, Ferdinand. *A filosofia de Descartes.* Tradução de M. Rodrigues Martins. Lisboa: Presença, 1993.

ALTAVILLA, Enrico. *Psicologia Judiciária.* Tradução de Fernando de Miranda. São Paulo: Saraiva, 1946. (O Advogado, o Ministério Público e o Juiz, v. 4).

ANDRÉS IBÁÑEZ, Perfecto. *Valoração da Prova e Sentença Penal.* Tradução de Lédio Rosa de Andrade, Carmen Freitas e Wilson Demo. Rio de Janeiro: Lumen Júris, 2006.

ANSELL-PEARSON, Keith. *Nietzsche como pensador político:* Uma introdução. Tradução de Mauro Gama e Claudia Martinelli. Rio de Janeiro: Jorge Zahar Ed., 1997.

ANTISERI, Dario. REALE, Giovani. *História da Filosofia.* Tradução de Ivo Storniolo. 6. ed. São Paulo: Paulus, 1990. v. II.

ARAGONESES ALONSO, Pedro. *Instituciones de Derecho Procesal.* Madrid: Rubí, 1976.

––––––. *Sentencias congruentes:* Pretensión, oposición, fallo. Madrid: Aguilar, 1957.

ARMANI, Carlos Henrique. O *front* como experiência da temporalidade: crise da civilização, falência representacional e alteridade. In: GAUER, Ruth M. Chittó (Org). *Estudos Ibero-Americanos.* Porto Alegre: Edipucrs, 2006. (Edição Especial, n. 2).

ASSIS, Machado de. O Espelho. In: *PAPÉIS Avulsos.* Rio de Janeiro: W. M. Jackson Eds., 1937.

ASSIS TOLEDO, Francisco. *Princípios Básicos de Direito Penal.* 4. ed. São Paulo: Saraiva, 1991.

ASÚA, Luis Jiménéz de. *Psicoanalisis Criminal.* 3. ed. Buenos Aires: Losada, 1942.

AZEVEDO, Plauto Faraco de. Juiz e Direito: rumo a uma hermenêutica material. *Revista da Ajuris,* Porto Alegre: Ajuris, ano XV, n. 43, 1988.

BARATTA, Alessandro. *Criminologia Crítica e Crítica do Direito Penal. Introdução à sociologia do Direito Penal.* Tradução de Juarez Cirino dos Santos. 3. ed. Rio de Janeiro: Revan/Instituto Carioca de Criminologia, 2002.

BARRETO, Plínio. "A obrigatoriedade do uso da toga" (transcrição de O Espírito Santo Judiciário). In: *DEONTOLOGIA do Magistrado, do Promotor de Justiça e do Advogado. Decálogos, Mandamentos, Preces, Máximas e Pensamentos.* Rio de Janeiro: Forense, 1992.

BARZOTTO, Luis Fernando. *O Positivismo Jurídico Contemporâneo:* uma introdução a Kelsen, Ross e Hart. São Leopoldo: Unisinos, 2004.

BAUMER, Franklin Le Van. *O Pensamento Europeu Moderno.* Tradução de Maria Manuela Alberty. Lisboa: Edições 70, 1977. (Séculos XVII e XVIII, v. I).

––––––. *O Pensamento Europeu Moderno. Volume II. Séculos XIX e XX.* Tradução de Maria Manuela Alberty. Lisboa: Edições 70, 1977.

BECCARIA, Cesare. *Dos delitos e das penas.* Tradução de Lucia Guidicini. São Paulo: Martins Fontes, 2002.

BENETI, Sidnei Augusto. *Da conduta do Juiz*. 2. ed. rev. São Paulo: Saraiva, 2000.

BIRMAN, Joel. *Mal-estar na atualidade: A psicanálise e as novas formas de subjetivação*. 2. ed. Rio de Janeiro: Civilização Brasileira, 2000.

————. O Arquivo da Psicanálise. *Revista Viver Mente & Cérebro*, São Paulo: Ediouro, 2005. (Edição Especial: Jung: A psicologia analítica e o resgate do sagrado, n. 2; Coleção Memória da Psicanálise).

BITENCOURT, Cezar Roberto. *Tratado de Direito Penal*. 2. ed. rev. e atual. São Paulo: Saraiva, 2006. (Parte Especial, v. 4).

BITTENCOURT, Renato. *Freud & Jung*: A correspondência e os conflitos. Rio de Janeiro: Artenova, 1975.

BIZZOTTO, Alexandre; RODRIGUES, Andréia de Brito. *Processo Penal Garantista*: Visão Constitucional e novas tendências. 2. ed. Goiânia: AB, 2003.

BOFF, Leonardo. Inquisição: um espírito que continua a existir. In: EYMERICH, Nicolau. *Directorium Inquisitorum: Manual dos Inquisidores*. Escrito em 1376, revisto e ampliado por Francisco de la Peña em 1578. Tradução de Maria José Lopes da Silva. Rio de Janeiro: Rosa dos Tempos, 1993.

BORGES, Jorge Luis. GUERRERO, Margarita. *O Livro dos Seres Imaginários*. Tradução de Carmen Vera Cirne Lima. Rio de Janeiro: Globo, 2000.

BOSCHI, José Antônio Paganella. *Das penas e seus critérios de aplicação*. Porto Alegre: Livraria do Advogado, 2000.

BRASIL. Regimento Interno do Tribunal de Justiça do Rio Grande do Sul. Art. 2°, "Das disposições iniciais". 5. ed. Porto Alegre: Livraria do Advogado, 2000.

————. Tribunal de Justiça do Estado de Goiás. Acórdão em Apelação Criminal, N° 25220-2/213 (200400100163). Relator Des. Paulo Teles. Goiânia, 29 de junho de 2004.

————. Tribunal de Justiça do Estado de Goiás. Acórdão em Apelação Criminal, N° 14258-0/213. Relator Des. João Canedo Machado. Goiânia, 22 de novembro de 1994.

————. Tribunal de Justiça do Estado de Goiás. Acórdão em Recurso em Sentido Estrito, N° 818-2/220. Relator Des. José Lenar de Melo Bandeira. Goiânia, 24 de agosto de 2004.

————. Tribunal de Justiça do Estado de Minas Gerais. Acórdão em Apelação Criminal, N° 1.0024.01.604182-4/001(1) Relator Des. Armando Freire. Belo Horizonte, 31 e março de 2005.

————. Tribunal de Justiça do Estado do Rio Grande do Sul. Acórdão em Apelação Criminal, N° 70009840273. Relatora Desa. Lúcia de Fátima Cerveira. Porto Alegre, 29 de novembro de 2006.

BRUM, Nilo Bairros de. *Requisitos retóricos da Sentença Penal*. São Paulo: Revista dos Tribunais, 1980.

CALAMANDREI, Piero. *Eles, os Juízes, vistos por um advogado*. Tradução de Eduardo Brandão. São Paulo: Martins Fontes, 2000.

————. *Instituições de Direito Processual Civil*. Tradução de Douglas Dias Ferreira. 2. ed. Campinas: Bookseller, 2003.

CAMPBELL, Joseph; MOYERS, Bill. *O poder do mito*. Tradução de Carlos Felipe Moisés. São Paulo: Palas Athena, 1990.

CAMUS, Albert. *A Queda*. Tradução de Valerie Rumjaneck. 6. ed. Rio de Janeiro: Record, 1990.

CAPEZ, Fernando. *Curso de Direito Penal*. São Paulo: Saraiva, 2007. v. 3.

————. ————. 13. ed. rev. e atual. São Paulo: Saraiva, 2006.

CAPPELLETTI, Mauro. A ideologia no Processo Civil. Tradução de Athos Gusmão Carneiro. *Revista da Ajuris*, Porto Alegre: Ajuris, ano VIII, n. 23, 1981.

CAPRA, Fritjof. *O Ponto de Mutação*: A ciência, a Sociedade e a Cultura emergente. Tradução de Álvaro Cabral. 8. ed. São Paulo: Cultrix, 1997.

CARNELUTTI, Francesco. *As Misérias do Processo Penal*. Tradução de José Antônio Cardinalli. 2. ed. Campinas: Bookseller, 2002.

————. *Lições sobre o Processo Penal*. Tradução de Francisco José Galvão Bruno. Campinas: Bookseller, 2004. v. 2.

————. ————. Tradução de Francisco José Galvão Bruno. Campinas: Bookseller, 2004. v. 4.

————. Verità, Dubbio, Certeza. *Rivista di Diritto Processuale*, Padova: CEDAM, n. 1, 1965.

CARVALHO, Amilton Bueno de. As majorantes nos crimes sexuais violentos. In: ————; CARVALHO, Salo de. *Aplicação da Pena e Garantismo*. , 3. ed. ampl. Rio de Janeiro: Lumen Juris, 2004.

————. Jurista Orgânico: uma contribuição. *Revista da Ajuris*, Porto Alegre: Ajuris, ano XV, n. 42, 1988.

————. O (im)possível julgar penal. *Revista de Estudos Criminais*, Sapucaia do Sul: Notadez, ano VII, n. 24, 2007.

————. O Juiz e a Jurisprudência: um desabafo crítico. In: BONATO, Gilson (Org.). *Garantias Constitucionais e Processo Penal*. Rio de Janeiro: Lumen Juris, 2002.

CARVALHO, Salo de. A Ferida Narcísica do Direito Penal (primeiras observações sobre as (dis)funções do controle penal na sociedade contemporânea). In: GAUER, Ruth M. Chittó (Org.). *A qualidade do tempo: para além das aparências históricas.* Rio de Janeiro: Lumen Juris, 2004.

———. Aplicação da pena no Estado Democrático de Direito: Postulados Garantistas. In: CARVALHO, Amilton Bueno de; CARVALHO, Salo de. *Aplicação da Pena e Garantismo.* 3. ed. ampl. Rio de Janeiro: Lumen Juris, 2004.

———. Da Necessidade de Efetivação do Sistema Acusatório no Processo de Execução Penal. In: CARVALHO, Salo de (Org.). *Crítica à Execução Penal.* 2. ed. rev. ampl. e atual. Rio de Janeiro: Lumen Juris, 2006.

———. Revisita à Desconstrução do Modelo Jurídico Inquisitorial. In: WOLKMER, Antônio Carlos. *Fundamentos de História do Direito.* 3. ed. Belo Horizonte: Del Rey, 2006.

CINTRA, Antônio Carlos de Araújo; GRINOVER, Ada Pelegrini; DINAMARCO, Cândido Rangel. *Teoria Geral do Processo.* 22. ed. São Paulo: Malheiros, 2005.

CLONINGER, Susan C. *Teorias da Personalidade.* Tradução de Claudia Berliner. São Paulo: Martins Fontes, 1999.

COELHO, Luiz Fernando. *Teoria Crítica do Direito.* Curitiba: HDV, 1987.

CORDERO, Franco. *Procedura Penale.* 5. ed. Milano: Giufré, 2000.

COSTA JÚNIOR, Paulo José da. *Direito Penal Objetivo:* Comentários atualizados ao Código Penal e ao Código de Propriedade Industrial. 3. ed. Rio de Janeiro: Forense Universitária, 2003.

COTTINGHAM, John. *Dicionário Descartes.* Tradução de Helena Martins. Rio de Janeiro: Jorge Zahar, 1995.

COUTURE, Eduardo J. *Introdução ao estudo do Processo Civil.* Tradução de Mozart Victor Russomano. 3. ed. Rio de Janeiro: Forense, 2004.

CRUSIUS, Gláucia Facchini. *O Juiz:* da norma à vida – A aplicação do direito pelo Juiz. Porto Alegre: PUCRS, 2002. Dissertação (Mestrado em Direito), Faculdade de Direito, Pontifícia Universidade Católica do Rio Grande do Sul, 2002.

CUNHA PEREIRA, Rodrigo da. *Direito de Família:* A sexualidade vista pelos Tribunais. 2. ed. rev. e atual. Belo Horizonte: Del Rey, 2001.

D'AVILA, Fábio Roberto. Reflexões sobre o Homem Médio na estrutura dogmática do Crime Culposo. In: GAUER, Gabriel J. Chittó; GAUER, Ruth Maria Chittó (Orgs.). *A Fenomenologia da Violência* Curitiba: Juruá, 2000.

DAMÁSIO, António R. *O Erro de Descartes:* Emoção, razão e o cérebro humano. Tradução de Dora Vicente e Georgina Segurado. São Paulo: Companhia das Letras, 1996.

DE CATALDO NEUBURGER, Luisella. *La Psicologia per un Nuovo Processo Penale.* Padova: CEDAM, 1987.

DESCARTES, René. Discurso do Método: Para bem conduzir a própria razão e procurar a verdade nas ciências. In: *OS PENSADORES – XV.* Tradução de J. Guinsburg e Bento Prado Júnior. São Paulo: Abril, 1973.

———. Meditações concernentes à Primeira Filosofia nas quais a existência de Deus e a distinção real entre a alma e o corpo do homem são demonstradas. In: *OS PENSADORES – XV.* Tradução de J. Guinsburg e Bento Prado Júnior. São Paulo: Abril, 1973.

———. *Regras para a Direção do Espírito.* Tradução de João Gama. Lisboa: Edições 70, 1989.

DIAS, Maria Berenice. Estupro: um crime duplamente hediondo. *Revista Síntese de Direito Penal e Processual Penal,* Porto Alegre: Síntese, v. 2, n. 11, dez./jan. 2002.

DINAMARCO, Cândido Rangel. *Instrumentalidade do Processo.* 12. ed. São Paulo: Malheiros, 2005.

DIVAN, Gabriel Antinolfi. Informalização da Justiça Penal e formação técnica do Magistrado: questionamentos e contribuições para análises de viabilidade. In: AZEVEDO, Rodrigo Ghiringhelli de; CARVALHO, Salo de. *A Crise do Processo Penal e as novas formas de Administração da Justiça Criminal.* Sapucaia do Sul: Notadez, 2006.

DOTTI, René Ariel. A Criminalização do Assédio Sexual. *Revista dos Tribunais,* São Paulo: Revista dos Tribunais, ano 87, v. 752, jun. 1998.

ELIADE, Mircea. *Mito e Realidade.* Tradução de Polla Civelli. 6. ed. São Paulo: Perspectiva, 2006.

ESPÍNOLA, Eduardo; ESPÍNOLA FILHO, Eduardo. *A Lei de Introdução do Código Civil Brasileiro.* 3. ed. Rio de Janeiro: Renovar, 1999. v. 1.

FABRÍCIO, Adroaldo Furtado. O Juiz e o poder. *Revista da Ajuris,* Porto Alegre: Ajuris, ano XI, n. 31, 1984.

FERRAJOLI, Luigi. *Derecho y Razón:* Teoría del garantismo penal. Tradução de Perfecto Andres Ibáñez *et alii.* 4. ed. Madrid: Trotta, 2000.

FERRARA, Francesco. *Como aplicar e interpretar as leis.* Tradução do *Tratatto de Diritto Civille Italiano* por Joaquim Campos de Miranda. Belo Horizonte: Lider, 2002.

FERRAZ JÚNIOR, Tércio Sampaio. *Introdução ao estudo do Direito.* São Paulo: Atlas, 1994.

FERREIRA, Éder. A Hermenêutica Jurídica na obra de Francesco Ferrara: uma (re)leitura do *Tratatto de Diritto Civille Italiano. Revista UNIJUS*, Uberaba: Universidade de Uberada, v. 7, n.1, 2004.

FERREIRA, Odim Brandão. *Laiaali*: A universalidade do problema hermenêutico. Porto Alegre: Sergio Fabris, 2001.

FIGUEIRA, Francisco Bernardo. O Juiz. Sua conduta no Foro e na Sociedade. *Revista da Ajuris*, Porto Alegre: Ajuris, ano X, n. 29, 1983.

FIGUEIREDO, Débora de Carvalho. Vítimas e vilãs, "monstros" e "desesperados": Como o discurso judicial representa os participantes de um crime de estupro. *Linguagem em (Dis)curso*, Tubarão: Unisul, v. 3, n. 1, 2002.

FIGUEIREDO, Luís Cláudio. A Lei é dura, mas... (para uma clínica do legalismo e da repressão). *Revista da Associação Psicanalítica de Porto Alegre*. Porto Alegre: Appoa, n. 19, out. 2000.

FIGUEIREDO DIAS, Jorge de (Dir.). *Comentário Conimbricense ao Código Penal.* Coimbra: Coimbra, 1999. (Parte Especial, Tomo I).

FOGEL, Gilvan. *Conhecer é Criar.* Um ensaio a partir de F. Nietzsche. São Paulo: Discurso; Ijuí: Unijuí, 2003.

FOUCAULT, Michel. *A verdade e as formas jurídicas.* Tradução de Roberto Cabral de Melo Machado e Eduardo Jardim Morais. 3. ed. Rio de Janeiro: NAU, 2003.

————. *História da Loucura na Idade Clássica.* Tradução de J• T. Coelho Netto. 7. ed. São Paulo: Perspectiva, 2004.

————. *Vigiar e Punir.* História da violência nas prisões. Tradução de Raquel Ramalhete. 28. ed. Petrópolis: Vozes, 2004.

FREUD, Sigmund. A Sexualidade na etiologia das neuroses. In: *OBRAS completas de Sigmund Freud.* Tradução de Margarida Salomão. 3. ed. Rio de Janeiro: Imago, 1994. v. II.

————. *Além do Princípio do Prazer.* Tradução de José Rubens Siqueira. Rio de Janeiro: Imago, 2003.

————. Esboço de Psicanálise. In: *OBRAS completas de Sigmund Freud.* Tradução de José Octávio de Aguiar Abreu. 2. ed. Rio de Janeiro: Imago, 1988. v. XXIII.

————. Interpretação dos Sonhos: Tomo I. In: *OBRAS Completas de Sigmund Freud.* Tradução de Walderedo Ismael de Oliveira. Rio de Janeiro: Delta, 1978. v. III.

————. Moisés e o Monoteísmo. Três Ensaios. In: *Obras completas de Sigmund Freud.* Tradução de José Octávio de Aguiar Abreu. Rio de Janeiro: Imago, 1988. 2. ed. v. XXIII.

————. O Ego e o Id. In: *OBRAS completas de Sigmund Freud.* Tradução de Jayme Salomão. Rio de Janeiro: Imago, 1975. v. XIV.

————. *O Futuro de uma ilusão.* Tradução de José Octávio de Aguiar Abreu. Rio de Janeiro: Imago, 1997.

————. *O Mal-estar na civilização.* Tradução de José Octávio de Aguiar Abreu. Rio de Janeiro: Imago, 2003.

————. Totem e Tabu: Alguns Pontos de Concordância Entre a Vida Mental dos Selvagens e dos Neuróticos. In: *EDIÇÃO Standard Brasileira das Obras Psicológicas Completas de Sigmund Freud.* Tradução de J. P. Porto. Rio de Janeiro: Imago, 1974. v. XIII.

————. *Três ensaios sobre a Teoria da Sexualidade.* Tradução de Paulo Dias Correia. Rio de Janeiro: Imago, 1997.

————. Uma dificuldade no caminho da Psicanálise. In: *OBRAS completas de Sigmund Freud.* Tradução de Eudoro Augusto Macieira de Souza. Rio de Janeiro: Imago, 1976. v. XVII.

GARAPON, Antoine. *Bem Julgar.* Ensaio sobre o ritual judiciário. Tradução de Pedro Filipe Henriques. Lisboa: Piaget, 1999.

GARCIA-ROZA, Luis Alfredo. *Freud e o inconsciente.* 6. ed. Rio de Janeiro: Jorge Zahar, 1991.

GAUER, Ruth M. Chittó. Cumplicidade entre idéias científicas: História e Antropologia. *Histórica*, Porto Alegre: Edipucrs, n. 5, 2001.

————. Modernidade, Direito Penal e Conservadorismo Judicial. In: SCHMIDT, Andrei Zenkner (Coord.). *Novos rumos do direito penal contemporâneo*: Estudos em homenagem ao Prof. Dr. Cezar Roberto Bitencourt. Rio de Janeiro: Lumen Juris, 2006.

GIACOMOLLI, Nereu José. DUARTE, Liza Bastos. O mito da neutralidade na motivação das decisões judiciais: aspectos epistemológicos. *Revista da Ajuris*, Porto Alegre: Ajuris, Ano XXXIII, n. 102, 2006.

GIANULO, Wilson. *Novo Código Civil*: Explicado e Aplicado ao Processo. São Paulo: Jurídica Brasileira, 2003. v. I.

GIMENO SENDRA, Vicente; MORENO CATENA, Victor; CORTÉS DOMINGUEZ, Valentín. *Derecho Procesal Penal.* Madrid: Colex, 1996.

GOFFMAN, Erving. *Estigma*: Notas sobre a manipulação da identidade deteriorada. Tradução de Márcia Bandeira de Mello Leite Nunes. Rio de Janeiro: Zahar Eds., 1990.

GOMES FILHO, Antônio Magalhães. *A motivação das decisões penais.* São Paulo: Revista dos Tribunais, 2001.

GOMES, Luis Flávio. Presunção de violência nos crimes sexuais (enfoque crítico): 1ª Parte. *Revista Brasileira de Ciências Criminais*, São Paulo: Revista dos Tribunais, v. 15, 1996.

GRANGER, Gilles-Gaston. *A Razão*. Lisboa: Edições 70, 1985.

———. Introdução. In: *OS PENSADORES – XV*. Tradução de J. Guinsburg e Bento Prado Júnior. São Paulo: Abril, 1973.

GRAU, Eros Roberto. Eqüidade, Proporcionalidade e Princípio da Moralidade. *Revista do Instituto de Hermenêutica Jurídica*: Crítica à Dogmática: dos bancos acadêmicos à prática dos Tribunais, Porto Alegre: Instituto de Hermenêutica Jurídica, v. 1, n. 3, 2005.

GUGGENBÜHL-CRAIG, Adolf. O lado demoníaco da sexualidade. In: ABRAHAMS, Jeremiah; SWEIG, Connie (Orgs.). *Ao encontro da sombra*: O potencial oculto do lado escuro da natureza humana. Tradução de Merle Scoss. 4. ed. São Paulo: Cultrix, 2004.

GUIMARÃES, Isaac Sabbá. *Direito Penal Sexual*: Fundamentos & Fontes. Curitiba: Juruá, 2003.

GULOTTA, Guglielmo. Dinâmica Psicossocial da Decisão Judicial. Tradução de Jorge Trindade. *Fascículos de Ciências Penais*, Porto Alegre: Sergio Fabris Ed., ano 6, v. 6, n. 4, 1993.

HALL, Stuart. *A Identidade cultural na pós-modernidade*. Tradução de Tomaz Tadeu da Silva e Guacira Lopes Louro. Rio de Janeiro: DP&A, 2001.

HARTMANN, Helen. À guisa da Introdução. In: COUTINHO, Jacinto Nelson de Miranda (Coord.). *Direito e Psicanálise.*: Interseções a partir de "O Processo" de Kafka. Rio de Janeiro: Lumen Juris, 2007.

HUNGRIA, Nelson. *Comentários ao Código Penal*. Rio de Janeiro: Forense, 1978. v. I, Tomo II.

ISERHARD, Antônio Maria. *O Caráter vingativo da Pena*. Porto Alegre: Sergio Fabris Ed., 2005.

JACOBI, Jolande. *Complexo, Arquétipo, Símbolo, na Psicologia de C. G. Jung*. Tradução de Margit Martincic. 10. ed. São Paulo: Cultrix, 1995.

JAPIASSU, Hilton. *A crise da Razão e do Saber Objetivo*: As ondas do irracional. São Paulo: Letras & Letras, 1996.

———. *O Mito da Neutralidade Científica*. 2. ed. rev. e ampl. Rio de Janeiro: Imago, 1981.

———. *Psicanálise*: ciência , ou, Contraciência? Rio de Janeiro: Imago, 1989.

JUNG, Carl Gustav *et al*. *O Homem e Seus Símbolos*. Tradução de Maria Lúcia Pinho. Rio de Janeiro: Nova Fronteira, 1997.

———. A divergência entre Freud e Jung. In: *FREUD e a Psicanálise*. Tradução de Lúcia Mathilde Endlich Orth. 2. ed. Petrópolis: Vozes, 1990.

———. *A Energia Psíquica*. Tradução de Matheus Ramalho Rocha. 8. ed. Petrópolis: Vozes, 2002.

———. A Função Transcendente. In: *A DINÂMICA do Inconsciente*: Obras Completas de C. G. Jung. Tradução de Matheus Ramalho Rocha. Petrópolis: Vozes, 1984. v. VIII.

———. *Aion*: estudos sobre o simbolismo do Si-Mesmo. Tradução de Matheus Ramalho Rocha. 5. ed. Petrópolis: Vozes, 1998.

———. Considerações Teóricas sobre a Natureza do Psíquico. In: *A DINÂMICA do Inconsciente*: Obras Completas de C. G. Jung. Tradução de Matheus Ramalho Rocha. Petrópolis: Vozes, 1984. v. VIII.

———. *Memórias, Sonhos, Reflexões*. Tradução de Dora Ferreira da Silva. 22. ed. Rio de Janeiro: Nova Fronteira, 2004..

———. *Mysterium Coniunctionis*: pesquisas sobre a separação e a composição dos opostos na alquimia. Tradução de Waldemar do Amaral. Petrópolis: Vozes, 1990.

———. *O Eu e o Inconsciente*. Tradução de Dora Ferreira da Silva. 2. ed. Petrópolis: Vozes, 2004.

———. *Presente e Futuro*. Tradução de Márcia de Sá Cavalcante. 4. ed. Petrópolis: Vozes, 1999.

———. Psicologia Analítica e Cosmovisão. In: *A DINÂMICA do Inconsciente*: Obras Completas de C. G. Jung. Tradução de Matheus Ramalho Rocha. Petrópolis: Vozes, 1984. v. VIII.

———. *Psicologia do Inconsciente*. Tradução de Maria Luíza Appy. 2. ed. Petrópolis: Vozes, 1980.

———. *Psicologia e Religião Oriental*. Tradução de Maria Luíza Appy. São Paulo: Círculo do Livro, 1990.

———. *Símbolos da Transformação*. Tradução de Eva Stern. 2. ed. Petrópolis: Vozes, 1989.

JUNG, Carl Gustav. Tentativa de apresentação da teoria psicanalítica. In: *FREUD e a Psicanálise*. Tradução de Lúcia Mathilde Endlich Orth. 2. ed. Petrópolis: Vozes, 1990.

———; WILHELM, Richard. *O Segredo da Flor de Ouro. Um livro de vida chinês*. Tradução de Dora Ferreira da Silva e Maria Luíza Appy. 6. ed. Petrópolis: Vozes, 1990.

KAFKA, Franz. *O Processo*. São Paulo: Companhia das Letras, 2000.

KLOSSOWSKI, Pierre. *Nietzsche e o Círculo Vicioso*. Hortência S. Lencastre. Rio de Janeiro: Pazulin, 2000.

KRAMER, Henrich; SPRENGER, James. *Malleus Maleficarum*: O Martelo das Feiticeiras. Tradução de Paulo Fróes. Rio de Janeiro: Rosa dos Tempos, 1991.

KUHN, Thomas S. *A Estrutura das Revoluções Científicas*. Tradução de Beatriz Vianna Boeira e Nelson Boeira. São Paulo: Perspectiva, 1997.

LAFER, Celso. *A Reconstrução dos Direitos Humanos*. São Paulo: Companhia das letras, 1991.

LEGENDRE, Pierre. *O Amor do Censor*. Ensaio sobre a ordem dogmática. Tradução de Aluísio Menezes e Potiguara Mendes da Silveira Júnior. Rio de Janeiro: Forense Universitária/Colégio Freudiano, 1983.

LEONE, Giovanni. *Tratado de Derecho Procesal Penal*. Tradução de Santiago Sentís Melendo. Buenos Aires: Juridicas Europa-America, 1963. (Doctrinas Generales, v. I).

LOPES JÚNIOR, Aury. *Direito Processual Penal e sua Conformidade Constitucional*. Rio de Janeiro: Lumen Juris, 2007. v. 1.

———. *Introdução Crítica ao Processo Penal (Fundamentos da Instrumentalidade Garantista)*. Rio de Janeiro: Lumen Juris, 2004.

———. O Interrogatório On line no Processo Penal: entre a Assepsia Jurídica e o Sexo Virtual. *Revista de Estudos Criminais*, Sapucaia do Sul: Notadez, ano V, n. 19, 2005.

———. *Sistemas de Investigação Preliminar no Processo Penal*. 3. ed. revista ampliada e atualizada. Rio de Janeiro: Lumen Juris, 2005.

———; BADARÓ, Gustavo Henrique. *Direito ao Processo Penal no Prazo Razoável*. Rio de Janeiro: Lumen Juris, 2006.

———; DI GESU, Cristina. Prova Penal e Falsas Memórias: em busca da redução de danos. *Boletim do Instituto Brasileiro de Ciências Criminais*, São Paulo: IBCCrim, ano 15, n. 175, jun. 2007.

LÖWY, Michael. *As aventuras de Karl Marx contra o Barão de Münchhausen*. Tradução de Juarez Guimarães e Suzanne Felicie Léwy. São Paulo: Cortez, 1998.

LUIJPEN, Wilheumus. *Introdução à Fenomenologia Existencial*. Tradução de Carlos Lopes de Mattos. São Paulo: EDU, 1973.

LYOTARD, Jean-François. *O Inumano*: considerações sobre o tempo. Tradução de Ana Cristina Seabra e Elizabete Alexandre. 2. ed. Lisboa: Estampa, 1997.

LYRA, Roberto. Pensamentos de Roberto Lyra. *Núcleo de Pesquisa Lyriana*. Disponível em: <http://www.nplyriana.adv.br>. Acesso em: 17 jul. 2007.

LYRA FILHO, Roberto. *Por que estudar direito hoje?* Brasília: NAIR, 1984.

MACHADO, Roberto. *Nietzsche e a verdade*. 2. ed. Rio de Janeiro: Graal, 2002.

———. Por uma Genealogia do Pode. In: FOUCAULT, Michel. *Microfísica do Poder*. 20. ed. Rio de Janeiro: Graal, 2004.

MAFFESOLI, Michel. *O Instante Eterno*: O retorno do trágico nas sociedades pós-modernas. Tradução de Rogério de Almeida e Alexandre Dias. São Paulo: Zouk, 2003.

MARQUES NETO, Agostinho Ramalho. Sobre a Crise dos Paradigmas Jurídicos e a Questão do Direito Alternativo. In: MARTINS, José Maria Ramos; MARQUES NETO, Agostinho Ramalho. *Pluralismo Jurídico e Novos Paradigmas Teóricos*. Porto Alegre: Sergio Fabris, 2005.

MARTINS, Rui Cunha. O nome da alma: Memória, por hipótese. In: GAUER, Ruth M. Chittó (Org.). *A qualidade do tempo*: para além das aparências históricas. Rio de Janeiro: Lumen Juris, 2004.

MARTON, Scarlett. *Extravagâncias*: Ensaios sobre a filosofia de Nietzsche. São Paulo: Discurso; Ijuí: Unijuí, 2001.

McGUIRE, William. *A Correspondência completa de Freud e Jung*. Tradução de Leonardo de Fróes e Eudoro Augusto Macieira de Souza Rio de Janeiro: Imago, 1993.

MELLO E SOUZA, Antônio Cândido de. O Portador. In: *OS PENSADORES – Nietzsche*, *Obras incompletas*. Tradução de Rubens Rodrigues Torres Filho. São Paulo: Abril, 1974.

MENEGHINI, L. C. Édipo-Rei e complexo-de-Édipo. In: *FREUD e a Literatura e outros temas de psicanálise aplicada*. Porto Alegre: UFRGS, 1972.

MERLEAU-PONTY, Maurice. *O Olho e o Espírito*. Tradução de Paulo Neves. São Paulo: Cosac & Naify, 2004.

MIRANDA COUTINHO, Jacinto Nelson de. *A Lide e o Conteúdo do Processo Penal*. Curitiba: Juruá, 1998.

———. Dogmática crítica e limites lingüísticos da Lei. *Revista do Instituto de Hermenêutica Jurídica*: *Crítica à Dogmática*: dos bancos acadêmicos à prática dos Tribunais. Porto Alegre: Instituto de Hermenêutica Jurídica, v. 1, n. 3, 2005.

———. Glosas ao "Verdade, Dúvida e Certeza" de Francesco Carnelutti, para os operadores do direito. *Revista de Estudos Criminais*, Sapucaia do Sul: Notadez, ano IV, n. 14, 2004.

———. O papel do novo juiz no processo penal. In: ———. *Crítica à Teoria Geral do Direito Processual Penal*. Rio de Janeiro: Renovar, 2001.

MORAIS DA ROSA, Alexandre. *Decisão Penal: a Bricolage de significantes*. Rio de Janeiro: Lumen Juris, 2006.

———. O papel do Juiz Garantista e a Execução Penal em tempos Neoliberais: Eichmann e Big Brother. In: CARVALHO, Salo de (Org.). *Crítica à Execução Penal*. 2. ed. rev., atual. e ampl. Rio de Janeiro: Lumen Juris, 2006.

———. O Processo (Penal) como Procedimento em Contraditório: Diálogo com Elio Fazzalari. *Novos Estudos Jurídicos*, Itajaí: Univali, v. 11, n. 2, 2006.

MORIN, Edgar. Da necessidade de um pensamento complexo. In: MARTINS, Francisco Menezes; SILVA, Juremir Machado da (Org). *Para navegar no Século XXI*: Tecnologias do imaginário e da cibercultura. 2. ed. Porto Alegre: Edipucrs/Sulina, 2000.

MÜLLER, Sergio J. D. Pela Imparcialidade. *Revista da Ajuris*, Porto Alegre: Ajuris, ano XVI, n. 45, 1989.

NAFFAH NETO, Alfredo. *O inconsciente como potência subversiva*. São Paulo: Escuta, 2002.

NALINI, José Renato. *O Juiz e o acesso à justiça*. 2. ed. rev., atual. e ampl. São Paulo: Revista dos Tribunais, 2000.

NASIO, Juan David. *Lições sobre os 7 conceitos cruciais da Psicanálise*. Tradução de Vera Ribeiro. Rio de Janeiro: Jorge Zahar, 1995.

NIETZSCHE, Friedrich. *A Gaia Ciência*. Tradução de Paulo César de Souza. São Paulo: Companhia das Letras, 2004.

———. *Além do Bem e do Mal*. São Paulo: Companhia das Letras, 2005.

———. *Así Habló Zaratustra*: Um libro para todos y para ninguno. Tradução, introdução e notas de Eduardo Ovejero Y Maury. Buenos Aires: M. Aguillar Ed., 1947.

———. *Aurora*. Tradução de Paulo César de Souza. São Paulo: Companhia das Letras, 2003.

———. *Ecce Homo*. Tradução de Paulo César de Souza. São Paulo: Companhia das Letras, 1995.

———. *Genealogia da Moral. Uma polêmica*. Tradução de Paulo César de Souza. São Paulo: Companhia das Letras. 2005.

———. Sobre Verdade e Mentira no sentido Extra-Moral. In: *OS PENSADORES – Nietzsche, Obras incompletas*. Tradução de Rubens Rodrigues Torres Filho. São Paulo: Abril, 1974.

NUCCI, Guilherme de Souza. *Código Penal Comentado*. São Paulo: Revista dos Tribunais, 2000.

OLIVA SANTOS, Andrés de la. *Jueces Imparciales, Fiscales "investigadores" y Nueva Reforma para la Vieja Crisis de la Justicia Penal*. Barcelona: PPU, 1988.

OLIVEIRA, Nythamar Fernandes de. *Tractatus Ethico-Politicus. Genealogia do Ethos Moderno*. Porto Alegre: Edipucrs, 1999.

OLIVEIRA, Rodrigo Moraes de. *Fatores Subjetivos na mediação da pena*: uma abordagem crítica. Porto Alegre: PUCRS, 1999. Dissertação (Mestrado em Ciências Criminais), Faculdade de Direito, Pontifícia Universidade Católica do Rio Grande do Sul, 1999.

OST, François. Júpiter, Hércules, Hermes: Tres modelos de juez. In: *DOXA*: Cadernos de Filosofia del Derecho. Alicante: Universidad de Alicante, 1993. v. 14.

PEIRANO, Mariza. *Rituais. Ontem e Hoje*. Rio de Janeiro: Jorge Zahar Ed., 2003.

PEREIRA, Adilson; SANTOS, José Messias dos. *Cosmovisão, Epistemologia e Educação*: Uma compreensão holística da realidade. Rio de Janeiro: Ed. Central da Universidade Gama Filho, 1998.

PESSIS-PASTERNAK, Guitta. *Será preciso queimar Descartes?* Tradução de Manuel Alberto. Lisboa: Relógio D'Água, 1993.

PESSOA, Fernando. *Poesia Lírica e épica*. Lisboa: Verbo, 1985.

PIERI, Paolo Francesco (Dir.). *Dicionário Junguiano*. Tradução de Ivo Storniolo. São Paulo: Paulus, 2002.

PIMENTEL, Sílvia; PANDJIARJIAN, Valéria. O Estupro como Cortesia: Direitos Humanos e gênero na Justiça Brasileira. *Cadernos Themis*: Gênero e Direito, ano I, n. 1, mar. 2000.

———; SCHRITZMEYER, Ana Lúcia P.; PANDJIARJIAN, Valéria. *Estupro*: crime ou "cortesia"? Abordagem sociojurídica de gênero. Porto Alegre: Sergio Fabris, 1998.

PORTANOVA, Rui. *Motivações ideológicas da sentença*. 5. ed. Porto Alegre: Livraria do Advogado, 2003.

PRADO, Geraldo. *Sistema Acusatório*: A conformidade constitucional das leis processuais penais. 4. ed. Rio de Janeiro: Lumen Juris, 2006.

DECISÃO JUDICIAL NOS CRIMES SEXUAIS

PRADO, Lídia Reis de Almeida. *O Juiz e a Emoção*: Aspectos da lógica da decisão judicial. 2. ed. Campinas: Milennium, 2003.

PRIGOGINE, Ilya. *O Nascimento do Tempo*. Tradução de João Gama. Lisboa: Edições 70, 1988.

RAIKOVIC, Pierre. *O Sono dogmático de Freud*: Kant, Schopenhauer, Freud. Tradução de Teresa Resende. Rio de Janeiro: Jorge Zahar Ed., 1994.

RANGEL, Paulo. *Direito Processual Penal*. 8. ed. rev., atual. e ampl. Rio de Janeiro: Lumen Juris, 2004.

RASPE, Rudolf Erich; LESSA, Origenes. *Aventuras do Barão de Münchhausen*. Rio de Janeiro: Ediouro, 1970.

RAUTER, Cristina. Diagnóstico Psicológico do Criminoso: Tecnologia do Preconceito. In *CRIMINOLOGIA e Subjetividade no Brasil*. Rio de Janeiro: Revan, 2003.

RENAUT, Alain. *O Indivíduo*: Reflexão a cerca da filosofia do sujeito. Tradução de Elena Gaidano. Rio de Janeiro: Difel, 1998.

RIBEIRO, Eduardo Ely Mendes. *Individualismo e Verdade em Descartes*: O Processo de Estruturação do Sujeito Moderno. Porto Alegre: Edipucrs, 1995.

RIGAUX, François. *A Lei dos Juízes*. Tradução de Edmir Missio. São Paulo: Martins Fontes, 2000.

ROCHA, Álvaro Filipe Oxley da. *Sociologia do Direito*: A magistratura no espelho. São Leopoldo: Unisinos, 2002.

ROCHA FILHO, João Bernardes da. *Física e Psicologia*: As fronteiras do conhecimento científico aproximando a Física e a Psicologia Junguiana. 3. ed. Porto Alegre: Edipucrs, 2004.

ROHDEN, Cleide Cristina Scartelli. *A Camuflagem do Sagrado e o Mundo Moderno à luz do pensamento de Mircea Eliade*. Porto Alegre: Edipucrs, 1998.

ROSA, Ronel Alberti da. *O desconforto na moral*: Freud, Nietzsche e a tresvaloração da consciência. Intervenção apresentada no Ciclo Freud e a Filosofia. Porto Alegre, 17 maio 2006. Disponível em: <http://www.pucrs.br/pgfilosofia/Freud-Nietzsche.pdf>. Acesso em: 20 maio 2006.

ROUANET, Sérgio Paulo. Iluminismo ou Barbárie? In: *MAL-ESTAR na Modernidade*. 2. ed. São Paulo: Companhia das Letras, 1993.

ROXIN, Claus. *Derecho Penal*. Tradução de Diego-Manuel Luzón Pena, Miguel Diaz y Garcia Conlledo, Javier de Vicente Remesal. Madrid: Civitas, 1997. (Fundamentos de la estrutura de la teoria del delito, Parte General, Tomo I).

SADE, Marquês de (Donatien Alphonse Fraçois de Sade). *A Filosofia na Alcova (os preceptores imorais)*. Tradução de Mary Amazonas Leite de Barros. São Paulo: Círculo do Livro, 1992.

SAMUELS, Andrew; SHORTER, Bandi; PLAUT, Fred. *Dicionário Crítico de Análise Junguiana*. Tradução de Pedro Ratis e Silva. Rio de Janeiro: Imago, 1988.

SANTANA, Selma Pereira de. *A Culpa temerária*: Contributo para uma construção no direito penal brasileiro. São Paulo: Revista dos Tribunais, 2005.

SANTOS, Boaventura de Souza. *Um discurso sobre as ciências*. 13. ed. Porto: Edições Afrontamento, 2002.

SCAPINI, Marco Antônio Bandeira. Acesso à Justiça e Gênero. In: *FEMININO, masculino*: igualdade e diferença na Justiça. Porto Alegre: Sulina, 1997.

SCHMOOKLER, Andrew Bard. O reconhecimento de nossa cisão interior. In: ABRAHAMS, Jeremiah; SWEIG, Connie (Orgs.). *Ao encontro da sombra*: O potencial oculto do lado escuro da natureza humana. Tradução de Merle Scoss. 4. ed. São Paulo: Cultrix, 2004.

SEVERINO, Antônio Joaquim. Prefácio à 2ª Edição. In: JAPIASSU, Hilton. *O Mito da Neutralidade Científica*. 2. ed. rev. e ampl. Rio de Janeiro: Imago, 1981.

SHAKESPEARE, William. *Romeu e Julieta*. Tradução de Beatriz Viégas-Faria. Porto Alegre: L&PM, 1998.

SILVA, Octacílio Paula. *A Ética do Magistrado*. São Paulo: Revista dos Tribunais, 1989.

SILVEIRA, Nise da. *Jung. Vida e Obra*. 16. ed. rev. Rio de Janeiro: Paz e Terra, 1997.

SÓFOCLES. *Édipo Rei*. Tradução de Domingos Paschoal Cegalla. Rio de Janeiro: Difel, 1999.

SOUZA, José Guilherme de. *Vitimologia e violência nos crimes sexuais*: Uma abordagem interdisciplinar. Porto Alegre: Sergio Antonio Fabris Ed., 1998.

STEIN, Murray. *Jung*: O Mapa da Alma: Uma Introdução. Tradução de Álvaro Cabral. 4. ed. São Paulo: Cultrix, 2005.

STRECK, Lênio Luiz. *Verdade e Consenso*: Constituição, Hermenêutica e Teorias Discursivas. Rio de Janeiro: Lumen Juris, 2006.

SUANNES, Adauto. *Os fundamentos éticos do devido processo penal*. 2. ed. rev. e ampl. São Paulo: Revista dos Tribunais, 2004.

————. Violência Institucional. In: ZIMERMAN, David; COLTRO, Antônio Carlos Matias (Orgs.). *Aspectos Psicológicos na Prática Judiciária*. Campinas: Millenium, 2002.

TELES, Ney Moura. *Direito Penal*. 2. ed. São Paulo: Atlas, 2006. (Parte Especial, v. III).

TIMM DE SOUZA, Ricardo. O Século XX e a Desagregação da Totalidade: A composição do Século XX filosófico: aproximações. In: *TOTALIDADE & Desagregação*: Sobre as fronteiras do pensamento e suas alternativas. Porto Alegre: Edipucrs, 1996.

————. *Sentido e Alteridade*: dez ensaios sobre o pensamento de Emmanuel Levinas. Porto Alegre: Edipucrs, 2000.

TORRES MACHADO, Jorge Antônio. A presença dos filósofos na obra de Freud. In: MACHADO, Jorge Antônio Torres (Org.). *Filosofia e Psicanálise*: Um diálogo. Porto Alegre: Edipucrs, 1999.

TOURAINE, Alain. *Crítica da Modernidade*. Tradução de Elia Ferreira Edel. Petrópolis: Vozes, 1995.

TOURINHO FILHO, Fernando da Costa. *Código de Processo Penal Comentado*. 9. ed. São Paulo: Saraiva, 2005.

————. *Processo Penal*. 20. ed. São Paulo: Saraiva, 1998. v. 1.

UBERTIS, Giulio. Neutralitá Metodologica del Giudice e Principio di Aquisizione Processuale. *Rivista Italiana di Diritto e Procedura Penale*, Milano: Giuffré, Anno L, 2007. (Nuova Serie).

VASCONCELLOS, Silvio José Lemos; GAUER, Gabriel José Chittó. Contribuições da Psicologia Cognitiva para a compreensão dos diferentes olhares direcionados ao comportamento delinqüente. *Revista de Estudos Criminais*, Sapucaia do Sul: Notadez, ano IV, n. 14, 2004.

VIANNA,Túlio. "Primeiras Impressões Sobre a Nova Lei dos Crimes Sexuais" in Túlio Vianna Blog (http://tuliovianna.wordpress.com). Acesso em 29 de Agosto de 2009.

VIEIRA, João Alfredo Medeiros. A Prece de um Juiz. In: *DEONTOLOGIA do Magistrado, do Promotor de Justiça e do Advogado. Decálogos, Mandamentos, Preces, Máximas e Pensamentos*. Rio de Janeiro: Forense, 1992.

VON FRANZ, Marie-Louise. *Reflexos da Alma*: Projeção e Recolhimento Interior na Psicologia de C. G. Jung. Tradução de Erlon José Paschoal. São Paulo: Cultrix/Pensamento, 1997.

WARAT, Luis Alberto. *Introdução Geral ao Direito II*: A epistemologia jurídica da Modernidade. Porto Alegre: Sergio Fabris, 2002.

————. *Introdução Geral ao Direito*: Interpretação da Lei: Temas para uma reformulação. Porto Alegre: Sergio Antonio Fabris Ed., 1994.

————. Sobre a impossibilidade de ensinar Direito. Notas polêmicas para a desescolarização do Direito. In: *EPISTEMOLOGIA e Ensino do Direito*: O sonho acabou. Florianópolis: Fundação Boiteux, 2004. v. II.

WILDE, Oscar. O Retrato de Dorian Gray. In: *OBRA Completa*. Tradução de Oscar Mendes. Rio de Janeiro: Nova Aguilar, 1995.

WOLKMER, Antônio Carlos. Aspectos ideológicos na criação jurisprudencial do Direito. *Revista da AJURIS*, Porto Alegre: Ajuris, ano XII, n. 34, 1985.

ZAFFARONI, Eugenio Raúl. *Criminología*. *Aproximación desde un margen*. Bogotá: Temis, 2003.

————. *Poder Judiciário*: Crises, Acertos e Desacertos. Tradução de Juarez Tavares. São Paulo: Revista dos Tribunais, 1995.

Impressão:

Evangraf

Rua Waldomiro Schapke, 77 - P. Alegre, RS

Fone: (51) 3336.2466 - Fax: (51) 3336.0422

E-mail: evangraf.adm@terra.com.br